Eduard

Mu

ller

Die Hochschule Bern in den Jahren 1834-1884

Eduard
Mu
..
ller

Die Hochschule Bern in den Jahren 1834-1884

ISBN/EAN: 9783743304529

Hergestellt in Europa, USA, Kanada, Australien, Japan

Cover: Foto ©ninafisch / pixelio.de

Manufactured and distributed by brebook publishing software
(www.brebook.com)

Eduard

Mu

ller

Die Hochschule Bern in den Jahren 1834-1884

Die

Hochschule Bern

in den Jahren

1834–1884.

Festschrift

zur

fünfzigsten Jahresfeier ihrer Stiftung

im

Auftrage der h. Erziehungs-Direktion und des akademischen Senats

verfasst von

Dr. Eduard Müller,

Professor der Theologie.

Bern.

Commissionsverlag der J. Dalp'schen Buchhandlung

(Karl Schmid)

1884.

Die

Hochschule Bern

in den Jahren

1834—1884.

———•———

Festschrift

zur

fünfzigsten Jahresfeier ihrer Stiftung

im

Auftrage der h. Erziehungs-Direktion und des akademischen Senats

verfasst von

Dr. Eduard Müller,

Professor der Theologie.

———————

Bern.

Buchdruckerei K. J. WYSS.

1884.

Vorwort.

Die bescheidene Gabe, welche bei der fünfzigsten Jahresfeier der Stiftung der Hochschule Bern Erziehungsdirektion und Senat darreichen, ist unsern hochverehrten Festgästen, den Schwesteranstalten im In- und Auslande, der gesammten Schule, den akademischen Bürgern der Vergangenheit, Gegenwart und Zukunft, dem Bernervolk, seinen Behörden und seinen Vertretern gewidmet. Wenn sich der Verfasser trotz vieler Bedenken zur Uebernahme derselben entschlossen hat, so geschah es aus Pietät gegen eine Anstalt, welcher er seine Bildung und eine fünfundzwanzigjährige akademische Wirksamkeit verdankt und welcher anzugehören ihn heute auch als Berner erhebt.

Wer irgendwie mit der Aufgabe einer solchen Arbeit vertraut ist, weiss auch die Schwierigkeiten derselben zu würdigen. Sie bestehen nicht nur in der Sammlung und Bewältigung eines reichhaltigen Materials, in der knapp zugemessenen Zeit, welche so viele Unebenheiten in der Darstellung veranlasst, und in den dem eigenen Wollen und Können gesetzten Schranken; das Schwierigste bleibt die Vereinigung festlicher Stimmung mit ruhigem Urtheil, dankbarer und rücksichtsvoller Pietät mit freimüthiger Wahrheitsliebe.

Da die fünfzigjährige Stiftungsfeier zu einem Rückblick auf die ersten Ursprünge veranlasst, so schien es angemessen, der Stiftung in einem besondern Abschnitt zu gedenken. Aus demselben Grunde wurde der Heimgegangenen und der Veteranen einlässlicher gedacht. Es erschien uns unbescheiden, den Lebenden ausführlichen Bericht zu widmen.

Die Stiftungen, Anstalten und Vereine, als Söhne, Töchter und Diener der Hochschule, wurden in einen besondern Abschnitt gestellt, um einen Blick in den innern Haushalt unserer Anstalt zu gewähren.

Als Quellen wurden benutzt die Archive und Protokolle der Erziehungs-Direktion und der Hochschule, die Verzeichnisse der Vorlesungen, der Behörden, Lehrer und Studirenden an der Hochschule, zahlreiche akademische Schriften, Reden und Biographieen, Erinnerungen zuverlässiger Zeitgenossen, die bekannten Geschichtswerke über die Zeit der Regeneration der Schweiz und des Kantons Bern, die Verwaltungsberichte der Staatsbehörden, die Berichte über die Verhandlungen des Grossen Rathes, einzelne Manuscripte, Briefe und handschriftliche Mittheilungen. Insbesondere seien dankbar erwähnt die Schriften des verstorbenen Pfarrers *O. von Greyerz*, « die Geschichte der Akademie in Bern », die sachliche und meisterhafte Darstellung der Geschichte der Berner Hochschule in der « Geschichte des Schulwesens des Kantons Bern » (1874) von Dr. *J. J. Kummer*, gew. bernischen Erziehungsdirektor und jetzigem Direktor des eidgenössischen statistischen Bureaus, und die Rektoratsrede von Prof. *Fr. Ris*, zur Feier des fünfundzwanzigjährigen Stiftungstages (1859), welche die Leistungen und Schicksale der Hochschule in dem zurückgelegten Zeitraume freimüthig, bündig und lichtvoll zur Darstellung bringt.

Auch an unmittelbarer Hülfeleistung hat es nicht gefehlt. Herr Erziehungs-Direktor Dr. *Gobat* stellte die Archive seiner Direktion mit grösster Bereitwilligkeit zur Verfügung, Herr Erziehungs-Sekretär *Lauener* verfasste den Bericht über die Stipendienfonds und die tabellarische Uebersicht über Büdget der Hochschule und der Thierarzneischule; die Kanzlei war stets dienstbereit. Herrn Prof. *Steck* verdankt die Schrift die statistische Darstellung der Frequenz der Hochschule, Herrn Prof. Dr. *Hagen* das Verzeichniss der Hochschulprogramme, Herrn Oberbibliothekar Dr. *Blösch* interessante Mittheilungen aus dem literarischen Nachlass des Landammann von Tillier. Die Herren Bibliothekare, die grosse Mehrzahl der Direktoren der Subsidiar-Anstalten, Herr Prof. Dr. *Guillebeau* für die Thierarzneischule, Herr Prof. Dr. *Trächsel* und Herr Oberrichter *Bützberger* für die Kunstanstalten, Herr *Edmund von Fellenberg*, die Vertreter der studentischen Verbindungen haben theilweise sehr werthvolle Berichte und Mittheilungen geliefert. Für die so schwierige Personalchronik haben aus

uristischen Fakultät Herr Prof. Dr. *Zeerleder*, aus der medizinischen
ltät die Herren Prof. Dr. *Jonquière* und Prof. Dr. *R. Demme*, aus der
sophischen Fakultät die Herren Prof. Dr. *Hidber*, Prof. Dr. *Hebler*
Prof. Dr. *Hagen* u. a. die Festschrift durch verdankenswerthe Beiträge
chert. Die stete Dienstfertigkeit, die Umsicht und Trefflichkeit der
druckerei, in Verbindung mit der Uebernahme der Korrektur durch
undete Kollegen haben das rechtzeitige Erscheinen der Festschrift
glicht.

Möge dieselbe nachsichtige und wohlwollende Leser finden und des
nstandes, den sie beschreibt, nicht ganz unwürdig erfunden werden.

Bern, den 3. August 1884.

Der Verfasser.

Inhalt.

Erster Abschnitt.

Die Gründung der Hochschule.

Den *5. März 1834* fasste der Grosse Rath der Republik Bern *einstimmig* folgenden Beschluss:

« Der Grosse Rath der Republik Bern,

In der Absicht, der Verpflichtung des Staates, für die gründliche Ausbildung und Befähigung seiner Bürger zu jedem wissenschaftlichen Berufe hinlänglich zu sorgen, ein Genüge zu leisten,

In Betrachtung, dass es der Pflicht und der Ehre, sowie dem Interesse des Staates angemessen ist, alles dasjenige zu thun, was in seinen Kräften steht, um die Wissenschaft zu fördern,

In Betrachtung des anerkannten Bedürfnisses einer gänzlichen Umgestaltung der bestehenden Akademie,

Beschliesst was folgt :

Es soll ein höheres Gymnasium in Bern errichtet, und die bisher unter dem Namen Akademie bestandene Lehranstalt, in eine *Hochschule* umgestaltet werden. »

Zwei Stimmen wünschten, den bisherigen Namen « Akademie » beizubehalten.

In diesem Beschluss treten klar und bestimmt die treibenden Motive zur Gründung der Hochschule in den Vordergrund; das bereits den 14. März veröffentlichte Gesetz bestimmt in sicherm Grundriss die Organisation der Hochschule, und diese selbst tritt mit ihrer Einweihung den 15. November 1834 in Leben und Wirksamkeit.

Wir versuchen daher in diesem Abschnitt die *Motive zur Gründung*, die *gesetzliche Organisation* und die *Eröffnung* der Hochschule Bern zu beschreiben.

1

I.

Die Motive.

1. Unter den zur Gründung der Hochschule Bern treibenden Motiven heben wir zuerst *das Bedürfniss einer gänzlichen Umgestaltung der bestehenden Akademie* hervor.

Die Akademie war eine Schöpfung der Mediationszeit. Sie entsprang dem idealen Zug jener Zeit, dem Streben nach humaner allseitiger und praktischer Bildung und insbesondere dem in Bern seit der Mitte des vorigen Jahrhunderts stets lebhafter empfundenen Bedürfniss nach Erweiterung, Verbesserung und Vereinheitlichung der für gelehrte Bildung bestehenden Anstalten, welche bisher fast ausschliesslich einen philologisch-theologischen Charakter trugen. Vergeblich drang 1765 der grosse *Albrecht von Haller* mit Sinner von Ballaigues und Wilhelmi in einem der Regierung eingereichten Entwurf auf Verbesserung der Schulanstalten; vergeblich rügte neunzehn Jahre später *Carl Victor von Bonstetten* in seiner Schrift « über die Erziehung der patrizischen Familien in Bern » die einseitige theologische Richtung der Akademie, welche für die Theologen selbst unzweckmässig sei und den Forderungen der Zeit, sowie den Bedürfnissen der Mehrzahl nicht entspreche. Diese Bestrebungen wurden vereitelt durch den Widerspruch des in Kirchen- und Schulsachen mächtigen Kirchen-Convents, durch die trotz des angehäuften Staatsschatzes ängstliche Sparsamkeit der Regierung, und wohl auch durch die Ahnung der heraunahenden Stürme, welche das alte Bern zertrümmern sollten. Immerhin wurden in den letzten Decennien des Jahrhunderts einige Verbesserungen eingeführt. Im Jahre 1779 wurde die sogenannte *Kunstschule* gestiftet mit der Aufgabe, für den commerciellen, künstlerischen oder militärischen Beruf vorzubilden; 1787 das *politische Institut* mit der Aufgabe, junge Männer aus den höhern Ständen in den « politischen Wissenschaften » zu bilden; 1798 mitten unter den Kriegswirren das *medicinische Institut* durch die Gemeinnützigkeit und den wissenschaftlichen Eifer gelehrter Aerzte und Naturforscher. Es hatten überhaupt die Naturwissenschaften in der Vaterstadt Haller's opferfreudige Pflege gefunden. Bereits 1734 hatte der von Göttingen zurückgekehrte Haller ein *anatomisches Theater* errichtet.

Pfarrer J. S. Wyttenbach († 1830) gründete die *naturforschende Gesellschaft*, durch deren Opfersinn und Thätigkeit 1782 eine *Hebammenschule*, 1789 ein *botanischer Garten*, 1797 eine *medicinische Bibliothek*, ein *naturhistorisches Museum* und 1798 das schon erwähnte *medicinische Institut* in's

Leben gerufen wurden. Zudem fehlte es nicht an bedeutenden Lehrkräften und Anregungen.

Im Winter 1785/86 begeisterte *Joh. von Müller* durch öffentliche Vorträge die bernische Jugend für die Geschichte des Vaterlandes; an der Kunstschule wirkte als Direktor der verdienstvolle und wissenschaftlich gediegene *Sprüngli*; am politischen Institut Risold, Stapfer, Zeender, der Rechtsgelehrte Kuhn, Ith, D. Müslin, der berühmte Tralles, Wyttenbach, am medicinischen Institut Schiferli, Haller, der jüngste Sohn des grossen Haller, Wyttenbach, Morell, Hermann, Tribolet, Bay, Rosselet. Die grössten Verdienste für die Hebung des wissenschaftlichen Unterrichtes erwarb sich der oberste Dekan von Bern, Professor *Joh. Sam. Ith* († 1813), welcher mit gründlicher philosophischer Bildung, Allseitigkeit des wissenschaftlichen Interesses offenen Blick für die Mängel des Bestehenden, Freimuth und Einfluss zur Darlegung derselben, Erkenntniss des Bessern und Kraft zur Anbahnung desselben vereinigte. In seiner Schrift « Befinden über eine bessere Einrichtung der hiesigen Akademie » (Bern 1794) bahnte er die Reform an, erzielte auch einige Verbesserungen, allein die französische Revolution und die aus derselben hervorgegangene *eine und untheilbare helvetische Republik* liessen die Ith'schen Projekte ein Jahrzehnt hindurch nicht zur Ausführung kommen. Zwar fehlte es auch unter der Helvetik nicht an Anregungen und an Männern, welche das heilige Feuer der Erziehung und Bildung des Volkes nährten und pflegten. Der « Plan zur Erziehung der ganzen Schweiz » (1799) des edeln, geistvollen und aufgeklärten Volksfreundes *Pater Girard* fand an *Stapfer*, dem Minister der Wissenschaften und Künste, einen begeisterten, einsichtsvollen Vertreter, der vom besten Willen beseelt war; allein die politischen Wirren, der leidenschaftliche Parteikampf und die Finanznoth vereitelten seine besten Absichten. Die höhern Lehranstalten entvölkerten sich und verwilderten, die Lehrer waren entmuthigt, und als Ersatz für die verkümmerten Staatsschulen blühten Privatinstitute auf.

Die *Mediationszeit* (1802—1813) erschien als Befreiung von einem schweren Druck. Die Ideen und Arbeiten eines *Girard, Pestalozzi* und *Fellenberg* trieben zu neuen Schöpfungen und Organisationen. In den meisten Kantonen, welche mit ihrer Oberherrlichkeit die Leitung des Erziehungswesens zurück erhalten hatten, wurden höhere Lehranstalten gegründet oder bereits bestehende reorganisirt. *Bern*, welches durch die Mediation die Hälfte seines Gebietes verloren hatte und seine Kapitalien für die helvetische Nationalschuld mit Beschlag belegen lassen musste, das so oft mit Sparta verglichene Bern, hat unter all diesen Bestrebungen zur

Hebung des höhern Unterrichtswesens durch die Gründung seiner Akademie das grösste Opfer gebracht und die tüchtigste Leistung aufzuweisen.

Die Regierung einigte sich mit dem Stadtrath zu einer völligen Umgestaltung des städtischen Schulwesens und der höhern Lehranstalten. Das Projekt, eine Hochschule nach dem Muster der deutschen Universitäten zu errichten, musste aus ökonomischen Gründen dem Projekt einer durchgreifenden Reorganisation der bestehenden Anstalten weichen. Der von einer hiezu niedergesetzten Kommission, welche aus dem Rathsherrn *von Mutach*, Dekan *Ith* und Stadtsekelmeister *Fischer* bestand, ausgearbeitete Entwurf wurde von den Behörden mit Beifall aufgenommen und 1805 als Rathsbeschluss im « Reglement für die bernische Akademie und die Schulen » zur Ausführung gebracht. Die Anstalt wurde mit 40,000 Franken (a. W.)*) dotirt, und den 2. November 1805 feierlich eröffnet. Ihre Leitung stand unter der *Kuratel*, welche aus dem Kanzler und zwei Kuratoren zusammengesetzt war; der *akademische Rath* war vorberathende Behörde; der *untere* akademische Rath bestand aus den Dekanen der vier Fakultäten, dem Professor Gymnasii und dem Prorektor, welcher präsidirte und den Titel Magnificus führte, der *obere* akademische Rath aus dem untern und der Kuratel. Die Disciplin war streng und erstreckte sich selbst auf die Kleidung der Professoren und Studenten. Die Akademie hatte zu ihrem Unterbau die sog. *Schule*, welche die Elementarschule mit drei, die Klassenschule mit fünf und das Gymnasium mit drei Klassen und Jahreskursen umfasste. Die *untere* Akademie sollte eine Art von philosophischer Fakultät darstellen; der Besuch ihrer zwei Jahreskurse war jedoch nur für die Theologen obligatorisch. Die obere Abtheilung wurde gebildet aus der theologischen Fakultät mit drei, der medicinischen mit vier und der juridischen mit zwei Jahreskursen. Für die Theologen war neben der Absolvirung der unteren Akademie der Besuch der Vorlesungen und der vorgeschriebene Lehrplan obligatorisch.

Zum Eintritt in die medicinische und juridische Fakultät genügte die Beförderung aus dem Gymnasium der Schule, das zurückgelegte 16. Altersjahr, und mit Rücksicht auf die von Aussen her Eintretenden eine wohl bestandene Prüfung über orthographisch und grammatikalisch richtig Schreiben, Rechnen in den 4 Species, den gemeinen und den Decimalbrüchen und in den Rudimenten der lateinischen Sprache.

Stipendien und Beneficien wurden aus dem «Mueshafen» bestritten und kamen — so wie die ausserordentlichen Reisestipendien aus dem Ueber-

---

*) 1 Fr. a. W. = c. 1¼ Fr. n. W.

schuss des Mueshafenfonds und das Tillier-Stipendium — ausschliesslich den Theologie-Studirenden zu. Akademische Preisaufgaben, die Ertheilung der durch den Rathsherrn Zeerleder gestifteten Haller-Medaille. Disputationen, grossartige « Solennitäten » mit Schulreden und militärischem Ausmarsch ermunterten den Fleiss und erhielten das Interesse der Eltern und des Gemeinwesens.*)

Die Subsidiar-Anstalten wurden vermehrt. Zu den erwähnten kamen hinzu der *Antikensaol* mit *Zeichnungsschule* (1808), die *Studentenbibliothek*, das *Thierspital* (1824), die *Sternwarte* (1828), die *Anatomie*, das *chemische Laboratorium*, das *physikalische Kabinet*, die vom Staate eingerichtete *Entbindungsanstalt*. Professoren und Studirende hatten das Recht der Benutzung der grossen *Stadtbibliothek*, welcher der Staat einen jährlichen Beitrag von 1600 Franken (a. W.) zukommen liess.

Auch die Regierung der *Restaurationsperiode* hielt an dem Bestande der Akademie fest und suchte dieselbe zu heben. Der Staatsbeitrag wurde auf 53,600 Fr. (a. W.) erhöht, obgleich Bern ⅛ der helvetischen National-schuld hatte übernehmen müssen. Indessen hatte der Kanzler v. Mutach einen schweren Stand gegen eine Anzahl einflussreicher Rathsglieder, welche aus finanziellen und politischen Gründen der Anstalt übelwollten, und es auch dahin brachten, dass im Jahre 1830 die Summe der fixen Besoldungen auf 27,620 Fr., die Ausgaben für die Subsidiar-Anstalten auf 3,967 Fr. reducirt wurden. Die Frequenz weist die für die Verhältnisse stattliche Zahl von 150—200, durchschnittlich 175 auf.

Wenn nun die Akademie trotz der Ungunst der Zeiten und der ihr anhaftenden Mängel für die Kulturentwicklung Berns von grosser Bedeutung war, so verdankt sie diess zunächst ihrem Kanzler, Rathsherrn *Abraham Friedrich von Mutach* (1765—1831), welcher dieselbe zuerst von 1805—1817 und sodann von 1821—1830 mit beinahe diktatorischer Gewalt leitete. Ein begabter, energischer Mann, in den Staatsgeschäften erfahren, für Wissenschaft und Kunst begeistert, suchte er diese als Mäcen zu unterstützen, seiner Vaterstadt zum politischen den Ruhm der Kultur der höchsten geistigen Interessen zu verschaffen und in Beziehung auf die Bildung seiner Standesgenossen die Ideen Bonstetten's und Ith's zu verwirklichen. Sein energisches Regiment diente Professoren und Studirenden zum Zusammenhalt; man wusste, dass die Akademie sein Liebling war und dass Keiner so muthig und erfolgreich für sie einzustehen vermöge, wie der Kanzler. Hiezu kam die im Ganzen glückliche Auswahl vorzüg-

---

*) Ueber diese Stiftungen vgl. Abschnitt III.

licher Lehrkräfte. Wir erwähnen u. A. die Berner Stapfer, Hünerwadel, Schärer, später Usteri von Zürich, C. B. Wyss und Samuel Lutz an der theologischen Fakultät; Samuel Schnell, C. Ludwig von Haller, den Restaurator, beide heftige Gegner, an der juridischen Fakultät; Tribolet, Ith, die beiden Emmert, später Hermann und Fueter an der medicinischen Fakultät; C. Jahn, J. R. Wyss den Jüngeren, Trechsel, Brunner, H. Schnell an der philosophischen Fakultät; sodann die Deutschen: J. Henke (später in Halle), Meyer (später in Bonn), H. Mohl (später in Tübingen), Döderlein (später in Erlangen), Kortüm (später in Heidelberg), Schneckenburger, Snell, Perty, die vier letzten kurz vor der Gründung der Hochschule berufen.

Zudem konnte trotz der strengen Absperrung und Disciplin das Eindringen eines freien und universellen Geistes nicht verhindert werden. Mitten unter dem Druck des politischen Absolutismus und der vorwiegenden Richtung auf blosse Fach- und Brotstudien erfreute sich auch Bern einer klassischen Blüthezeit der Kunst und Wissenschaft, welche in hochbegabten, durch die Akademie und den Besuch auswärtiger Universitäten gebildeten Männern ihre begeisterten Vertreter fand. In persönlichem freundschaftlichem Verkehr, in Vereinen und literarischen Organen entwickelte sich ein reicher und fruchtbarer Ideenaustausch, welcher auch weitere Kreise und insbesondere gerade die tüchtigsten Studirenden der Akademie frisch belebte, die Hoffnung des Bessern wach erhielt und der Erfüllung entgegenführte. Der bei Anlass des Züricher Reformationsjubiläums 1819 gestiftete Zofingerverein vereinigte in seinen idealen Bestrebungen unter den Leitsternen « Vaterland, Freundschaft, Wissenschaft » nach und nach die grosse Mehrzahl der Schweizerischen Studirenden beider Confessionen; die schroffsten Gegensätze rangen in heissem Kampfe und fanden in dem hochherzigen, idealen Sinn der Jugend die tiefere Einheit und die höhere Weihe; das Studentenleben veredelte sich und empfing neue, mächtig anregende Geisteskräfte; es bildeten sich die Männer, welche, wenn auch später auf verschiedenen Wegen und selbst im Kampfe wider einander, die ersten und hervorragenden Stützen der neuen Ordnung der Dinge wurden.

Es wäre undankbar und ungerecht, die Verdienste der Akademie zu schmälern. Ihre Mängel wurden am tiefsten von den akademischen Bürgern selbst empfunden und drängten zu einer durchgreifenden Reorganisation. Vor Allem musste die Beschränkung des Besuches auf die Söhne der Bürger von Bern, der kleinen Städte und vermöglichen Leute anstössig sein. So enthält noch das Reglement der Literarschule vom Jahre 1823 im § 1 folgende Bestimmungen: « Der Eintritt wird nur solchen Knaben gestattet, die nach dem Stand, Beruf oder Vermögen ihrer Eltern auf eine gebildete Erziehung Anspruch machen können. » Es werden daher ausgeschlossen: « alle Unehelichen, die Söhne von Eltern, welche in der Klasse der Dienstboten oder in einem ähnlichen Stande sich befinden, und endlich diejenigen Kantonsfremden, die in keiner Stadt verbürgert sind oder die nicht in Folge des Ranges, Standes oder Vermögens ihrer Eltern zu wissenschaftlicher Bildung sich eignen. » Mit dieser Ausschliesslichkeit stand in Verbindung der lockere Zusammenhang der Anstalten der Stadt Bern mit den Progymnasien der Städte, abgesehen von dem mangelhaften Zustande derselben und insbesondere der Volksschule. Ferner musste der vorherrschend theologische Charakter der Anstalt auffallen. Die Studirenden der Theologie waren gehalten, die untere Akademie oder die sogenannte philosophische Fakultät zu absolviren; Lehrplan und Besuch der Collegien waren für sie obligatorisch; die meisten waren in einem Alumuat Kostgänger des Staates und standen unter besonderer strenger Aufsicht; die Vorlesungen waren an den Buchstaben der Helvetischen Confession gebunden; die Lehrbücher der obrigkeitlichen Censur unterstellt. Wie früher Cartesius und Spinoza, so war jetzt Schleiermacher als « Schleier-Macher » in besonderer Ungnade. Die Studirenden des Rechts und der Medicin kamen zu jung und mangelhaft vorbereitet zu ihren Fachstudien. Das Brotstudium wurde auf Kosten des wissenschaftlichen Sinnes gepflegt. Die sogenannte philosophische Fakultät war nur eine Vorschule mit dem Charakter eines höheren Gymnasiums und war beinahe ausschliesslich für die Theologen eingerichtet und nur für diese obligatorisch. Dazu beschränkte Lehrfreiheit, Collegienzwang und bei dem Allem nach Aussen hin der anspruchsvolle Glanz einer wohlausgerüsteten Universität, während die finanziellen Hülfsmittel karg waren und die Besoldungen der Lehrer öfter kaum für die Befriedigung der nothwendigsten Lebensbedürfnisse ausreichten.

Im Oktober 1831 wurden die neuen verfassungsmässigen Staatsbehörden eingesetzt. Unter denselben war dem Erziehungs-Departement eine der schwierigsten Aufgaben anvertraut. Es handelte sich um eine vollständige Reorganisation, theilweise um Neuschaffung des gesammten Schulwesens, und zwar unter hemmenden Verhältnissen und mit grossen finanziellen Opfern. An der Spitze des Erziehungs-Departements stand Neuhaus, aus industrieller Thätigkeit zum Staatsmann berufen, ein « vir justus et tenax propositi », der, in seinen Mussestunden philosophischen Studien sich widmend, die treibenden Ideen der neuen Zeit begeistert in sich gesogen, die Grundzüge der romanischen und germanischen Volksthümlichkeit zu einem

Charakter aus Einem Guss in sich einigte und mit edlem Patriotismus, staatsmännischer Klugheit und muthvoller Energie das von ihm als erspriesslich und nothwendig Erkannte zur That zu gestalten wusste. Ihn umgaben und unterstützten in der Erziehungsbehörde Männer wie *J. Schneider*, *Fellenberg*, *Tillier*, *Lutz*, *Fetscherin*, *Oth*, der Rathsschreiber *Stapfer* u. A., später (seit 1838) *Rüetschi*, *Hopf*, *Guthnik*, *G. Hünerwadel*, Dr. *Kehr*. Bereits im Dezember 1831 wurde der Zustand des gesammten Schulwesens, seine Mängel und die Mittel seiner Verbesserung einer eingehenden Prüfung unterworfen, die Errichtung von zwei Lehrerseminarien, die Reorganisation der bestehenden und die Neuschaffung neuer Mittelschulen beschlossen, für die Ausarbeitung eines Entwurfs zur Um- und Neugestaltung der Akademie den 9. Januar 1832 eine Kommission von acht und an deren Stelle den 3. Juli eine akademische Spezialkommission von drei Mitgliedern gewählt, nämlich *Lutz*, *Bernh. Studer* und *Usteri*, Männer, welche in jeder Beziehung zu dieser Aufgabe befähigt waren und dieselbe auch gründlich, mit Sachkenntniss, Sorgfalt und Erfolg durchführten. Bereits am Schlusse des Jahres 1832 reichten sie ihre Arbeit dem Erziehungs-Departement ein.

Indessen wohl einsehend, dass die Reform der Akademie, wenn sie mit der gehörigen Umsicht und Gründlichkeit vorgenommen werden sollte, eine längere Zeit in Anspruch nehmen werde, entsprach das Erziehungs-Departement sofort den dringendsten Bedürfnissen. Es wurde die Errichtung eines historischen Lehrstuhls beschlossen und an diesen *Kortüm* berufen; der seit einigen Jahren erledigte Lehrstuhl für Philosophie wurde an *Romang* übertragen; an die Stelle des nach Halle berufenen Henke zuerst *Hepp*, dann *W. Snell*. — für Physiologie *Hugo Mohl*, — für Pathologie und Therapie *Ed. Fueter*, — für exegetische Theologie *S. Lutz*, — für systematische und historische Theologie zuerst *K. Haase*, und nachdem dieser abgelehnt, *M. Schneckenburger* berufen. Zudem wurden die bestehenden Subsidiar-Anstalten reichlicher dotirt und vermehrt, der botanische Garten erweitert, der Bau eines neuen Gebäudes für die Anatomie und die Erweiterung desjenigen für die Akademie beschlossen und über die Gründung einer grossartigen gymnastischen Anstalt mit Vereinigung des Turn-, Schwimm- und Reitunterrichtes unterhandelt.

2. Diese auf die Umgestaltung der Akademie zu einer Hochschule gerichteten Bestrebungen erhielten ihren mächtigsten Impuls durch ein ideales und ein praktisches Motiv, welche beide in den Erwägungen zum Hochschulgesetz in bestimmter und klarer Weise ausgesprochen sind. Das ideale Motiv findet seinen Ausdruck in den Worten: « *dass es der Pflicht und der Ehre sowie dem Interesse des Staates angemessen sei, alles das-*

jenige zu thun, was in seinen Kräften steht, die Wissenschaft zu fördern ».
Dieser Grundsatz war für die Verfasser des Entwurfs und die Gesetzgeber
ernste und massgebende Ueberzeugung. Er wurde bei der Eröffnung der
Hochschule von den Festrednern, in beinahe allen Rektoratsreden und insbesondere auch von Bernischen Professoren bestimmt und begeistert be-
zeugt, und ist er auch zu Zeiten verdunkelt worden, so ist er doch durch alle
Wechsel der Zeiten hindurch Leitstern der Anstalt geblieben, welcher ihr
im Dunkel leuchtete und sie stets wieder die rechten Bahnen führte. —
Diesem Grundgedanken gab u. A. Professor *C. Brunner* den 15. November
1836 in seiner Rektoratsrede in folgenden Worten Ausdruck: « Kaum wird
heutzutage ein civilisirter Staat gefunden werden können, in welchem nicht
die Unentbehrlichkeit einer höchsten Bildungsanstalt als unbestrittene Wahrheit gilt, welcher nicht nach Kräften und mit allen ihm zu Gebote stehenden Mitteln zur Aufstellung und Ausbildung derselben das Mögliche thut.»
« Es ist ein grossartiger und je länger je allgemeiner werdender Gedanke,
dass die Wissenschaft Gemeingut aller Stände sowie auch aller Nationen
sei, dass durch sie alle Völker, wenn auch nicht zu *einem* Volke, aber zu
einer grossen Völkerfamilie verbunden werden, in welcher jedem zu Gute
kommt, was jeder andere beiträgt. » Und am 15. November 1843 sprach
der Rektor *Bernhard Studer* die goldenen Worte: « Ob es anständig sei,
dass ein Land die Frucht der Anstrengungen anderer Staaten geniesse und
sich nicht nach Kräften bestrebe, einen Theil der allgemeinen Schuld auch
zu tragen; ob es klug wäre, den haushälterischen Egoismus des Privat-
lebens zur Staatsmaxime zu wählen, mögen Andere entscheiden. Uns will
es weder anständig noch klug erscheinen. Von der Grösse des Beitrags,
den das einzelne Volk im Interesse der Humanität dem gemeinen Besten
bringt, ist die Achtung abhängig, die dasselbe in der Gegenwart wie in
der Geschichte geniesst, und, wie der Pfennig der Wittwe, erhält auch die
Gabe des Schwachen die verdiente Anerkennung. — Die goldenen Zeitalter
der Wissenschaft und Kunst, die den Namen eines Fürsten tragen, sind oft
von kurzer Dauer gewesen; wo aber im Volke selbst die höhere Gesinnung
Wurzel gefasst hat, da lebt sie fort und begeistert die spätesten Genera-
tionen. — Das Bessere hat auch bei uns seine Siege erfochten, und wir
dürfen der ihm inwohnenden göttlichen Kraft vertrauen, dass es nicht die
letzten sein werden. »
Auswärtige Universitäten wurden seit Jahrhunderten von Schweizerischen Jünglingen besucht. Aus dem Anfang unseres Jahrhunderts wird
berichtet, dass man die Summe, welche Bernische Jünglinge jährlich zu
diesem Zweck ins Ausland trugen, auf 4000 Louisd'or berechne. Sie brach-

ten dafür einen bessern Schatz heim, eine Fülle wissenschaftlicher Kenntnisse, Erkenntnisse und Anregungen, eine allseitigere, gediegenere Bildung, freieren Blick, Würdigung fremder Eigenthümlichkeit, das Interesse für wissenschaftlichen Verkehr und Austausch. — Bisher hatte Bern nur *empfangen*; nun fühlte es die Pflicht, eine Ehrenschuld abzutragen, auch an seinem bescheidenen Theil zu *geben* und das Bürgerrecht in der grossen Gemeinde der Universitäten zu erwerben und zu verdienen.

Unter den Idealen der strebsameren Schweizerischen Jugend tauchte mit der Idee einer festeren und einheitlicheren politischen Vereinigung der Kantone das Ideal einer *Schweizerischen Hochschule* auf und fand bereits Anfangs der Dreissiger Jahre begeisterte und einflussreiche Vertreter. Den 5. Juni 1832 beschloss der Grosse Rath des Kantons Waadt, den eidgenössischen Ständen die Errichtung einer eidgenössischen Hochschule vorzuschlagen. — Die Tagsatzung, welche in Luzern versammelt war, beschloss am 17. Juli Revision der Bundesverfassung. Der Gesandte von Waadt, *Professor Monnard*, reichte einen Entwurf zur Errichtung einer Schweizerischen Universität ein und am 24. August vereinigten sich die Gesandtschaften mit Ausnahme der drei Urkantone zu einer gemeinsamen Berathung, deren Resultat die Wahl einer Kommission war, welche den Auftrag erhielt, das Projekt eines Concordates betreffend die Errichtung einer eidgenössischen Hochschule auszuarbeiten. Die Grundzüge dieses Entwurfes waren: Sitz der Hochschule in Zürich oder Bern, da die einzige Universität der Schweiz, die altehrwürdige Basel, der dortigen Wirren wegen nicht in Betracht kam, — Anlegung eines Universitätsfonds, jährlicher Beitrag von 200,000 Franken, Leitung durch die Concordatskantone und den durch diese bestellten Universitäts-Senat und -Kanzler. Zürich und Bern erklärten sich bereit, den Sitz der Universität zu übernehmen.

Beide brachten für ihre Begehren gewichtige Gründe bei, Bern, dass es von jeher mit der geschichtlichen Entwicklung der französischen Schweiz aufs engste verflochten, der geeignetste Vereinigungspunkt zwischen der deutschen und französischen Schweiz, dass neben der deutschen die französische Sprache eingebürgert sei, dass es als paritätischer Kanton für die Erstellung der katholischen Fakultät sich am besten eigne; die Grösse des Kantons eine sichere Garantie für die Frequenz gebe, die zahlreichsten Subsidiar-Anstalten und ausgezeichnete Spitäler vorhanden seien, und dass es insbesondere in dem wohlverstandenen Interesse der Eidgenossenschaft liege, dass gerade im Kanton Bern, der die östliche von der westlichen Schweiz trenne und vom nördlichen bis fast zum südlichen Rand die Schweiz durchschneide, ein Feuerheerd von Licht und Wissenschaft sich bilde*). Unterdessen war Zürich durch die Errichtung seiner Hochschule Bern zuvorgekommen, und hatte dieselbe bereits mit dem 29. April 1833 eröffnet. Allein noch vor dem Projekt der «neuen Bundes-Urkunde» war das Projekt einer Eidgenössischen Hochschule dahingefallen.

Man hat das Scheitern der Eidgenössischen Hochschule vielfach auf die sprüchwörtlich gewordene Eifersucht zwischen Zürich und Bern zurückgeführt. Sicherlich war auch diese unedle Triebfeder mächtig und äusserte sich gelegentlich in hässlichen Kundgebungen. Allein die edlern Motive waren vorherrschend und gaben den Ausschlag. Beide Kantone wollten und konnten ihre höheren Bildungsanstalten nicht preisgeben; beide standen mit ihrer Eigenthümlichkeit und Kraft voran in der gewaltigen Bewegung der Geister; beide wussten den mächtigen Einfluss der Wissenschaft auf die Neugestaltung und Hebung des Volks- und Staatslebens zu würdigen: beide erfreuten sich einer Schaar hervorragender geistes- und thatkräftiger Staatsmänner und Gelehrten. Selbsterhaltungs- und Erweiterungstrieb, Begeisterung für die idealen Güter, Opfersinn und Vaterlandsliebe trieben an beiden Orten zur Schöpfung eigener Hochschulen, welche beide mit ihrer eigenthümlichen Kraft die Wissenschaft gepflegt und gefördert, das Licht der Wahrheit in engern und weitern Kreisen verbreitet und dem Vaterlande zur Wohlfahrt und Ehre gereicht haben. Auch war das Bewusstsein der gemeinsamen Aufgabe und Zusammengehörigkeit gerade in den edelsten Männern lebendig und verband dieselben, dass sie sich neidlos unterstützten. So schreibt C. v. Orelli den 19. Juli 1834 an das Bernische Erziehungs-Departement bei Anlass eines an ihn ergangenen Rufes: «Zürich bedarf einer Universität, um an seinem heimischen Heerde die höhere Idee der Wissenschaft und Kunst gegenüber der niedrigen Geldaristokratie zu sichern. Die politische Aristokratie ist bei uns, Gottlob! auf immer dahin; auch keine Reaktion ist jemals zu befürchten. Hingegen bedroht uns die Geldaristokratie mit einer die Unabhängigkeit und freie Fortentwicklung unsers Volkslebens sehr gefährdenden Uebermacht. Dieser falschen Tendenz gegenüber stehen unsere rein organisch gestalteten Kantonalanstalten, an der Spitze die Hochschule. Unsägliche Kämpfe habe ich mit einigen gleichgesinnten Republikanern bestanden, um die Gründung dieser Anstalten zu erzielen. Allein sie bestehen nun; und unsere republikanische Aufgabe ist es, sie ferner zu behaupten. Es muss diess sein, oder wir sinken geistig immer tiefer. — Ebenso unentbehrlich, wie für unsere Republik, war auch für die

---

*) Vgl. *Ris*, Rede zur Feier des fünfundzwanzigsten Jahrestages der Hochschule in Bern, pag. 9, 10 (1859). *G. von Wyss*, Festschrift zur fünfzigsten Jahresfeier der Hochschule Zürich (1884) pag. 15.

Ibrige eine Hochschule. Nur die mangelhafte Constitution der Einen und untheilbaren Eidgenossenschaft hat es gehindert, dass beide Anstalten sich vereint und ganz grossartig vor Europa hingestellt haben. Diese gemein-schaftliche schweizerische Hochschule, ausgestattet mit allen wünschens-werthen äussern Hülfsmitteln, wie Bern und Zürich vereint sie zu liefern vermöchten, wäre in ihrer Lehr- und Lernfreiheit eine wahrhaft grosse Erscheinung geworden. Nun, in der jetzigen Wirklichkeit, ist es unsere heilige Aufgabe, doch gemeinschaftlich zu wirken und zu arbeiten, und keinerlei Feindseligkeiten gegen einander zu hegen (so z. B. thut es mir leid, dass die Züricher-Constitutionelle bei jeder Gelegenheit gegen Bern's Hochschule loszieht. Es ist diess in keinem Falle die Gesinnung der Zürcherischen Hochschule). — Bern und Zürich sollen geistig Eins bleiben; vielleicht in einem Jahrzehnt haben wir eine Hochschule, sei es in Zürich oder in Bern. Einheit vor Allem thut uns Noth». — «Ohne persönliche Rücksichten, treulich und ohne Gefährde, wie unsere Altvordern sagten» empfiehlt sodann Orelli, hiezu gebeten, in einem Brief vom 29. August 1834 einen ausgezeichneten jungen Gelehrten für das obere Gymnasium und den philologischen Lehrstuhl, und den Ankauf der Glück'schen Bibliothek von juristischen Werken, für welche in Zürich das Geld nicht aufzubringen war, und über welche der berühmte Jurist, damaliger Obergerichtspräsident Dr. F. L. Keller, ebenfalls hiezu gebeten, dem Erziehungs-Departement ein eingehendes, gründliches Gutachten abgab. Bemerkenswerth ist noch der Schluss dieses Briefes: «Noch einmal, alle bessern hiesigen Professoren verwerfen und verabscheuen die Artikel der Constitutionellen und der mit solcher enge verwandten Allgem. Zeitung und der N. Zürcher-Zeitung, in welchen auf's unsinnigste gegen Bern losgezogen wird. Das ist eine wahre Gemeinheit!»

Wenn ferner in den Erwägungen zum Hochschulgesetz besonders betont wird, dass dem *Interesse* des Staates angemessen sei, alles dasjenige zu thun, was in seinen Kräften steht, um die Wissenschaft zu fördern, so war es auch mit diesem Beweggrund ernst und redlich gemeint. Mochte zu Zeiten die Meinung sich geltend machen, die Hochschule sei da, um politische Parteiinteressen zu fördern und ihr Werth für das Land an dem Massstab der von ihr ausgehenden Parteiagitation gemessen werden, das ethische Interesse ist doch stets wieder hervorgetreten und bestimmte bewusst und kräftig die Gründer der Anstalt. Es ist ja auch thatsächlich der unmittel-bare und mittelbare, der ideale und praktische Werth einer solchen, wenn auch immerhin bescheidenen, doch auf dem Scheffel stehenden Leuchte der Wissenschaft ein grosser und von allen Einsichtigen anerkannter. Für das

wissenschaftliche Bedürfniss und Bewusstsein des Volkes, für die höhere
Kultur und Bildung ein lebenskräftiges Organ und eine heimische Pflege-
stätte zu besitzen, befriedigt und erhebt. Sodann wird durch und mit einer
solchen Bildungsanstalt das gesammte Schul- und Erziehungswesen gehoben;
es wird ja bei Neubauten auf diesem Gebiete, wie Dr. Kummer bemerkt,
zuerst nicht von unten nach oben gebaut, sondern die höhere Anstalt
bestimmt die untere, diese richten sich an jener empor und ringen nach
organischer Beziehung und Anschluss, bis dieser gesichert und der einheitliche Organismus hergestellt ist. Die Hochschule bildet zugleich wieder
eine Anzahl wissenschaftlicher Organe, sie erzeugt und erweitert allmälig
eigene Lehrkräfte, und sendet wissenschaftlich gebildete Männer in die
verschiedenen Gaue und Gemeinden des Landes bis in's verborgene Alpen-
thal, welche Schule und Erziehung heben, Bildung und edlere Gesittung
verbreiten und dem Volke in den ihm theuersten materiellen und geistigen
Angelegenheiten mit ihrer höhern Erkenntniss und Kraft helfend und
fördernd zur Seite stehen.

3. Im Zusammenhang hiemit wird an die Spitze der Erwägungen zur
Gründung der Hochschule die «Absicht» gestellt «der *Verpflichtung des
Staates, für die gründliche Ausbildung und Befähigung seiner Bürger zu
jedem wissenschaftlichen Berufe hinlänglich zu sorgen, ein Genüge zu leisten.»*
Es ist diess zwar selbstverständlich, auch die Akademie suchte die Berufs-
studien zu fördern. Allein es sollte durch die Hochschule gründlicher und
allseitiger geschehen: gründlicher durch allgemeine wissenschaftliche Vorbildung, durch die Neuschaffung einer selbständigen philosophischen Fakultät, durch Bildung und Aufmunterung junger Lehrkräfte und die geistige
Frische, welche die Fach- und Brotstudien beleben und veredeln sollte;
allseitiger durch den Grundsatz der Lehr- und Lernfreiheit, durch die Erweiterung der Gebiete des Wissens, die reichere Ausstattung des Lehr-
materials, die organische Verbindung der Fakultäten zu der Einen alma
mater. Es sollte ferner die Hochschule zur Erlernung eines wissenschaftlichen Berufes nicht mehr fast ausschliesslich den höhern städtischen und
wohlhabenden Kreisen, sondern jedem Jüngling aus dem Volke offen stehen,
welcher befähigt und berufen erschien, ohne Ansehen des Standes und
Vermögens der Eltern. Hiezu kam die praktische Erwägung, dass die Zahl
der vorhandenen gebildeten Aerzte, Advokaten, Beamten und Lehrer dem
Bedürfnisse des Volkes nicht entsprach, und dass insbesondere, nachdem
mit der abgetretenen Regierung eine Anzahl der Staatsverwaltung kundiger
Männer dem Staate ihre Dienste entzogen hatten, der Mangel an tüchtigen
und zuverlässigen Beamten sich fühlbar machte. Hieraus entstand aller-

dings in Verbindung mit der Mangelhaftigkeit der damaligen Volksschule ein Uebelstand, welcher namentlich in den ersten fünfundzwanzig Jahren der Entwicklung der Hochschule oft schmerzlich als Hemmniss empfunden und selbst von den ihn vertheidigenden Politikern nur als nothwendiges Uebel beschönigt wurde, dass nämlich die Forderung allgemeiner wissenschaftlicher Vorbildung, wie das höhere Gymnasium dieselbe darbietet, für Viele auf ein Minimum herabgesetzt wurde. Das Gesetz stellt das Ideal auf als Zeichen, dass dem Gesetzgeber die klare Einsicht in das zum Wesen und Gedeihen einer Hochschule Erforderliche inne wohnte; die Wirklichkeit forderte erst einen langen Weg durch die Wüste, auf welchem jedoch der akademische « Haufen » zum wirklichen akademischen « Volke » gebildet wurde und die vorangehende Feuersäule die Bürgschaft sicherer Führung und der einstigen Besitznahme des gelobten Landes gab.

II.

Gesetz, Organisation und Ausrüstung der Hochschule.

Das Gesetz, welches den 5. März 1834 dem Grossen Rath vorgelegt wurde, bestimmt in § 1 die *Errichtung eines höhern Gymnasiums* und die *Umgestaltung der bisher unter dem Namen Akademie bestandenen Lehranstalt in eine Hochschule.* Es wird sodann im ersten Theil des Gesetzes Aufgabe und Organisation des Gymnasiums festgestellt. Dasselbe wird als eine wissenschaftliche Lehranstalt bezeichnet, in welcher die Jugend, nachdem sie die Secundarstudien vollendet hat, diejenige Vorbildung erwerben kann, die zu einem erfolgreichen Besuche der Hochschule erforderlich ist. Die Organisation des Gymnasiums stellt dasselbe in den Rang der bessern Anstalten dieses Namens ; und wir können gleich beifügen, dass dasselbe nunmehr seit fünfzig Jahren in verschiedenen Wandlungen, später als höheres Gymnasium der Literaturabtheilung der *Kantonsschule*, jetzt als *städtisches höheres Literargymnasium* durch eine Reihe ausgezeichneter Lehrkräfte seine Bestimmung erfüllt und seiner Aufgabe mit Erfolg gedient hat. Dasselbe trat an die Stelle der *obersten Klasse* des bisherigen Gymnasiums und der *philosophischen Fakultät der Akademie*, die « untere Akademie, auch untere Theologie » genannt. Die oberste Klasse des ehemaligen Gymnasiums bildete die Tertia, die philosophische Fakultät der Akademie die Secunda und Prima des höhern Gymnasiums. Zugleich ertheilte der Grosse Rath den Auftrag, den Entwurf zu Errichtung einer Industrieschule vorzulegen.

Der *zweite* und eigentliche *Haupttheil* des Gesetzes hat die Hochschule zum Gegenstand. Es handelt 1. von der *Aufgabe* der Hochschule; 2. der *Organisation der Studien*; 3. den *Studirenden*; 4. den *akademischen Lehrern*; 5. den *Behörden* und enthält 6. einige besondere Bestimmungen, durch welche der Staat sich verpflichtet der Hochschule die geeigneten Gebäude zu Hörsälen und wissenschaftlichen Sammlungen anzuweisen, für den Unterhalt derselben zu sorgen und dem Erziehungs-Departement einen jährlichen Kredit für den Unterhalt der Hochschule auszusetzen, welcher nach Bedürfniss bestimmt wird. Die Eröffnung der Hochschule wird auf den Herbst 1834 festgesetzt. Das Gesetz wurde vom Grossen Rath *den 14. März 1834* promulgirt und in Kraft erklärt.

Die *Grundzüge* desselben sind folgende:

Die Hochschule ist eine höhere Lehranstalt, welche im Allgemeinen den Zweck hat, die Wissenschaften zu fördern, und im besondern die reifere Jugend zur Ausübung jedes wissenschaftlichen Berufes zu befähigen. An der Hochschule herrscht Lehr- und Lernfreiheit. Die Lehrvorträge dehnen sich über folgende Zweige der Wissenschaft aus: 1. Theologie. 2. Jurisprudenz und Staatswissenschaften. 3. Medizin. 4. Philosophie. 5. Pädagogik. 6. Philologie und historische Wissenschaften. 7. Technische, Kameral- und Militärwissenschaften. 8. Kunstlehre und schöne Wissenschaften. Der Regierungsrath soll für die Unterhaltung und Erweiterung der vorhandenen Kunstanstalten und, falls Bedürfniss vorhanden, für den Unterricht in den verschiedenen Kunstfächern die erforderlichen Anordnungen treffen. Die Vorträge sollen in deutscher und je nach Umständen auch in französischer Sprache gehalten werden. Der Regierungsrath ist beauftragt, bei vorhandenem Bedürfnisse, die nöthige Zahl französischer Lehrstühle zu errichten, damit der Besuch der hiesigen Hochschule den hiesigen Studirenden aus dem französischen Theil des Jura ermöglicht werde. Die ordentlichen Vorträge (welche nach den Bestimmungen des Reglementes nicht unterbleiben dürfen und in einer festgesetzten Zeit wiederkehren sollen), haben von dem wissenschaftlichen Standpunkte der Gymnasialstudien auszugehen, für welchen ein Zeugniss der Reife ertheilt wird. — Zur Immatrikulation ist erforderlich nebst Bescheinigung guter Sitten und des zurückgelegten 18. Altersjahres, entweder ein Gymnasialzeugniss der Reife oder die Erfüllung der aufzustellenden reglementarischen Bestimmungen. Die Matrikelgelder betragen 10 Fr., für die einfachen Collegien nicht unter 4 Stunden sind 10, für die doppelten nicht unter 8 Stunden 16 Fr. zu bezahlen. Am Schlusse ihrer Studien können sich die Studirenden einer

Fakultätsprüfung unterwerfen und über das Resultat derselben ein akademisches Zeugniss erhalten. Sie können ferner die Doktorprüfung verlangen und nach befriedigender Absolvirung derselben das Doktordiplom erhalten.

Die akademischen Lehrer theilen sich in drei Klassen: Docenten, ausserordentliche und ordentliche Professoren. Als Docent ist befugt aufzutreten und Vorlesungen anzukündigen, wer das Doktordiplom erworben oder falls er kein solches besitzt, von der Behörde die *venia docendi* bedingt oder unbedingt erhalten hat. Docenten, welche zwei Semester hindurch mit besonderer Auszeichnung Vorlesungen gehalten, können ein Honorar bis auf 400 Franken erhalten. Die Zahl der ausserordentlichen Professoren wird nach Bedürfniss bestimmt, das Maximum ihrer Besoldung beträgt 1600 Franken. Die ordentlichen Professoren sollen im Semester wenigstens zwei Collegien, zusammen nicht weniger als 12 Stunden ankündigen. Sie können zu einer unentgeldlichen öffentlichen Vorlesung angehalten werden. Für ihre Wahl ist das Gutachten der Fakultäten einzuholen. Sie beziehen einen Gehalt von 2—3000 Franken*) und haben, gegen einen angemessenen Miethzins, Anspruch auf eine der sog. Professoren-Wohnungen. Sind sie nach fünfzehn Dienstjahren durch Alter oder unverschuldete Ursachen ausser Stand gesetzt, ihre Stellen gehörig zu versehen, so können sie in Ruhestand versetzt werden, mit wenigstens einem Drittheile ihres fixen Gehaltes. Ihre Zahl wird von den Behörden nach Bedürfniss bestimmt und vorläufig festgesetzt auf 3 für die Theologie, 3 für die Jurisprudenz, 4 für die Medizin, 1 für Philosophie, 1 für Philologie, 1 für Geschichte und 3 für Mathematik und Naturwissenschaften. Das Erziehungs-Departement hat die obere Leitung und Aufsicht über die Hochschule. Es erlässt mit Genehmigung des Regierungsrathes die Reglemente über die Bedingungen des Eintritts, die Vorträge, welche nicht unterbleiben dürfen, Anfang und Schluss des Semesters und die Dauer der Ferien, die Prüfungen, die Disciplin, die Pflichten und Befugnisse der untern Behörden, sämmtliche Subsidiaranstalten und über alle Gegenstände, welche die Organisation der Hochschule betreffen. Der akademische Senat besteht aus sämmtlichen ordentlichen und ausserordentlichen Professoren und den honorirten Docenten. Derselbe erwählt in seiner Herbstsitzung aus der Zahl der akademischen Professoren auf die Zeitdauer eines Jahres seinen Präsidenten, welcher zugleich Rektor der Hochschule ist, und vom Regierungsrath bestätigt wird. Der Senat wählt ferner seinen Sekretär. Er versammelt sich regelmässig alle Jahre wenigstens zweimal bei Eröffnung der Kurse,

---

*) Der Regierungsentwurf hatte 2000—2400 Fr. vorgeschlagen.

ist vorberathende. Behörde für alle allgemeinen Verfügungen in Betreff
der Hochschule und besitzt das Recht, auch unaufgefordert seine Anträge
dem Erziehungs-Departement vorzulegen. Er stellt die akademischen Doktordiplome aus und lässt sich in seinen ordentlichen Versammlungen zugleich zu Handen des Erziehungs-Departementes über den Gang der Hochschule im verflossenen Semester Bericht erstatten.

Die ordentlichen und ausserordentlichen Professoren theilen sich in
vier Fakultäten, die theologische, juristische, medizinische und philosophische.
Jede Fakultät wählt sich auf die Zeitdauer von 4 Jahren ihren Dekan.
Den Fakultäten liegt im Allgemeinen die möglichste Förderung der Wissenschaft ob, im Besondern: 1. Vorberathung über die Anordnung der Vorlesungen
und Entwerfung eines Lektionsplanes; 2. Beaufsichtigung und Unterhaltung
der ihr anvertrauten Subsidiaranstalten; 3. Beaufsichtigung von Sitten und
Fleiss ihrer Studirenden; 4. die Ertheilung des Doktorgrades, für welche
das Diplom vom akademischen Senate ausgestellt wird. Sie korrespondiren
in Allem, was die Förderung der Wissenschaft betrifft, unmittelbar mit dem
Erziehungs-Departement, im übrigen mit dem Rektor. Berathende Stimme
in denselben haben auch die honorirten Privatdocenten.

Den 13. März wurde sodann vom Grossen Rathe die den angenommenen
Abänderungs-Anträgen gemäss verfasste definitive Redaktion gutgeheissen.
Zur Ergänzung der Bestimmung über die Errichtung französischer Lehrstühle wurde ein Dekret angenommen, welches für den Fall, dass es nicht
gelingen sollte, dem Artikel 28 des Gesetzes in Beziehung auf die Studirenden
des französischen Jura ein Genüge zu leisten, den Regierungsrath beauftragt, durch das Erziehungs-Departement mit geeigneten französischen
Universitäten in Verbindung zu treten, damit bernische Studirende, welche
dieselbe besuchen, der gleichen Aufsicht und ebenso sorgfältigen Prüfungen
unterworfen werden, wie die einheimischen. Die von bernischen Studirenden
an diesen Universitäten erworbenen Doktordiplome haben denselben Werth
wie die bernischen. Es wird eine Summe von 4000 Franken angewiesen,
welche den Studirenden aus dem französischen Jura den Besuch jener
Universitäten erleichtern soll. Ueber den Betrag dieser Stipendien für die
Einzelnen und die Bedingungen zur Ertheilung derselben soll ein Reglement
aufgestellt werden.

In der Sitzung vom 14. März wurde das Gesetz in Kraft erklärt und
veröffentlicht. Dasselbe trägt die Unterschriften des Landammann Messmer
und des Staatsschreibers F. May.

Das bernische Hochschulgesetz darf wohl als eine bedeutende gesetzgeberische Arbeit bezeichnet werden, welche mit gebührender Berück-

2

sichtigung der Verhältnisse gründliche Sachkenntniss und lebendiges Interesse
für die hohe Bedeutung des Gegenstandes in sich vereinigt. Dasselbe hat
sich denn auch trotz einzelner Modifikationen, welche aber stets die
Förderung der Anstalt bezweckten, und trotz verschiedener Revisionsprojekte
in stürmischen und ruhigen Zeiten fünfzig Jahre hindurch in Kraft erhalten.
Es stellt den wissenschaftlichen Charakter der Hochschule in den Vordergrund, garantirt Lehr- und Lernfreiheit, gibt eine sichere allseitige und
zugleich der Erweiterung fähige Organisation der Studien, stellt die vier
Fakultäten ebenbürtig neben einander, und gewährt für die Besoldung der
Lehrer und den Unterhalt der Subsidiar-Anstalten eine für die Verhältnisse
eines kleinern Gemeinwesens ansehnliche Summe. Leider enthalten die
gedruckten Grossrathsverhandlungen nur den vorzüglich ausgearbeiteten
« Vortrag des Erziehungs-Departements » und die in der Diskussion gestellten Anträge, sowie die Abstimmungen über dieselben. Es fehlt uns
daher ein anschauliches Bild der Ausführungen des Berichterstatters Neuhaus
und der Voten einzelner Redner. Bemerkenswerth ist, dass von theilweise
beträchtlichen Minoritäten, und zwar mit guten Gründen, auf festere
Organisation des Senates, festere einheitliche Leitung der Anstalt durch
den Rektor, Erstellung einer besondern Universitäts-Bibliothek gedrungen
wurde, letzteres mit der Bemerkung, dass die Stellung des Staates, welcher
bei der Stadt (Stadtbibliothek) das nöthige Material für den Unterricht
borgen müsse, ebenso unwürdig sei, als wenn derselbe das Kriegsmaterial
zur Bildung der Milizen anzuleihen gezwungen wäre. Dieser Antrag fand
seine Erledigung durch den Beschluss, durch eine Spezial-Kommission die
Eigenthumsrechte des Staates und der Stadt in Betreff der grossen Stadtbibliothek zu untersuchen. Vergegenwärtigen wir uns noch all die Schwierigkeiten der politischen Situation, die Zerwürfnisse und Kämpfe in Basel,
Schwyz und Neuenburg, die angestrebte Bundesreform und ihr Scheitern,
die Erlacherhof-Verschwörung in Bern, den Sarnerbund, die fremden Flüchtlinge in der Schweiz, die Interventionsgelüste und Drohnoten der Mächte,
die Badener-Konferenz, die feste, energische Art, wie Bern in jener Zeit
als « moralischer Vorort » seine und der Schweiz Unabhängigkeit zu wahren
suchte, sodann die rastlose Thätigkeit zur Reorganisation des innern Haus-
haltes, insbesondere auch die rastlose organisatorische und leitende Thätigkeit auf dem Gesammtgebiet des Schulwesens, so erscheint uns auch von
hier aus betrachtet die Gründung der Hochschule Bern als eine freie, hochherzige That des erleuchteten Patriotismus der leitenden Männer jener Zeit.
Wir begrüssen sie denn auch heute nach fünfzig Jahren mit dankbarer
Pietät als eines der schönsten und ehrenvollsten Denkmale, welches die

Zeit der Regeneration in unserm Vaterlande errichtet und den nach-
kommenden Geschlechtern zur Pflege, zur Wohlfahrt und zur Nachahmung
anvertraut hat.

III.

Die Eröffnung der Hochschule.

Das Erziehungs-Departement entfaltete nun neuerdings seine rastlose
Thätigkeit, um auf Grund des Gesetzes die nöthigen Reglemente zu erlassen,
Heimstätte und genügende Hörsäle zu erstellen, die vorgesehenen Lehrstühle
auszuschreiben, dem Regierungsrath die geeigneten Wahlvorschläge vorzu-
legen und schliesslich die geeigneten Vorkehren zu feierlicher Eröffnung der
Hochschule zu treffen.

Das erste Reglement (vom 25. April 1834) bestimmt die *Organisation
der Studien*, bezeichnet die in jeder Fakultät vorzutragenden Hauptfächer
sowie die Zeitfristen, innerhalb welchen dieselben wenigstens einmal vorgetragen werden sollen. Dasselbe bestimmt auf Grund des Gesetzes den
Kreis der Fächer, welche gelehrt werden sollen, möglichst weit. Ausser
den bisherigen sollen auch Pädagogik, technische, Kameral-, Bau-, Forst-
und Militärwissenschaften, Kunstlehre und schöne Wissenschaften gelehrt
werden. Unter den Staatswissenschaften erscheint allgemeine und schweizerische Statistik, unter den medizinischen Wissenschaften als letztes Fach
die Thierheilkunde. Neben den alten sollen vier moderne Sprachen, alle
zwei Jahre wenigstens einmal neuere Kultur- und Literaturgeschichte gelehrt werden.

Das zweite Reglement (vom 18. Oktober 1834) setzt die *Bedingungen
des Eintritts in die Hochschule* fest und interpretirt in § 2 den betreffenden
Artikel des Gesetzes in folgender weiter Weise: « Kantonsangehörige
erhalten die Matrikel auf Vorweisung eines Gymnasialzeugnisses der Reife
oder eines Zeugnisses über sonst genossene Vorbildung, Kantonsfremde
aber auf einfache Anmeldung gegen die gesetzliche Gebühr. » Zudem
sollte die Bescheinigung guter Sitten und des zurückgelegten 18. Altersjahres beigebracht werden. — Diejenigen, welche sich keiner Fakultätswissenschaft in ihrem ganzen Umfange widmen, werden zugelassen auf einfache
Anmeldung bei den Professoren, deren Vorlesungen sie hören wollen. —
Diese laxen und vielfach angefochtenen Eintrittsbedingungen sind, wie wir
bereits hier bemerken, später theils durch den Erlass neuer Reglemente,
theils durch die für die Staatsprüfungen aufgestellten strengeren An-

forderungen in Beziehung auf die wissenschaftliche Vorbildung wesentlich verschärft worden.

Ein drittes Reglement (vom 18. Oktober 1834) bestimmt die *Dauer der Lehrkurse* und die *Ferien*. Das Erziehungs-Departement hatte drei Monate Ferien vorgeschlagen, der Regierungsrath reducirte dieselben auf neun Wochen.

Nach der Eröffnung der Hochschule wurden noch folgende Reglemente erlassen: Ueber die *Disciplin* der Hochschule, den 14. März 1835, genehmigt den 8. Juli 1835; über die *Ertheilung der Doktorwürde*, den 15. Februar 1836, genehmigt den 26. März 1836; über die *Endprüfungen an der Hochschule*, den 15. März 1836, genehmigt den 26. März 1836: über die *Stipendien für den Besuch französischer Universitäten*, den 11. Februar 1836. Aus dem Reglement über die Disciplin heben wir als bemerkenswerth hervor die Bestimmung (§ 7): Die Hochschule besitzt keine eigene Gerichtsbarkeit, sondern nur die gesetzlichen, auf ihre innere Organisation bezüglichen Disciplinarbefugnisse. Die Studirenden stehen demnach unter den allgemeinen Landesgesetzen und unter den öffentlichen Behörden, welche aber jede über einen Studirenden getroffene Verfügung dem Rektorat anzeigen sollen. Die Disciplinarmittel (§ 10) haben drei Grade: Ermahnung durch den Rektor, — Ermahnung durch den Senat. — Streichung aus der Reihe der Studirenden. — Das Reglement über die *Doktorprüfungen* enthält die hierüber ziemlich allgemein geltenden Bestimmungen, verlangt insbesondere streng wissenschaftliche schriftliche und mündliche Prüfungen, Dissertation und, falls der Kandidat es wünscht. öffentliche Disputation und Promotion. Die Fakultäten entscheiden in geheimer Abstimmung durch Majorität über Ertheilung des Doktorgrades. Dieser Beschluss ist durch den Rektor dem Senat mitzutheilen, welcher das Diplom ausfertigt.*) Jede Fakultät hat über die Doktorprüfungen ein specielles, vom Erziehungs-Departement zu genehmigendes Reglement zu erlassen.**) An ausgezeichnete Gelehrte kann auf den einstimmigen Vorschlag einer Fakultät durch den Senat der Doktorgrad honoris causa ertheilt werden. — Das Reglement über die *Ertheilung von Stipendien an*

---

*) Es beruht wohl auf einem Missverständniss, wenn die Zürcher Festschrift pag. 28 berichtet, dass an der Berner Hochschule die Staatsbehörden sich sogar die Ertheilung der akademischen Grade vorbehalten hätten.

**) Die neuen, gegenwärtig in Kraft stehenden Reglemente über die Doktorprüfungen datiren für die *evangelisch-theologische Fakultät* vom 4. November 1880; für die *katholisch-theologische Fakultät* vom 26. Juli 1876; für die *juristische Fakultät* vom 3. Juni 1874; für die *medizinische Fakultät* vom 15. September 1871; für die *philosophische Fakultät* vom 18. Januar 1847.

Kantonsbürger aus dem Jura vertheilt die zu diesem Zwecke durch das Dekret vom 13. März 1834 bestimmte Summe von 4000 Franken (a. W.) in zehn Stipendien zu je 400 Franken. Diese Stipendien sollten nur auf eine öffentliche, unerlässliche, durch eine hiesige, besonders aufgestellte Kommission abzuhaltende Prüfung der Bewerber hin auf drei Jahre ertheilt werden. Ferner wurde verlangt: Das Kantonsbürgerrecht, das zurückgelegte 19. Altersjahr, sittliche Aufführung, Besuch der Bernischen Hochschule während mindestens eines Jahres und Bestehen der akademischen Endprüfung in Bern. — Die im Gesetz vorgesehenen *Endprüfungen*, welche jeder Studirende am Schlusse des Semesters verlangen konnte, kamen trotz aller Bemühungen des Erziehungs-Departements und des Senates nie zur Ausführung. — Endlich wurde im Interesse der Studien zur Erfüllung der Militärpflicht in der Militärverfassung vom 14. December 1835 ein *Studentencorps* aufgestellt und zur Organisation desselben ein Reglement erlassen.

Zum Sitz der Hochschule wurde das sogenannte « Kloster », welches bisher die Akademie nebst verschiedenen Schulen, Bibliotheken und Sammlungen beherbergt hatte, bestimmt und mit 18 geräumigen Lehrsälen ausgestattet. Zudem wurde für die alte Aula, welche nicht Raum genug darbot, die Erbauung einer geräumigeren Aula, selbst die Erbauung eines neuen Hochschulgebäudes in Aussicht genommen. In diesen ebenso ehrwürdigen als bescheidenen Räumen mit ihren Erinnerungen, ihrer geweihten Stille und ihrer herrlichen Aussicht auf die Hochalpen hat die Hochschule Bern seit fünfzig Jahren ihre Lehrthätigkeit entfaltet. Viele Gemeinden des Kantons haben in der Erbauung neuer Schulhäuser einen rühmlichen Eifer an den Tag gelegt, das höhere Gymnasium, welches bisher in der an's Kloster anstossenden « Schule », dem ehemaligen Pädagogium, untergebracht war, bezieht nächstens einen von der Stadt Bern errichteten Prachtbau, die Kunstanstalten und die naturwissenschaftlichen Sammlungen haben in neuen Museen würdige Heimstätten gefunden, das chemische Laboratorium hat grosse, zweckentsprechende Räumlichkeiten erhalten, das physikalische Laboratorium überragt nebst Sternwarte als neues « Tellurium » vom höchsten Hügel der « grossen Schanze » die Stadt, der neue botanische Garten ist mit den erforderlichen Räumlichkeiten für die Vorträge über Botanik und für die Sammlungen versehen, die medizinischen Kliniken werden in der neuen « Insel » mit einem zweckmässiger und geräumiger eingerichteten Spital neue, geräumige Lehrzimmer finden, bereits 1835 wurde die neue Anatomie erbaut, auf der grossen Schanze erhebt sich die neue Entbindungsanstalt: — nur die alma mater, welche all diese

Töchter zu ihrer Freude grossgezogen und ausgerüstet, sitzt noch hinter ihren alten Klostermauern und hofft, dass ihr auch endlich eine ihrer würdige bleibende Heimstätte zu Theil werde.

Eine besondere, mit mühsamen Verhandlungen verbundene Sorge verursachte die Wahl der Professoren. Man wünschte die möglich tüchtigsten Lehrkräfte zu gewinnen und war bei der grossen Zahl der Bewerber um die ausgeschriebenen Stellen nicht selten in Verlegenheit. Glücklicher Weise waren in der Akademie theils seit längerer Zeit mit Auszeichnung wirkende, theils mit Aussicht auf die Errichtung der Hochschule neu berufene hervorragende Lehrkräfte vorhanden. Obergerichtspräsident Dr. Keller, Schönlein und C. v. Orelli in Zürich, Steiner in Berlin lehnten die an sie ergangenen Berufungen ab, unterstützten aber mit ihrem Rath die Bernischen Behörden. Viele Wahlen sind glücklich zu nennen, und es bildete sich so von Anfang an ein Kern trefflicher Lehrer, welche unter oft widerwärtigen Verhältnissen die Leuchte der Berner Hochschule aufrecht erhalten haben. Vor der Eröffnung der Anstalt finden wir die Fakultäten mit folgenden Lehrern bestellt:

Theologische Fakultät. Ordentliche Professoren: Samuel Lutz, für Exegese des alten und neuen Testamentes; *M. Schneckenburger*, für systematische Theologie und Kirchengeschichte; beide bisher an der Akademie. *Ausserordentliche Professoren: E. Gelpke*, Privatdocent in Bonn, für systematische Theologie; *B. Hundeshagen*, Privatdocent in Giessen, für Exegese und Kirchengeschichte; *Fr. Zyro*, Pfarrer in Unterseen, für praktische Theologie in deutscher Sprache; *Aug. Schaffter*, für praktische Theologie in französischer Sprache.

Leider wurde trotz Petitionen der Studirenden und Candidaten der Theologie und trotz der warmen Fürsprache des Professor Lutz, Mitgliedes des Erziehungs-Departements, der verdiente und in der Bernischen Kirche angesehene bisherige Professor der praktischen Theologie C. *Wyss* übergangen, weil er als der neuen Ordnung der Dinge nicht genug ergeben erschien.

Juristische Fakultät. Ordentliche Professoren: S. Schnell, für vaterländisches Recht und allgemeine Rechtslehre; *W. Snell*, für römisches und Criminal-Recht; beide bisher an der Akademie. *Ausserordentliche Professoren: L. Snell*, ausserordentlicher Professor in Zürich, für Staatswissenschaften; *C. Herzog*, ausserordentlicher Professor in Jena, für die politischen und kameralistischen Fächer; *Siebenpfeiffer*, für das gerichtliche Verfahren, Polizeirecht und Staatswissenschaft.

Medizinische Fakultät. Ordentliche Professoren : H. *Mohl*, bisher an der Akademie, für Physiologie ; *W. Vogt,* ordentlicher Professor in Giessen, für Nosologie, spezielle Therapie, Klinik etc.; *H. Demme,* ausserordentlicher Professor in Zürich, für Chirurgie, chirurgische Klinik und Geburtshülfe. *Ausserordentliche Professoren :* Fr. *Wilh. Theile,* ausserordentlicher Professor in Jena, für Anatomie ; *Ed. Fueter,* bisher an der Akademie, besonders für Poliklinik; *Rau,* Privatdocent in Giessen, für Augenheilkunde und Kinderkrankheiten; *J. J. Hermann,* bisher an der Akademie, für Geburtshülfe ; *Dr. Tribolet,* Inselarzt, für syphilitische Krankheiten und gerichtliche Medizin ; *Gerber,* als Prosektor ; *Anker* und *Gerber,* für Thierheilkunde.

Philosophische Fakultät. Ordentliche Professoren : Dr. *Troxler,* bisher in Luzern und Aarau, für Philosophie ; *W. Kortüm,* bisher an der Akademie, für Geschichte; *M. Perty,* seit einem Semester an der Akademie, für Zoologie und vergleichende Anatomie ; *C. Brunner,* bisher an der Akademie, für Chemie und Pharmacie; *Fr. Trechsel,* bisher an der Akademie, für Mathematik und Physik. *Ausserordentliche Professoren: C. Jahn,* bisher an der Akademie, für Philologie und neuere Literatur ; *Thourel,* Advokat aus Genf, für französische Sprache und Literatur ; *W. Müller,* bisher an der Akademie und dem Gymnasium, für Philologie ; *G. Rettig,* in Büdingen, für Philologie; *Ed. Schnell,* für Philologie; *Bernhard Studer,* bisher an der Akademie, für höhere Mathematik, Mineralogie, physikalische Geographie etc.; *E. Vollmar,* für Mathematik ; *Kasthofer,* Forstmeister, für Forstwissenschaft.

In dem durch den bisherigen Prorektor den 25. Oktober 1834 veröffentlichten ersten Lektionskatalog erscheinen noch als Privat-Docenten : in der juristischen Fakultät: *Fr. Stettler,* Mitglied des Grossen Raths, für Politik ; in der medizinischen Fakultät : *Rychener,* für Thierheilkunde ; in der philosophischen Fakultät : *Albert Jahn,* cand. theol., für Philologie ; *Major Sinner,* für Mathematik und Ballistik ; *Dr. Wydler,* für Botanik ; *Jos. Pursh,* für musikalische Wissenschaften.

Das Budget für die Hochschule wurde auf 81,307 Franken festgesetzt, davon 59,600 Franken Besoldungen, 10,120 Franken für die Subsidiar-Anstalten und 6737 Franken für Verschiedenes, Reisegelder, Prämien, Druckkosten etc. etc.

Den 10. November 1834 traten 29 in Bern anwesende Professoren zur ersten Senatssitzung zusammen und wählten mit Stimmenmehrheit *Prof. W. Snell* zum *ersten Rektor* der Hochschule und *Prof. C. Jahn zum Sekretär.*

Zu Dekanen wurden von den vier Fakultäten gewählt: *Lutz, Schnell. Mohl, Trechsel.*

Für die *auf den 15. November festgesetzte Eröffnungsfeier* hatte das Erziehungs-Departement in der Freude über die nach so vielen Mühen mit so schönem Erfolg gekrönte Arbeit und im Bewusstsein der hohen Bedeutung der Feier ein glänzendes Programm entworfen. Vormittags $8\frac{1}{2}$ Uhr sollten zwei und zwanzig Kanonenschüsse und das Geläute aller Glocken der Münster- und der Heilig-Geist-Kirchen den Anfang der Feierlichkeit verkünden. Zahlreiche Einladungen sollten an die obersten Staatsbehörden, den Regierungsstatthalter und den Einwohnergemeinderath von Bern, die sieben Dekane der reformirten Kirche, die sechs curés cantonaux, den Seminar-Direktor, die Abgeordneten der übrigen schweizerischen höheren Lehranstalten erlassen werden, um mit den Professoren der Hochschule und der akademischen Jugend nach der Feier Nachmittags 2 Uhr zu einem grossen Bankett sich zu vereinigen. Der Regierungsrath modifizirte das Programm in nüchternem Sinn, « weil den Ansichten der jetzigen Zeit gemäss und in Uebereinstimmung mit den von der Regierung bei verschiedenen Anlässen befolgten Grundsätzen sowohl Gepränge als unnöthige Ausgaben zu vermeiden und daher die Anordnungen mit möglichster Einfachheit zu treffen und die Einladungen zu beschränken seien ». Immerhin gestaltete sich die Feier zu einer erhebenden und des Tages würdigen. Unter dem Geläute der Glocken zogen vom Ständerathhaus das Personal des Erziehungs-Departements mit Neuhaus an der Spitze, der Rektor mit der akademischen Lehrerschaft, von der Aula aus die Studirenden nach der Heilig-Geist-Kirche. Dort fanden sich der Landammann und viele Grossräthe, der Regierungsrath, das Obergericht, der Regierungsstatthalter und der Gemeinderath von Bern nebst zahlreichen Freunden der neuen Anstalt ein. Die Feier wurde mit Musik eröffnet. Zuerst sprach *Neuhaus* in längerer französischer Rede, geistreich, edel und patriotisch « *über den Werth der Wissenschaften im Allgemeinen und die Früchte, welche das Vaterland von ihrer Pflege erwarten darf* ».

Bemerkenswerth sind schon die Einleitungsworte dieser Rede: « Wenn in unserer Zeit der Revolutionen und gesellschaftlichen Reformen das Leben des Staatsmannes ein Leben des Kampfes und stets wiederkehrender Aufregungen ist; wenn derjenige, welcher von seinen Mitbürgern ein Amt anvertraut erhält, sich darauf gefasst machen muss, oft verkannt und selbst verläumdet zu werden, und wenn der Wille das Gute zu thun und die Befriedigung, hin und wieder Erfolg gehabt zu haben, ihn nicht immer trösten über die Ungerechtigkeit der Parteien, die verlorenen Freundschaften und

so viele andere bittere Enttäuschungen, so gibt es doch Ereignisse, welche
ihn entschädigen für seine Anstrengungen und seine Bestrebungen und ihn
freudig vergessen lassen, was er zu leiden hatte. Die reine Freude des
Bürgers, der sich glücklich schätzt, in seinem Vaterlande die Gründung
einer grossen, zukunftreichen Stiftung zu erleben, diese tiefempfundene aus
wahrer Vaterlandsliebe geborene Freude, ich erfahre sie heute in ihrer
ganzen Stärke ». — Er schildert sodann die Wissenschaft als eine der
mächtigsten Kräfte und Waffen des menschlichen Geistes, allein sie em-
pfängt ihre Weihe erst durch die schönsten sittlichen Zwecke, denen sie
dient und die reine Gesinnung, mit welcher sie gepflegt wird. Sonst wird
sie erniedrigt zum Mittel für den egoistischen Broterwerb, den Ehrgeiz,
die Befriedigung eitler und unfruchtbarer Liebhabereien, dünkelhafter und
kleinlicher Wichtigthuerei oder gar zum servilen Werkzeug des Despotismus,
zur Förderung einiger Bevorzugten und zur Unterdrückung der Völker.
Er möchte der Wissenschaft drei verschiedene in ihrer Bedeutung ungleiche
Aufgaben zuerkennen: sie hat für den beschränkten Kreis der Berufsthä-
tigkeiten eine gewisse Summe von Kenntnissen zu verschaffen, die Wohlfahrt der Völker zu fördern, die Erkenntniss zu bereichern und zu stählen,
die Seele zu reinigen und zu erheben und so ein unsterbliches Wesen für
seine Bestimmung zu bilden. Bisher sei beinahe nur die erste Aufgabe in
blossen Fach- und Brotstudien erfüllt worden; in Beziehung auf die zweite
zeigten sich erst Anfänge, die dritte und höchste sei stets vernachlässigt
worden. In diesem Sinn wendet er sich mit eindringlichen Worten an die
Professoren, die Studirenden und seine Collegen und Mitbürger. Den Professoren ruft er zu: « Ohne Zweifel bedarf das Vaterland Männer, welche
in den verschiedenen Zweigen des Wissens bewandert sind. Aber es verlangt noch mehr. Es verlangt vor Allem Männer und Bürger. — Dass,
wie im Alterthum, die grosse Idee des Vaterlandes überall gegenwärtig
wäre ! Dass sie überall ihren mächtigen und heilsamen Einfluss geltend
machen und Euere Vorträge beherrschen möchte ! Die Republik Bern,
welche euch ihre Söhne anvertraut, um sie in den nützlichen Wissenschaften
zu unterrichten, verlangt auch von euch, dass durch euch Bürger gebildet
werden. Ihr werdet dieser Erwartung entsprechen. » Den Studirenden
ruft er zu: « Der Tempel der Wissenschaft ist euch geöffnet. Tretet ein
mit Andacht und Ehrfurcht, und fasst, indem ihr eintretet, den Vorsatz,
Männer und Bürger zu werden. Ihr werdet einst in der Gesellschaft die
angesehensten Stellen einnehmen. Verdient diesen Vorzug durch einen
edeln Wetteifer euch nützlich zu machen, aber lasst euch nicht berauschen
durch eure Erfolge und bewachet sorgfältig eure Seele, damit sie nicht

durch die Sucht nach Auszeichnung sich verderbe. » Er ermahnt sodann z
Studium mit dem Zweck, durch dasselbe zur Tugend gebildet zu werd
« Dass in euern Händen die Wissenschaft dazu dienen möchte, die öffe
lichen Freiheiten zu befestigen, und dass sie sich nie mit egoistiscl
Anschauungen und strafbarem Ehrgeiz verbinden möchte! Hütet euch \
Ausschliesslichkeit. Pfleget mit eurer Fachwissenschaft die allgemeir
Wissenschaften, erwerbet euch die allgemeine Bildung, welche ihr in al
Verhältnissen als würdige Bürger eines freien Vaterlandes bedürfet.]
Religion, Philosophie, Geschichte, Staats- und Gesellschaftswissenschaft
Litteratur und Poesie mögen eure Seelen mit den Ideen des Gut
Wahren, Rechten und Schönen erfüllen! Dann wird euch die Wissensch
der Schild der Minerva und das Vaterland wird stolz auf euch sein u
auf euch zählen in den Tagen der Gefahr. » Seine Collegen und Mitbür⟨
ermuntert er zum festen Glauben an eine bessere Zukunft und den S⟨
des Guten. « Die Besten hat gerade in den schwersten Zeiten dieser Glat
getröstet und aufrecht erhalten. Auch ihr, hochgeehrte Bevollmächtigte ⟨
bernischen Volkes, habt an diese Zukunft geglaubt, als ihr die Universi
beschlossen habt, die wir heute festlich eröffnen, ihr glaubt an di⟨
Zukunft in dieser feierlichen Stunde, welche ein für unser Vaterland glü⟨
liches Ereigniss weiht. Ihr werdet diesen Glauben bewähren, wenn \
euch unverzüglich die Gesetze vorlegen werden, welche bestimmt sind, ⟨
System der öffentlichen Erziehung zu vervollständigen. Ihr habt eu⟨
Mission begriffen, ihr habt unermüdlich gearbeitet sie zu erfüllen, ⟨
werdet sie ferner erfüllen, und ich kann mich eines Gefühles von St⟨
nicht erwehren bei dem Gedanken, einer von euch zu sein, in euern Reih
zu sitzen und auch einige Steine hinzugetragen zu haben zu der Erbauu
des Gebäudes, welches das Vaterland an diesem Tage mit Hoffnung u
Freude sich erheben sieht. »

Wie einst bei der Eröffnung der Akademie der Kanzler von Muta⟨
so mochte, wie Professor Ris treffend bemerkt, auch heute der Präside
des Erziehungs-Departementes und mit ihm Jedermann fühlen, dass die⟨
Tag in der Bildungsgeschichte des Freistaates Bern vielleicht der mer
würdigste sei, der in Jahrhunderten erlebt worden war.

Nach seiner Rede übergab Neuhaus dem *Rektor*, Prof. *W. Sn⟨*
die *Stiftungsurkunde* der Hochschule. Dieser erwiderte in kurzer, begeistert
Rede: «Dankbar empfangen die an geweihter Stätte und in bedeutun⟨
voller Stunde versammelten Lehrer durch mich diese Stiftungsurkun
dieser neuen Pflanzstätte der Wissenschaft und in dieser Urkunde ⟨
Palladium der geistigen Grundlage aller äussern Freiheit und Leber

würde, einen Bundesbrief zwischen Gegenwart und Zukunft, ein Denkmal der Weisheit, das noch die späten Enkel dankbar verehren werden. Der heutige Tag, der die Hochschule der Republik Bern in ihrer Entstehung begrüsst, gehört unter die glänzendsten Dokumente, wodurch die Verjüngung der Schweiz in den Jahren 1830 und 1831 gerechtfertigt ist. Keinen grossartigeren Beweis von ihrer innern Vortrefflichkeit, von ihrem Adel konnten jene Nationalgrundsätze und ihre hochherzigen Vertreter ablegen, kein mächtigeres und würdigeres Erhaltungsmittel für die wiedergeborene Eidgenossenschaft konnten sie wählen, als indem sie dem Freiesten und Edelsten, was der menschliche Geist hervorgebracht hat, den Wissenschaften einen Tempel bauten. Die hiesige Hochschule wird freudig die heute eröffnete Laufbahn betreten, um mit ähnlichen Anstalten der Schweiz, besonders mit der Schwesteranstalt in Zürich Hand in Hand den Segen der Bildung und geistigen Freiheit im ganzen Vaterland zu verbreiten. Den Lehrern dieser Hochschule ist ein ehrenvoller Wirkungskreis geboten, worin es weder an Arbeit noch an Freude fehlen wird. Stetsfort wird dem hohen Beruf Fleiss, Liebe und Treue gewidmet sein, damit durch sorgfältige Pflege der Wissenschaften das Gebiet der Einsicht erweitert, jede bessere Menschenkraft gestärkt und der Wille veredelt und auf die höchsten Zielpunkte dieses Daseins gerichtet, und damit zugleich der Freiheit und Selbstständigkeit der Nation eine starke Stütze bereitet werde; denn die Wahrheit führt zur Freiheit. Dies zu vollbringen, treibt uns der Geist, liegt in unserm Willen. Unablässig umschwebe uns, als Zeuge dieses Strebens, der Geist des Volkes, aus dem die Hochschule, deren Bürger und Mitarbeiter wir heute geworden sind, hervorging. Dagegen spreche ich im Namen sämmtlicher Lehrer die feste Zuversicht aus, dass der Staat ihre freie geistige Wirksamkeit unter sichere Obhut nehmen und ihr die festen Garantien der Weisheit und Gerechtigkeit nie entziehen werde, ohne die nichts Gutes, Schönes und Grosses auf Erden bleibend gedeihen kann. An diese Zuversicht knüpft sich für uns die erfreuliche Aussicht auf einen reichen und grossen Wirkungskreis. In solchen Pflanzstätten wahrer Kultur und Humanität empfangen die jungen Männer, die ihre Zöglinge sind, welches auch ihr künftiger Beruf sein möge, alle die Weihe des wissenschaftlichen Geistes, womit ausgerüstet sie, des Gelingens sicher, dem grossen Werk der Fortbildung und Veredlung der Nation entgegenschreiten, stark durch den lebendigen Sinn für Wahrheit, Gerechtigkeit und Weisheit, und emporgehoben durch den heiligen Glauben an jenen ewigen und einzigen Dualismus, welcher das Gute und das Schlechte, welcher Recht und Unrecht, Wahrheit und Lüge, Seelenadel und Gemeinheit in unermessener Ferne auseinander hält. Dies ist der Glaube, dies die Hoffnung, dies die Zuversicht womit wir auf die auch um unsere Hochschule bereits zahlreich versammelt Jugend hinzuschauen uns berechtigt fühlen. Diese Zuversicht ganz erfüll zu sehen, wird der Muth und die Freude unserer Arbeit, der Lohn unsere Mühen, wird der Stolz unseres Lebens sein.»

Als dritter Redner trat, im Auftrag der Regierung, Prof. *Troxler* au und sprach über *Idee und Wesen der Universität in der Republik.* E bekämpfte die Ansicht, welche die Entstehung der Universitäten auf äusser Veranlassungen und Beweggründe zur Erreichung äusserer Zwecke zurück führt. Vielmehr haben die Gestalten des menschlichen Daseins, Kirche Schule und Staat, und mit der Schule die Hochschule ihre Urgrundlage ii der göttlich-menschlichen Natur, welche in allen Menschen liegt. «Es is ein grosser und in seinen Folgen höchst verderblicher Irrthum, wenn da Wesen der Schule über ihrer Form so verkannt wird, dass man Universi täten und Hochschulen nur für Erfindungen und Ausgeburten des Mittel alters ansehen, die Universitäten aus den Fakultäten, aus untergeordneter oder aus Spezialschulen zusammensetzen, sie für Stiftungen der Kaiser und Päpste erklären und somit den Kirchen und Staaten einverleiben will. — Es handelt sich jetzt um die Wiederherstellung des menschlichen Geistes in seine volle Freiheit und Selbstheit. Damit würde offenbar ein Gelehrten thum, das auf einer bloss überlieferten und von aussen gegebenen Wel seinen Thron aufschlagen, und gleichsam wie ein geistiger Klerus und Ade sein Patriziat gegen die eigene und freie Entwicklung der Menschheit gel tend machen wollte, im grellsten Widerspruche stehen. Aber ebenso wenig darf die Hochschule eines auf der Höhe der Zeit stehenden Freistaates zu blossen Spezialschulen und Dressuranstalten für literarische Plebejer oder nur für Broterwerb und Lebensdienst verdammte Proletarier herabsinken denn selbst, wenn durch solche Anstalten praktischere Theologen, routinir tere Advokaten, erfahrenere Aerzte und geschicktere Oekonomen und Tech nologen erhalten werden könnten, dürfte um diesen Preis die *allgemeine Bildung und der wissenschaftliche Geist*, das Wesen und Leben der Uni versität nicht geopfert werden. — Nicht von Aussen, nicht durch Rechte oder gar Privilegien und Monopole, nein bloss durch gesicherte und ver bürgte Unabhängigkeit des Geistes im Forschen und Streben, im Leiten und Lehren von Seite der Kirche und des Staates; von Seite der Schule aber durch ihre Ergänzung und Vollendung, durch ihre Belebung und Beseelung mittelst *Religion*, *Moralität* und *Patriotismus* können wir Schweizer wieder eine Nation werden, wie wir nach unserer Anlage als Natur- und Kulturvolk vor Gott und Welt zu werden berufen sind. — *Das wahre menschliche Leben besteht in der Einheit der geistigen mit der sittlichen Kraft und in der tiefen innern Beziehung der menschlichen Natur auf das göttliche in ihr.* Also nicht nur, dass Sprachen und Wissenschaften, dass Künste und Fertigkeiten vom Lehrer beigebracht und vom Schüler erlangt werden, ist der Zweck der Universitätsbildung, sondern dass das Innerste und Höchste im Menschen, dass Geist und Herz, dass Gesinnung und Gesittung, dass Tugend und Thatkraft in dem aufwachsenden, als einem reisern und edlern Geschlechte hervorgehoben, dass der ganze Inbegriff von Kräften und Anlagen, von Fähigkeiten und Vermögen, die wir *Menschheit* nennen, zu seiner hohen Bestimmung herangebildet werde, dafür ist keine hohe Schule zu hoch.»

Der Eindruck dieser Feier war ein sehr verschiedener. Die Behörden, welche einmüthig begeistert und opferfreudig die neue Schöpfung in's Leben gerufen, das Volk, welches in derselben eine hoffnungsreiche Bildungsstätte einer bisher fern gehaltenen heranwachsenden Jugend und eine Stütze der freiheitlichen Errungenschaften begrüsste, waren freudig bewegt, jene dass ihr mühevolles Ringen nach dem angestrebten Ziel gekrönt und öffentlich einen so festlichen Ausdruck gefunden, alle, «dass dieser Tag für die Bildungsgeschichte des Freistaates Bern von unabsehbaren Folgen sein werde.» Dagegen waren namentlich die höheren gebildeten Kreise der Stadt Bern, welche den politischen Umschwung wesentlich gefördert und nun sahen, dass sie die Geister, denen sie gerufen, nicht mehr los wurden, ja von denselben überflutbet wurden, verstimmt. Hiezu kam, dass Männer aus diesen Kreisen, wie C. Wyss, Romang und Ith, welche mit Erfolg an der Akademie gewirkt, bei der Besetzung der Lehrstühle beseitigt oder zurückgesetzt worden waren, andere sich in ihren Hoffnungen getäuscht sahen, und mit Abneigung auf die Schaar neuangestellter, namentlich deutscher, Professoren hinblickten. *)

  Bankett und Commers gaben der gehobenen Stimmung einen bewegten, oft stürmischen Ausdruck. Der Sprecher der Studentenschaft, der wissenschaftlich und künstlerisch gebildete, tief- und feinsinnige stud. theol. *Ad. Gerster*, später Pfarrer in Ferenbalm, gab in tief empfundenen, edeln Worten der Begeisterung und dankbaren Freude der akademischen Jugend beredten Ausdruck. In zündender Weise sprach Regierungsrath Fetscherin von der hohen Bedeutung des Tages für das Vaterland, der Auf-

---

*) Nur aus dieser Stimmung können wir uns u. a. das abschätzige Urtheil C. Baggesen's über die Eröffnungsfeier der Hochschule erklären, vgl. *Rytz*, C. A. Baggesen etc. (1884), pag. 90, 91, Brief Baggesen's an seinen Bruder, d. d. 8. (sollte wohl heissen 15.) November 1834.

gabe und Zukunft der Hochschule, der Nothwendigkeit klassischer und philosophischer Studien, der Bildung ächt republikanischer Gesinnung und Tugend. Troxler, erfüllt von der revolutionären Stimmung der Zeit, sprach sogar vom Marschiren, noch diese Nacht, wozu er bereit sei. Es wurde ein angeblich von Siebenpfeiffer gedichtetes Lied gesungen *):

> Erhabner Tag! Es gilt die ernste Feier
> Dem Genius, der ob den Wassern schwebt,
> Der Gährung sich entringend frei und freier
> Der Elemente Macht beherrscht, belebt.
>
> :|: Vom Himmel Funken sprühen,
> Wenn Menschen sich bemühen,
> Das Erz zu läutern in der Geistesgluth
> Der Menschheit schlackenvolles Edelgut.
>
> Voll sind die Reih'n, es schmückt die Priesterbinde
> Der Forschung manch' bekränztes Lehrerhaupt;
> Wohl dem, der nicht an Menschenwahn und Sünde,
> Der an den ächten Gott im Weltall glaubt.
>
> : : Ein Gottesfeuer sprühe
> Und Kraft an Kraft erglühe!
> Es läutre sich der Menschheit Schlackengut.
> Des Himmels Strahl tilg' aus der Lüge Brut.
>
> Die Jugend strömt herbei, der Saat empfänglich;
> Sie bringt geweihten Geist, ein off'nes Herz;
> Dass sich erprobt im Guss, was unvergänglich,
> Bringt sie, wie die Natur es gab, ihr Erz.
>
> :′: Drum lasst die Saat erblühen,
> Lasst heil'ge Funken sprühen!
> Es adelt die Kultur der Erde Gut,
> Es adelt sich der Mensch durch Gottesgluth.

Wir aber möchten die Darstellung der Gründung der Hochschule Bern mit den Sätzen schliessen, welche das der Verfassung angehängte und mit dieser den 31. Juli 1831 vom Volke angenommene *Uebergangsgesetz* der Erwähnung aller andern Verwaltungs-Angelegenheiten voranstellt, und welche wohl verdienen, mit goldenen Buchstaben im Rathssaal und in der Aula in Marmor eingegraben zu werden:

«Das Wohl und Wehe eines jeden Staates beruht auf dem sittlichen Werth seiner Bürger; ohne Bildung des Herzens und des Geistes ist keine Freiheit denkbar, und die Liebe zum Vaterlande ist ohne sie ein leerer Schall.»

---

*) Diese Mittheilungen verdanken wir dem interessanten Buche unseres hochverehrten Kollegen und Veteranen *Dr. Maximilian Perty*: «Erinnerungen aus dem Leben eines Natur- und Seelenforschers», 1879, pag. 172—175.

« Auf unsere sittliche Veredlung, auf die grösstmögliche Ausbildung
'r Anlagen, die wir dem Schöpfer und Erhalter unseres Daseins verdanken,
üssen wir hinwirken, wenn wir des Glückes uns theilhaftig machen
ollen, das eine freisinnige Verfassung uns gewähren kann. »

« Die eifrige Beförderung dieses Zweckes wird vom Verfassungsrathe
:m künftigen Gesetzgeber vor Allem und ganz besonders empfohlen. »

Zweiter Abschnitt.

Die Geschichte der Hochschule.

1834—1884.

Mit ihrer Eröffnung trat auch die Hochschule in ihre zeitliche Entwicklung ein. Sie hatte in ernster Arbeit die Aufgabe zu verwirklichen, die ihr gestellt war, die Kräfte zu entwickeln, die ihr inne wohnten, ihre Lebensfähigkeit und Berechtigung in oft verhängnissvollen Kämpfen und Krisen zu erweisen. Wenn wir nach fünfzig Jahren auf den zurückgelegten Weg blicken, so treten uns in bestimmten Umrissen und mit charakteristischem Gepräge drei Perioden der Entwicklung vor Augen als Zeiten des *Aufschwungs*, der *Krisis* und der *ruhigen Entwicklung*.

Erste Periode.

Die Zeit des Aufschwungs.

1834—1846.

Den 24. November 1834 wurden die Vorlesungen eröffnet. Von 106 angekündigten Kollegien wurden 83 gelesen.[*] Die Zahl der immatrikulirten Studenten betrug 187, — 35 Theologen, 80 Juristen, 43 Mediziner, 15

---

[*] Die höchste Zahl angekündigter Vorlesungen in diesem Zeitraum beträgt 137 (Wintersemester 1836/37, 136 Sommer 1837, 130 Sommer 1838). Die niedrigste Zahl 104 (Sommer 1835), 108 (Winter 1844/45), 112 (Winter 1835 36), — durchschnittlich ca. 120. Die höchste Zahl der *gehaltenen* Vorlesungen: 103 (Sommer 1837), 102 (Winter 1836/37 und Winter 1837/38), — die niedrigste Zahl 80 (Sommer 1840), 84 (Wintersemester 1838/39), 85 (Sommer 1838), 93 (Sommer 1835). — durchschnittlich ca. 96.

Veterinäre, 14 Philosophen, — davon 146 Berner, 46 Schweizer aus andern Kantonen, 5 Ausländer.*) Dazu eine nicht näher bezeichnete aber immerhin beträchtliche Anzahl von Auditoren. Da die gesetzlichen Bestimmungen über die Immatrikulation ziemlich dehnbar waren, so wurde dieselbe in den ersten Jahren von einer Anzahl Studirenden umgangen, und es war daher die Zahl der Studirenden überhaupt grösser, als offiziell angegeben werden konnte. Selbst als die Behörde diesem Missbrauch dadurch abzuhelfen suchte, dass sie die Bestimmung aufstellte, es habe jeder Studirende, der das 23. Altersjahr noch nicht überschritten und zwei Kollegien besuche, sich immatrikuliren zu lassen, konnten einzelne Professoren sich nicht dazu verstehen, ihre Inskriptionslisten genau zu führen und dem Rektor einzuliefern. Erst strengere und zweckmässigere Bestimmungen einer spätern Zeit vermochten den Uebelstand zu heben und eine möglichst genaue Kontrolle zu ermöglichen.

Wenn wir die Berichte und Kundgebungen aus den ersten Jahren der Hochschule durchgehen und zugleich die Erinnerungen der noch lebenden Männer, welche jene Zeit als Jünglinge und akademische Bürger mit durchlebt, auffrischen, so erhalten wir bei allem Schatten doch den wohlthuenden Eindruck, es habe die junge Anstalt eine Zeit begeisterter Jugendkraft und erster Liebe durchlebt. Jede Fakultät hatte das Glück, einzelne ausgezeichnete erprobte Lehrkräfte zu besitzen, Namen vom besten Klang, Männer von reichem und gründlichem Wissen, geistvoll, beredt, anregend, ihrem Berufe lebend und durch die Lernbegier, die Strebsamkeit und Pietät der Jugend gehoben. Diesen Männern ist es zum grossen Theil zu danken, dass die Hochschule und sämmtliche Fakultäten einen festen Halt erhielten und selbst in den Zeiten des Verfalls ihre Lebenskraft nicht einbüssten.

In der *theologischen Fakultät* ragten vor Allen hervor der Berner Dr. theol. *Sam. Lutz,* und der Würtemberger Dr. philos. und theol. *M. Schneckenburger.*

S. *Lutz* (geb. 2. Okt. 1785, gest. 21. Sept. 1844) ist unbestritten der grösste Theologe, den die reformirte Kirche Bern's hervorgebracht, und ist er auch nicht als Schriftsteller aufgetreten, so war er doch als akademischer und theologischer Lehrer nach dem Urtheil all seiner Schüler eine Grösse ersten Ranges. Mit genialem Blick durchschaute er den organischen Zusammenhang des Alten und Neuen Testamentes, mit vollständiger

---

*) In Beziehung auf die Frequenz verweisen wir auf die von Herrn Prof. theol. *R. Steck* angefertigte statistische Tabelle. (Beilage Nr. 1.)

Beherrschung des Stoffes verband er ein tiefes, feines Schriftverständniss, mit gründlichem Wissen und freier, unbefangener Kritik Pietät und lautere Frömmigkeit. Dazu das freie, lebendige Wort in klassischem Ausdruck, jede Vorlesung ein Meisterwerk, der durchgebildete, sittlich religiöse und theologische Charakter, der Ernst und die Milde einer imponirenden Erscheinung — das Alles wirkte vorbildlich und anregend auf den wissenschaftlichen Sinn, die theologische Bildung und Richtung und das sittlich religiöse Leben seiner Schüler. *)

Neben Lutz wirkte Dr. philos. und theol. *Schneckenburger* (geb. 17. Jan. 1804, gest. 13 Juni 1848), einer der gelehrtesten und scharfsinnigsten Tübinger, philosophisch und historisch durchgebildet, ein genialer Forscher und gewandter Dialektiker, stets bedacht auf die wissenschaftliche Anregung und Bildung der Studirenden. Neben seinen Vorlesungen über Kirchengeschichte und systematische Theologie, regte er besonders an durch seine Vorträge über neutestamentliche Zeitgeschichte, Religionsphilosophie, Einfluss der Philosophie auf die Theologie seit Cartesius, vergleichende Darstellung der Lehrbegriffe der lutherischen und reformirten Kirche, sowie der Sekten. In Beziehung auf einzelne dieser Disciplinen, namentlich die neutestamentliche Zeitgeschichte und die comparative Dogmatik der verschiedenen evangelischen Kirchen und Denominationen gebührt ihm wohl das Verdienst, dieselben unter den Ersten angeregt und begründet zu haben. **)

Im freundschaftlichen Verkehr mit diesen Männern bildete sich auch die jugendfrische Kraft von Dr. *K. B. Hundeshagen* (geb. 30. Jan. 1810, gest. 2. Juni 1872 in Bonn).

---

*) Vergl. die trefflichen Nekrologe von C. Baggesen und B. Hundeshagen, die Schrift von Immer: Sam. Lutz, 1861 und die Biographie nebst Mittheilungen aus dem literarischen Nachlass von Pfarrer Lutz in Zimmerwald. Die *biblische Dogmatik* hat Dr. theol. R. Rüetschi (1847), die *Hermeneutik* Ad. Lutz (1849) herausgegeben.

**) Vergl. Hundeshagen über Schneckenburger in Herzog's Real-Encyklopädie (XIII). Daselbst sind auch die zahlreichen grössern und kleinern Schriften Schneckenburger's angegeben. Wir erwähnen: Das Alter der jüdischen Proselytentaufe, 1828. Annotatio ad epistolam Jacobi perpetua, 1832. Beiträge zur Einleitung in's N. T. 1832. Evangelium der Aegypter 1834. Zweck der Apostelgeschichte 1841. De falsa Neronis fama e rumore Christiano orta, 1846. Zur kirchlichen Christologie, 1844—48.

Aus seinem literarischen von Hundeshagen erworbenen Nachlass:

Vergleichende Darstellung des lutherischen und reformirten Lehrbegriffs, ed. Ed. Güder, 1855, 2 Th. Lehrbegriff der kleinern protestantischen Parteien, 1863. Neutestamentliche Zeitgeschichte, ed. Löhlin 1865. Zudem noch zahlreiche Abhandlungen und Artikel.

Hundeshagen schildert in der Biographie Schneckenburger's, welch bedeutungsvollen Einfluss das im ganzen in seiner altreformirten Eigenthümlichkeit noch wohlkonservirte Leben Beru's auf seinen theologischkirchlichen Charakter ausübte. Für Exegese und Kirchengeschichte berufen, trug er insbesondere die kirchengeschichtlichen Disciplinen gründlich vor, regte zu selbständiger Forschung an und bildete durch sein Interesse für die kirchliche Verfassung und Sitte und die brennenden kirchlichen Tagesfragen den kirchlichen und geschichtlichen Sinn der Studirenden. Für die Zeitschrift unseres gediegenen Kirchenhistorikers, Dr. Fr. Trechsel, Beiträge zur Geschichte der schweiz. reform. Kirche, schrieb er die Abhandlung: « Das Parteiwesen in der bernischen Landeskirche von 1532—1558 », welche er unter dem Titel: Die Konflikte des Zwinglianismus, Lutherthums und Calvinismus in der bernischen Kirche von 1532—1558, Bern 1842, herausgab. In seinem Programm: Epistolæ aliquot ineditæ Mt. Buceri, J. Calvini, Thd. Bezæ aliorumque ad historiam magnæ Britanniæ pertinentes, 1840, veröffentlichte er werthvolle Funde aus dem Archiv des hiesigen Kirchenkonvents. — In seiner Rektoratsrede, 15. November 1841, sprach er über den Einfluss des Calvinismus auf die Ideen von Staat und staatsbürgerlicher Freiheit. In Bern schrieb er ferner (1847) sein bekanntes Buch « Der deutsche Protestantismus ». 1848 folgte er einem Rufe als Professor der Philosophie nach Heidelberg.*) Der bernischen Kirche ist er stets anhänglich geblieben, sowie er in derselben grosse Achtung genoss.

Dr. *Ernst Gelpke* (geb. 8. April 1807, gest. 1870), der sich durch seine evangelische Dogmatik (1834) bereits Ruf erworben, war als ausserordentlicher Professor der systematischen Theologie nach Bern berufen worden. Ein namentlich philologisch und ästhetisch fein gebildeter Mann, mit sprudelnder, geistreich-poetischer Rede, allseitig angeregt und anregend, erwarb er sich durch seine Vorträge über Jean Paul für das gebildete Publikum, über Logik, Psychologie und Aesthetik an der philosophischen, über Dogmatik und Ethik an der theologischen Fakultät Verdienste um die Bildung der akademischen Jugend. Nach dem Weggang von Hundeshagen warf er sich mit Energie und Erfolg auf die Kirchengeschichte, und hat insbesondere die ältere Kirchengeschichte der Schweiz durch seine Forschungen, seine gelehrten und seine für das gebildete Publikum in anziehender Darstellung geschriebenen wissenschaftlich populären Arbeiten in höchst verdienstlicher Weise gefördert. Wir erwähnen neben seiner

---

*) Vergl. Riehm, zur Erinnerung an Dr. Karl Bernhard Hundeshagen; Abdruck aus den «theol. Studien und Kritiken», 1874.

Dogmatik folgende theol. Schriften: Ueber die Anordnung der Erzählungen in den synoptischen Evangelien, 1839. Jugendgeschichte des Herrn, 1841. Kirchengeschichte der Schweiz, 2 Th. 1856, 1861. Christliche Sagengeschichte 1862.

Für die praktische Theologie war *Fr. Zyro* als ausserordentlicher Professor berufen und bereits 1835 zum Ordinarius befördert worden. Er hatte sich als Schüler Schleiermacher's durch seine « Bedenken eines jungen Theologen » Ruf erworben, war kenntnissreich, fleissig, von allseitigen Interessen, äusserst lebhaften, oft aufgeregten Geistes; allein es lastete von Anfang an das Odium auf ihm, den verdienten und in der Kirche hochangesehenen Professor C. Wyss ersetzt zu haben, und die springende Art seines Lehrens, die oft wunderlichen Einfälle während des Vortrages, liessen ihn nicht die Anerkennung finden, welche sein Wissen und sein Eifer verdient hätten.

In französischer Sprache wurde die praktische Theologie von *August Schaffter* gelehrt, einem fein gebildeten, würdigen Mann von mild orthodoxer Richtung, der als Prediger und Seelsorger, wie als edler Mensch in hohem Ansehen stand.

Bereits 1835 war Prof. Dr. philos. und theolog. *G. Studer* (geb. 1801) in die theologische Fakultät als Docent eingetreten. 1829 Professor der Philologie an der Akademie wurde er 1834 in derselben Eigenschaft und als Lehrer des Hebräischen an das höhere Gymnasium gewählt. Als Docent und seit 1850 als Professor der Theologie hat Studer, ein Schüler von Gesenius, die Fächer der alttestamentlichen Theologie in ausgezeichneter Weise vorgetragen, und durch seine gründlichen sprachwissenschaftlichen, seine gelehrten archäologischen Kenntnisse, sein feines ästhetisches Verständniss der alttestamentlichen Schriften und seine unbefangene historisch kritische Methode den wissenschaftlichen Sinn der Studirenden erfolgreich angeregt und gefördert. Seine Abhandlung, de versione Alexandrina (1823), sein Kommentar über das Buch der Richter, seine spätere Arbeit über Hiob, eine Anzahl Vorträge und Abhandlungen haben ihm auf dem Gebiet der alttestamentlichen Exegese einen ehrenvollen Namen gesichert. Allseitig gebildet hat er aber auch als Philologe durch seine Untersuchung der Angabe Herodot's über den Ursprung der Götter Griechenlands und Aegyptens, seine Studien über *Petronius* (Berner Programm, 1839, Rhein. Museum II. 1843), u. a., und sodann durch seine zahlreichen historischen Arbeiten, insbesondere durch die kritisch genau revidirte Herausgabe der Berner Chronik von Justinger sich grosse Verdienste erworben. Seit 1878 ist er Professor honorarius der theologischen Fakultät.

Am Schluss dieser Periode (1845) trat als Docent einer der hervor-
ndsten Schüler von Lutz auf, Dr. theol. *Rud. Rüetschi* (Doctor h. c. v.
:h, 1866), ausgezeichnet durch gründliche, allseitige Gelehrsamkeit,
nders im Gebiet der alttestamentlichen Exegese und der verwandten
enschaften, welcher durch seine Methode und seinen wissenschaftlichen
t und Geist im Sinne seines verstorbenen Lehrers auf die akademische
nd einwirkte. Zu allgemeinem Bedauern vertauschte er bereits 1848 die
enschaftliche mit der praktisch-kirchlichen Thätigkeit. Gleichwohl ist er
ein eingeweihter Bürger der Wissenschaft geblieben, und zwar einer
tüchtigern. Seit 1878 gehört er der theologischen Fakultät als Professor
rarius wieder an.

In der *juristischen und staatswissenschaftlichen Fakultät* ragten zwei
ner hervor, Dr. *Samuel Schnell* und Dr. *W. Snell*, beide sehr ver-
denartig in Charakter, Anschauung und Art der Wirksamkeit, beide
ausgeprägtem Charakter und tief eingreifendem Einfluss auf das aka-
sche und das politische Leben.

Samuel Schnell*) ist unter vier Regierungsperioden, der Helvetik, der
iation, der Restauration und der Dreissiger-Regierung stets eine ein-
reiche Persönlichkeit gewesen. Er kam 1806 zugleich mit K. Ludwig
aller, dem Restaurator, an die Akademie als Professor des bernischen
tes und hat als solcher 36 Jahre hindurch bis 1842 gewirkt. Schnell
rte der philosophischen Rechtsschule an und war der Kantischen Lehre
ben. Doch hatte er diese nicht in ihrem ganzen herrlichen Geiste in
aufgenommen, dazu war er zu sehr Utilitarier und zu sehr «la raison
plus fort» bei ihm Lebensgrundsatz geworden. Als Docent war er
ndlich, klar, scharf, leichtfasslich, aber es fehlte ihm, wie seiner Lebens-
ussung, das Hohe, das Begeisternde.

Unter den verschiedenen Regierungen, deren Rathgeber er war, hat er
en Charakter makellos und unabhängig erhalten. Allen Prunk patrioti-
r Beredtsamkeit und Selbstüberschätzung geisselte er mit Sarkasmus.
rollte keinen schweizerischen Bundesstaat, sondern einen nach Aussen
heidenen, nur klugen und nicht muthigen Staatenbund, «une grande
icipalité», aber er war aufrichtig vaterländisch gesinnt und hat sich
sein Vaterland bedeutende und dauernde Verdienste erworben. Er ist
eigentliche Begründer einer wissenschaftlichen Rechtsschule im Kanton

---

*) Wir entnehmen die Charakteristik von Schnell und Snell der lichtvollen Rek-
srede von *W. Munzinger* «Die Pflege der Jurisprudenz im alten und neuen Bern.»

Bern, der Redaktor des heutigen bernischen Civilrechts, ferner des seit 1847 ausser Kraft stehenden Civilprozesses und einiger Spezialgesetze. Durch sein Handbuch des Civilrechts hat er die wissenschaftlichen Rechtsbegriffe über das Land verbreitet. Mit dem Schnell'schen Gesetzeswerk ist Bern gleichsam in den grossen Verband von Rechtsbegriffen eingetreten, der alle Kulturvölker umschliesst und eine wissenschaftliche Behandlung des Rechts eines jeden Völkleins möglich und für die ganze Wissenschaft gewinnreich macht. Schnell ist nicht der Revolutionär von 1830; aber es ist doch der *Geist* seiner Codification und seiner wissenschaftlichen Lehre, der die Revolution herbeiführen musste. Auch in Bern bereitete, wie Dr. Manuel ganz wahr sagt, die Reform des Civilrechts die politische vor.

Hatte S. Schnell durch seine gesetzgeberische Thätigkeit die Staatsumwälzung der dreissiger Jahre vorbereitet, so war es nun *W. Snell*, der die treibenden demokratischen Ideen in Gährung erhielt und sie in ihren Konsequenzen im Staatsleben zu verwirklichen strebte. Schon 1818 war er als Kriminalrichter im Nassauischen wegen Abfassung einer Petition an die Landstände für die beeinträchtigten Städte des Westerwaldes ohne alle Rechtsform, ohne Untersuchung und Verhör durch ein Dekret des Ministers von Ibel seiner Stelle entsetzt worden. Auf Empfehlung des edeln Freiherrn vom Stein sollte er als Professor des Kriminalrechtes nach Bonn berufen werden; aber die nassauische Polizei vereitelte diese Berufung. Nach Dorpat berufen, erklang im Czarenreiche sein beredter Mund vor einer zahlreichen Zuhörerschaft von den ewigen, unvergänglichen Menschenrechten. Allein auch dort verfolgte ihn Ibel, so dass er nach einer Thätigkeit von 2 Monaten vertrieben als Flüchtling in mühseliger Winterreise eine sichere Heimath suchen musste und endlich auch fand, zuerst in Chur, dann an der Universität Basel, wo er 12 Jahre wirkte, eine glänzende Leuchte der freien Wissenschaft. Doch auch von hier trieb ihn ein politisches Ungewitter wieder fort. Er kam 1833 an die neugestiftete Universität Zürich und von hier im folgenden Jahre nach Bern. Snell war ein seltenes Beispiel von gleich bedeutender Entwicklung des *theoretischen* Verstandes und der Phantasie. Eine generöse, fast kindliche Natur — er gab den letzten Rock vom Leibe weg — von Haus aus tief innerlich und religiös, zur Jugend mächtig hingezogen, nie auf sich selbst und seinen Vortheil bedacht, mit einem Redestrom, der sich wie feurige Lava über Herz und Geist seiner Zuhörer ergoss, dazu ein so unwiderstehlicher Drang zur Mittheilung, dass er es nicht aushalten konnte, allein zu sein, und endlich im Hintergrund, wie das ferne Grollen eines Unwetters, seine politischen Schicksale! Ein solcher Mann musste Herz und Verstand der Jugend erobern; der war im Stande, die Soldaten für seine Ideen aus dem Boden zu stampfen. Sehr schön hat sich sein damaliger Schüler, der spätere Bundesrath Dubs, über ihn ausgesprochen: « Wenn Snell in den Tagen seiner Kraft, ganz in seinen Gegenstand versunken, taub für Alles ausser ihm, im stillen Kollegium mit erhobener Stimme und feuriger Gluth lehrte, so gab es nicht Einen, der dem fast prophetischen Wort Ohr und Herz nicht gläubig geneigt hätte. »

Kein Wunder, dass die Jugend vom Lande diesem Manne zuströmte, ihm schwärmerisch anhieng, seine Ideen begeistert in sich sog, und dass zumal die Begabteren und Strebsameren unter diesen Anregungen durch rege Wiss- und Lernbegier und eisernen Fleiss sich trotz mangelhafter Vorbildung geistig kräftigten und bildeten und als « junge Schule » grundsätzlich that-kräftig und schliesslich siegreich an der Fortentwicklung und staatlichen Gestaltung der demokratischen Ideen im Geiste ihres Lehrers arbeiteten. Sein Ideal war die repräsentative Demokratie auf breiter und freiester Grundlage. So sehr nun die Thätigkeit Snell's auf dem praktischen Gebiet der Politik durch Leidenschaft getrübt war, so oft er durch seinen Feuer-eifer aus dem Geleise kam, und so oft er auch, fügen wir bei, durch sein Auftreten bei dem Publikum und den Behörden Anstoss erregte, — so sehr zeichnet dagegen seine Theorie eine würdige Mässigung aus.

Da die Erfahrung bald zeigte, dass für den ganzen Umfang der Rechts-wissenschaft zwei Lehrer unmöglich genügen konnten, so wurden bereits 1835 zwei neue Lehrstühle, der eine für römisches, der andere für deut-sches Recht errichtet. Für *römisches Recht* wurde Dr. Reinhold *Schmid* aus Jena (geb. 1800 zu Jena, gest. ebendaselbst 1873) berufen, ein Mann von edelm Charakter, gründlicher und grosser Gelehrsamkeit und gewissen-hafter Treue in seinem akademischen Beruf. 1836 nach Bern berufen, trug er Pandekten, vorzugsweise aber germanische Fächer und bernisches Staats-recht vor. In weiteren Kreisen ist er bekannt durch seine Ausgabe der *Gesetze der Angelsachsen* und seine Schriften über die *zeitliche und räum-liche* Herrschaft der Gesetze. Das *germanische Recht* wurde dem württem-bergischen Advokaten Dr. *Rheinwald* übertragen, der damals die Stelle eines Unterlehenskommissärs bekleidete, sich bis 1849 als begabter akademischer Lehrer bethätigte. Wie Snell war er vielfach verflochten in das politische Parteitreiben, namentlich durch seine Thätigkeit in der Presse, und machte sich schliesslich unmöglich, weil er bei seiner Bewerbung um ein Mandat für das Frankfurter Parlament Grundsätze und politische Institutionen bemän-gelte, die er hier vertreten und gepriesen hatte.

Um ein dringendes Bedürfniss der Studirenden der Rechtswissenschaft aus dem Jura zu befriedigen, wurde 3. April 1835 Dr. *Albin Thourin* aus Nismes, welcher als ausserordentlicher Professor der französischen Literatur und Geschichte angestellt war, zum ord. Professor des französischen Rechts berufen. Thourin glänzte durch seine vielseitige Bildung, feine französische Diktion, seinen beredten Vortrag und seine freiheitlichen Bestrebungen, — allein ebenfalls in die politischen Wirren verwickelt und durch seine Theilnahme am Savoyerzug kompromittirt, war er genöthigt, auf Anfang des Wintersemesters seine Entlassung zu nehmen.

In der staatswissenschaftlichen Fakultät wirkten *Ludwig Snell*, Dr. *Siebenpfeiffer* und Dr. *K. Herzog*.

L. Snell, der Bruder von Wilh. Snell, war wie dieser von der Hochschule Zürich gekommen. Durch seine « pragmatische Darstellung der neuern kirchlichen Veränderungen etc. in der katholischen Schweiz bis 1830 » (1833) hatte er sich auf wissenschaftlichem und politischem Gebiet einen Namen erworben. Grundsätzlich scharf, reizbar und schroff kam er bald mit den Behörden in Konflikt, welche ihn aufgefordert hatten, sich wegen Theilnahme an politischen, den Staat kompromittirenden Umtrieben zu rechtfertigen. Er erhielt bereits den 17. Oktober 1836 seine Entlassung, welche er genommen hatte unter der Begründung: « weil ich mich bei der treusten Erfüllung meiner Berufspflichten ausserhalb derjenigen Garantie sehe, worauf allein das Bewusstsein der persönlichen Freiheit im Staatsverband beruht. » Die Regierung verwies ihn zugleich aus dem Kanton Bern, unter Berufung auf den Umstand, dass er noch nicht zehn Jahre Schweizerbürger sei, obgleich er das Bürgerrecht von Küssnacht erworben hatte.

Siebenpfeiffer und *K. Herzog* waren ebenfalls sehr begabte, kenntnissreiche Männer. Herzog hat eine Geschichte des Bernervolkes geschrieben. Beide wirkten in verschiedenen Stellungen; beide waren politisch aufgeregt, nahmen leidenschaftlich Theil an den Parteikämpfen, bethätigten sich lebhaft in der Presse, in Vereinen und Versammlungen; beide wurden schliesslich das Opfer eines Parteitreibens, das sie in seinen Wogen begrub. Siebenpfeiffer starb im Irrenhaus (1843), Herzog wurde abberufen (1843), machte den Freischaarenzug mit, wurde als Gefangener in Luzern losgekauft, 1849 wieder in seine Professur eingesetzt, nach einem Jahre wieder abberufen und bald vom Tod ereilt.

An der Stelle von Professor *K. Herzog* übernahm 1843 *Friedrich Stettler* (geboren 1796, gestorben 1849) auf Wunsch der Regierung den Lehrstuhl für Staatswissenschaften. Zur staatsmännischen Laufbahn bestimmt.

bildete er sich auf der alten Akademie unter K. L. v. Haller und S. Schnell und später auf den Universitäten Göttingen und Heidelberg. Seinem Lieblingsfach, der vaterländischen Rechtsgeschichte, konnte er sich um so eingehender widmen, als er das reichhaltige Berner Staatsarchiv in seiner amtlichen Stellung als « Lehen-Commissarius » zu verwalten hatte. In der politischen Bewegung von 1830 stellte sich der für Gleichheit und Freiheit begeisterte junge Mann auf die Seite der liberalen Partei, vertrat im Grossen Rath und in andern öffentlichen Stellungen die Ideen der Regeneration entschieden und grundsätzlich, wirkte begeistert an der Gründung der Hochschule mit und trat bereits im ersten Semester als Docent auf mit Vorlesungen über Politik. Sein Wahlspruch war das Wort des grossen Haller: « Seht auf die Weisheit viel, doch weit mehr auf die Tugend. » Als Professor entwickelte er eine äusserst vielseitige Thätigkeit. Der Gegenstand seiner Rektoratsrede am 15. November 1844 war: « Vergleichung der Reformation im Jahre 1528 mit der Revolution im Jahre 1831 im Kanton Bern ». Durch die Herausgabe tüchtiger, wenn auch nicht umfangreicher Schriften, namentlich durch seine bernische Rechtsgeschichte, hat er sich einen geachteten Namen in seiner Wissenschaft erworben. Von Natur offen und durch die politischen Verhältnisse gereizt, legte er wegen eines unbedachten ehrrührigen Wortes gegen W. Snell das Rektorat nieder, und durch seine Offenheit verhasst, wurde er wegen eines unvorsichtig abgefassten Anschlags am schwarzen Brett in einen Hochverrathsprozess verwickelt, dessen mit seiner Absetzung endigendem Abschluss er durch freiwillige Abdankung vergeblich zuvorzukommen suchte. Er starb bald hierauf vor Kummer und Aufregung.

Am Schlusse dieser Periode (Herbst 1845) wurde zum Professor extraordinarius für römisches und Kriminalrecht Dr. *Karl Eduard Pfotenhauer*, Docent in Halle, gewählt, seit 1849 Professor ordinarius, Ende Sommersemester 1878 in Ruhestand getreten. — Geboren in Wittenberg den 18. September 1802 als Sohn des berühmten Rechtslehrers Pfotenhauer, bestand er im Jahre 1828 in Halle das Doctorexamen summa cum laude und erwarb sich die venia docendi durch öffentliche Vertheidigung seiner « Dissertatio de delicto per errorem in persona commisso ». Bereits 1834 hatte er einen Ruf als Professor des römischen und Criminalrechtes an die neu gegründete Universität Bern erhalten, welcher aber gar nicht zu seiner Kenntniss gelangte, sondern ohne sein Vorwissen abgelehnt worden war. Bis zu seinem 76. Lebensjahre docirte er rüstig, scharfsinnig und mit Erfolg Criminalrecht und Institutionen des römischen Rechts. Unter seinen zahlreichen Schriften, Abhandlungen und Gutachten erwähnen wir besonders seine Rektoratsrede von 1850 über die Vorzüge des bernischen Strafverfahrens, den Entwurf des bernischen Strafgesetzbuches (1851 und 1852), zur Geschichte und Beurtheilung der bernischen Strafgesetzgebung seit fünfzig Jahren in der Zeitschrift für bernisches Recht (1855), die Todesstrafe (1863), Aphorismen über die Todesstrafe (1879). Sein bernisches *Pressgesetz* (1852), welches 10 Jahre Geltung hatte, zog ihm viele Anfechtungen zu.

Als Privatdocenten habilitirten sich 1842 Dr. *Achilles Renaud* und Dr. *Emil Vogt.*

A. Renaud ist an unsern Anstalten gebildet worden und das Andenken an den berühmten Rechtslehrer wird von unserer Hochschule stets in hohen Ehren gehalten werden. — Die ersten Vorlesungen, welche er im Sommersemester 1842 ankündigte, sind: Introduction à l'étude du code civil des Français, und: Cours de droit de l'église catholique et protestante; sodann im Wintersemester 1842/43: Französisches Civilrecht in deutscher Sprache, le droit de la famille, de la propriété et de ses différentes modifications d'après le code civil des Français, sodann: Gemeines deutsches Staatsrecht, mit Einschluss des Handels- und Wechselrechts. 1845 wurde Renaud zum Professor extraordinarius gewählt und verliess bereits im Herbst 1843 unsere Hochschule, um einem Rufe nach Giessen zu folgen.

Dr. *Emil Vogt*, ebenfalls in unsern Anstalten gebildet, las über Encyklopädie der Staatswissenschaften, Polizeiwissenschaft, philosophisches Staatsrecht, Naturrecht, — wurde den 26. Oktober 1848 zum ausserordentlichen Professor des Staatsrechts erwählt, schlug aber die Wahl aus und trat in die Privatpraxis über. 1869 wurde er zum Professor ordinarius des römischen Rechts berufen (s. u.).

Als Docenten finden wir ferner in der juristischen Fakultät auf kürzere Zeit Dr. Frei, Dr. Kunhardt, Dr. Desvernois und Dr. Ch. W. Glück, letzterer 1843 angeklagt, eine falsche päpstliche Verdammungsbulle gegen die «junge Schweiz» im Wallis angefertigt zu haben, und in Folge obergerichtlichen Urtheils aus der Liste der Privatdocenten gestrichen.

Ueber der *medizinischen* Fakultät waltete von Gründung der Hochschule an ein günstiger Stern. Unter ihren ausgezeichneten Lehrkräften sind in erster Linie Vogt, Demme und Valentin zu nennen, welche in langjähriger erfolgreicher Lehrthätigkeit von Anfang an ihren Ruf und ihre stets wachsende Bedeutung und Wirksamkeit sicherten.

Philipp Friedrich Wilhelm Vogt (geboren den 8. Februar 1789, gestorben den 1. Februar 1861), Sohn des Pfarrers Vogt in Danersheim, studirte, nach Absolvirung des Gymnasiums in Giessen, 6 Jahre Medizin in Würzburg, wurde Prosektor und Professor der Chirurgie in Giessen und leitete in den Napoleonischen Kriegen die Kriegsspitäler in Hessen. Seine Bedeutung lag in seiner meisterhaften Beherrschung des klinischen Kranken-examens sowie der Stellung der Diagnose. Seinen Ruf als trefflicher The-rapeute verdankte er neben den eben genannten Eigenschaften der voll-kommenen Beherrschung der Arzneimittellehre. Als Arzt war er in allen Ständen hochgeschätzt und nahm sich insbesondere in uneigennütziger Weise der armen Patienten an.

H. Demme (geboren den 28. August 1802, gestorben den 18. Januar 1867), jüngster Sohn des Generalsuperintendenten Demme in Altenburg, bezog 1820 die Universität Jena zum Studium der Theologie, promovirte daselbst 1823 mit dem Zeugniss der ersten Note, ging 1823 zum Studium der Philosophie nach Berlin, hierauf 1827 zum Studium der Medizin nach Würzburg, promovirte daselbst als Doctor medicinae et chirurgiae summa cum laude, arbeitete 1829/30 als Assistent von Schönlein am Juliusspital in Würzburg, ging im Frühling 1830, von der Würzburger Studentenschaft abgesandt, als Militärarzt nach Polen und machte den ganzen polnischen Feldzug mit, liess sich hierauf 1832 als Arzt in Paris nieder, erhielt 1833 einen Ruf als Professor der Anatomie und zweiter Chirurg nach Zürich und wurde 1834 nach Bern berufen, erhielt 1845 einen Ruf nach Jena, welchen er ablehnte, und trat 1864 von seinem Lehrstuhl zurück. Demme's Bedeutung lag in seiner sehr gründlichen allgemeinen wissenschaftlichen Bildung, in seiner ausgezeichneten operativen Technik und seiner sehr scharfsinnigen klinischen Diagnose.

Vogt und Demme sammelten einen grossen Schülerkreis um sich, der noch heute des hervorragenden Lehrtalents dieser beiden Kliniker mit wärm-ster Dankbarkeit gedenkt.

An die Stelle von Professor *Hugo Mohl*, der 1835 einem Ruf nach Tübingen gefolgt war, wurde den 16. Juli 1836 Dr. *Gustav Valentin* aus Breslau berufen (geboren den 8. Juli 1810, gestorben den 24. Mai 1883). Valentin war ein fleissiger und genialer Forscher und ein ausgezeichneter akademischer Lehrer durch die meisterhafte Beherrschung des Stoffes und der Sprache, durch gründliche Lehrmethode sowie durch die Klarheit und Eleganz seiner Darstellung. Trotz verschiedener Berufungen ist er Bern treu geblieben, mit dessen Verhältnissen und Interessen genau vertraut, eine allgemein gekannte und geachtete Persönlichkeit, von Schülern und Lehrern dankbar verehrt. Die Hochschule, Professoren und Studenten, haben ihm öfter Beweise ihrer Achtung und Anhänglichkeit gegeben, so namentlich auch 1877 bei seinem fünfzigjährigen Doctor - Jubiläum. Bei seiner Beerdigung, den 27. Mai 1883, sprachen die Professoren Dr. Forster. Dr. Grützner und Dr. M. Schiff; — Abends beim Fackelzuge am Grabe cand. med. Born. — Valentin studirte 1828 — 1832 Medizin in Breslau, schrieb 1832 seine Dissertation: « de ovolutione fibrarum muscularium ». erhielt 1834 den Preis des « Institut de France» für das Manuskript: « de evolutione plantarum et animalium texturae», entdeckte 1834 mit Purkinje die Flimmerbewegung, gab 1835 sein Handbuch der Entwicklungsgeschichte heraus und hielt sich 1836 in Berlin auf, wo Johannes Müller sein Lehrer war. 1836 nach Bern berufen, gab er das Repertorium für Physiologie heraus. 1837: Echinodermen, Beschreibung der Porenkanäle der Coniferenzellen. 1838: Ueber den Inhalt des Keimbläschens. Aufenthalt in Nizza behufs Echinodermenstudiums (mit Rud. Wagner, Erdl, Bagge, Verani. Rino); 1839 Arbeit über die Lymphherzen. 1840 entdeckte er den ersten Blutparasiten im Frosch (Haematozoon) und schrieb die Echinodermenanatomie in Desor's Monographie. 1841 gab er die Sömmering'sche « Hirnund Nervenlehre » ganz neu bearbeitet heraus. 1844 erschien sein Lehrbuch der Physiologie, welches eine Zeit lang das verbreitetste Lehrbuch dieser Wissenschaft war; sodann für Studirende der « Grundriss der Physiologie ». Seit 1850 bearbeitete er in Canstatt's Jahresbericht die Physiologie. Hierauf eine lange Reihe von Jahren die jährlichen Arbeiten: « Beiträge zur Kenntniss des Winterschlafes der Murmelthiere », « histiologische und physiologische Studien » etc. 1857: « Einfluss der Vaguslähmung auf Athmung und Herz ». 1863: « Die Zuckungsgesetze des lebenden Nerven und Muskels ». 1864: « Versuch einer physiologischen Pathologie der Nerven ». 1866: « Versuch einer physiologischen Pathologie des Blutes ». 1867: « Physikalische Untersuchung der Gewebe ». In den folgenden Jahren besonders elektro-biologische kleinere Arbeiten, ebenso optische. Ueberhaupt physikalisch-physiologische Untersuchungen bis kurz vor seinem Tode. 1881 erlitt er einen Schlaganfall; gleichwohl publicirte er noch histiologische Mittheilungen.

Allein auch die übrigen Professoren der medizinischen Fakultät erfreuten sich als Gelehrte, Lehrer und Aerzte eines wohlbegründeten Rufes.

Dr. *Friedrich Wilhelm Theile*, aus Jena, von 1834 — 1853 ausserordentlicher Professor der Anatomie, literarisch u. A. verdient um die Muskellehre; später praktischer Arzt in Weimar, als welcher er Uebersetzungen französischer (Barth und Roger) und englischer (Hughes) Schriften über physikalische Untersuchungsmethoden herausgab. Seine Rektoratsrede, den 15. November 1842 (Bern 1842), behandelte « den Nutzen physiologischer Versuche an Thieren für die Heilkunde und die Vorurtheile gegen solche Versuche ».

Friedrich Gerber, von Bern, geboren 1797, von 1834—1869 Professor der Thier- und Prosector für die Menschen-Anatomie, Verfasser eines zur Zeit sehr geschätzten « Handbuches der allgemeinen Anatomie des Menschen und der Hausthiere » (zweite Auflage Bern 1845). Starb 1872. (Gerber soll schon vor Humphry Davy Bilder der Camera obscura mittelst Chlorsilbers fixirt haben.)

Dr. *Wilhelm Rau*, aus Giessen, geboren 1804, machte sich früh bekannt durch seine Dissertation: « Ueber Staphylom », und durch seine Preisschrift: « Ueber die unnatürliche Sterblichkeit der Kinder im ersten Lebensjahre », die von der Petersburger Akademie mit dem ersten Preise gekrönt wurde. Als Professor der Augenheilkunde 1834 nach Bern berufen, las er neben dieser die ersten Jahre hindurch über Kinderkrankheiten, später über Ohrenheilkunde und Arzneimittellehre. Dabei war er beständig literarisch thätig (Abhandlung über Iritis, Handbuch der Ohrenheilkunde u. A.). Als Lehrer, Augen- und Ohrenarzt, wie als Mensch allgemein bedauert, starb er im August 1861 an Nierendegeneration mit Herzleiden und fast völliger Erblindung.

Dr. *Em¹ Eduard Fueter*, von Bern, geboren 1801, Professor der Poliklinik, deren Gründer er war, und der allgemeinen Pathologie und Therapie von 1834 an bis zu seinem plötzlichen Tode im Jahre 1855. Sehr anregender und beliebter Lehrer der praktischen Medizin. In Wort, Schrift und That eifriger und aufopfernder Förderer des Wohles der Armen, für die er ein warmes Herz in seiner Brust trug. Verfasser einer grösseren Zahl von Aufsätzen über verschiedene medizinische Zeitfragen, über Verbesserung der Lage der armen Klassen, namentlich in Bezug auf deren Wohnungen, sowie über das gesammte Sanitäts- und Armenwesen.

Dr. *Johann Friedrich Albert Tribolet*, von Bern, von 1834—1855 Professor der gerichtlichen Medizin und Docent der syphilitischen Krankheiten, später Direktor der kantonalen Irrenanstalt Waldau, um deren Entstehung er sich grosse Verdienste erworben hatte.

Dr. *Johann Jakob Hermann*, von Bern, von 1834—1861 Professor der Geburtshülfe und Direktor der Entbindungsanstalt und Hebammenschule; Verfasser einer Anleitung für Hebammen und eines Lehrbuchs der Krankenpflege.

Gegen das Ende dieser Periode wurde (den 20. März 1842) Professor Dr. *Fr. Miescher* in Basel als Professor ordinarius honorarius für Pathologie und Therapie berufen. Derselbe hat sich auch in Bern durch seine Vorlesungen über allgemeine Pathologie, pathologische Anatomie, Pathologie und Therapie der Nervenkrankheiten etc. den Ruf eines ausgezeichneten akademischen Lehrers erworben, der aber zu allgemeinem Bedauern bereits im Herbst 1850 unsere Hochschule verliess, um einem Rufe nach Basel zu folgen.

Unter den *Privatdocenten* der medizinischen Fakultät finden wir bereits im Sommersemester 1835 die beiden Brüder *Wilhelm* (geboren 1810) und *Karl Emmert* (geboren 1813). Jener, ein sehr geschätzter Chirurg an der Insel, las über Verbandlehre, bis zu seinem Tode, 1881; Dieser, seit 1853 Professor honorarius und seit 1863 Professor ordinarius für Staatsmedizin, docirt heute noch mit jugendlicher Rüstigkeit. Sodann erhielten die venia docendi: Dr. *Liechti*, Dr. *Webber*, Dr. *Hermann Bastwitz*, Dr. *Lüthy*, Dr. *Bourgeois*, Dr. *Dietrich*.

Auch die Abtheilung für *Thierheilkunde* hatte das Glück, in Professor *Matthias Anker* (geboren im Oktober 1788, gestorben den 6. Oktober 1863) einen hervorragenden Lehrer zu besitzen, der sich um die Hebung der Thierarzneischule, die wissenschaftliche Bildung tüchtiger Thierärzte und die Verbesserung und Hebung der Viehzucht im Kanton Bern und in der Schweiz die grössten Verdienste erworben hat. Er studirte 1813 bis 1815 in Wien und Berlin, machte im Auftrag der Regierung grosse Studienreisen, welche sich für das Land reichlich gelohnt haben, kam 1816 an die hiesige Thierarzneischule und hat 47 Jahre hindurch mit Auszeichnung und Erfolg, zuletzt als Professor ordinarius, die Thierarzneischule geleitet und gehoben. Unter zahlreichen Schriften, Abhandlungen und Gutachten erwähnen wir sein grösseres, sehr geschätztes Werk über die Fusskrankheiten der Pferde und des Rindviehes, zwei Bände, 1854, und seine in Verbindung mit dem berühmten Thiermaler Benno Adam herausgegebenen Abbildungen der Rindviehracen, zu welchen er den beschreibenden und erklärenden Text lieferte. (Vgl. *Schatzmann*, Zur Erinnerung an M. Anker. 1863.)

Neben Anker lehrten Prosektor Gerber (siehe oben) und als ausserordentliche Professoren *Heinrich Koller*, aus Zürich, und *J. J. Rychner*, beide als tüchtige Thierärzte und Lehrer, letzterer auch als Schriftsteller geschätzt.

Auch die *philosophische Fakultät* zählte vorzügliche und eine Anzahl hervorragende Lehrkräfte.

Vitalis P. Ignaz Troxler aus Münster, Kt. Luzern (geb. 1780, gest. 1866), als Arzt, Politiker und Philosoph berühmt, wurde nach vorhergegangener Lehrthätigkeit in Luzern und Basel bei der Gründung der Hochschule nach Bern berufen und lehrte hier die philosophischen Wissenschaften, bis er 1853 nach der Feier seines fünfzigjährigen Doktor-Jubiläums in Ruhestand trat. Er hatte die Idee einer gemeinsamen schweizerischen Hochschule zu allererst zur Sprache gebracht in seiner Schrift: « Die Gesammthochschule der Schweiz », Trogen 1830. Als Philosoph war er einer der frühesten Anhänger Schelling's, welchen er in Jena gehört hatte, und dessen System er späterhin in erkenntnisstheoretischer und anthroposophischer Richtung weiter bildete. Hauptwerke: « Die Naturlehre des menschlichen Erkennens oder Metaphysik » (1828) und « Die Logik » (1830). Als Lehrer war er geistvoll und anregend. Er verlangte für die Universität die philosophische Fakultät als Unterbau, die philosophischen Studien als obligatorische und suchte diese Ansicht in Bern zu verwirklichen, was ihn öfter in Konflikt mit dem akademischen Senat und den Behörden brachte. Trotz seiner Reizbarkeit stand er bei Kollegen und Schülern in hoher Achtung.

Für *alte* und *neuere Sprachen* waren fünf ausserordentliche Professoren angestellt.

Dr. *Karl Chr. Jahn*, Philolog und Schulmann, geb. 24. Februar 1777 zu Oelsnitz im sächsischen Voigtlande, studirte 1799—1801 zu Leipzig Philologie, war dort Mitglied der von Chr. D. Beck gegründeten philologischen Gesellschaft (Acta Soc. phil. Lips. I., 1. p. 15) und der von Gottfr. Hermann gestifteten Griechischen Societät (Nr. 2 im Mitgliederverzeichniss 1799—1840), promovirte zum Magister A. L. und war Privatlehrer im Kästner'schen Hause in Leipzig; er wirkte sodann seit 1805 an der damals erneuerten Akademie in Bern als Professor der Literatur und Eloquenz, seit 1834 an der bernischen Hochschule als Professor der Philologie und der neueren Literatur, daneben am bernischen Gymnasium als Lehrer der deutschen Sprache. Er bürgerte sich in Twann, Kts. Bern, ein und starb am 31. Juli 1854. — Mehrere Dezennien fleissiger Mitarbeiter an der Jenaischen allg. Literatur-Zeitung, bewährte er sich als feingebildeten Kenner der alten Literatur und als scharfen Kritiker. (Seine Recensionen sind mit C. J. bezeichnet.) Er schrieb ausserdem « Das Fegefeuer oder Blätter zur Kritik der neuesten Uebersetzungen griechischer und römischer Schriftsteller »

(Bern und Leipzig 1819) I. (cinz.), enthaltend Bemerkungen über: Tacitus Agricola, deutsch von L. Döderlein, und « Ueber einen recensirenden Bischof» etc. (Bern 1819), sowie eine Abhandlung « Ueber Beredsamkeit und Rhetorik» im «Lit. Archiv der Akademie zu Bern», IX. Jahrg. III. Heft, SS. 17—67, und Symbolæ ad emend. et illustr. Plutarchi librum de sera num. vindicta in den Acta Soc. Gr. Lips. I. p. 319—350 (mit Beiträgen seines Sohnes A. Jahn). — In amtlicher Stellung, wie im Privatunterricht, erwarb Karl Jahn sich durch Förderung klassischer und moderner, namentlich deutscher Bildung ein bleibendes, von dem bernischen Geschichtschreiber von Tillier hervorgehobenes Verdienst um Bern. Uebrigens bekundete derselbe seinen regen Sinn für Aesthetik und Kunst namentlich durch sein Mitwirken für die musikalischen und künstlerischen Interessen in Bern.

Karl Wilhelm Müller, Lehrer und Professor der griechischen Sprache am höhern Gymnasium und der Universität, von 1834 bis Oktober 1846. Er folgte einem Rufe als Direktor Gymnasii nach Rudolstadt. Als Lehrer war er anregend und fördernd durch Methode, geistige Regsamkeit und beissenden Humor. Er hat sich durch eine Anzahl Universitätsprogramme einen Namen erworben. Dieselben behandeln meist Berner Handschriften, darunter mehrere Inedita, die sich auf die spätrömische und mittelalterliche Literatur beziehen. Das Bedeutendste darunter ist die in vier Gymnasialprogrammen von Rudolstadt aus erschienene *erste* Herausgabe der sog. Bernerscholien zu Vergil's Bucolica und Georgica (1847—54), wovon H. Hagen eine zweite Ausgabe veranstaltete.

Dr. *Georg Rettig*, (geb. 1803) aus Büdingen, eingebürgert in Langnau, von Orelli auf's Wärmste nach Bern empfohlen, Lehrer am höhern Gymnasium und Professor an der Hochschule, seit 1856 Professor ordinarius und erster Direktor des philologisch-pädagogischen Seminars, bis er 1877 in Ruhestand trat. Seine Vorlesungen breiteten sich über das Gesammtgebiet der griechischen und lateinischen Philologie aus. Er ragte als Lehrer hervor durch grosse Gelehrsamkeit, gründliche Methode, kritischen Scharfsinn und lichtvolle Behandlung des Stoffes. Er ist Verfasser einer langen Reihe von scharfsinnigen Programmen, welche vornehmlich Plato und Catull zum Inhalt haben. Zahlreiche Schriften und Abhandlungen. Von grössern Werken erwähnen wir: Prolegomena ad Platonis Rempublicam, und Platonis Symposion, Text und ausführlicher Kommentar, 2 Bände, Halle 1876, sehr werthvoll; Xenophons Gastmahl 1881. — 1877 feierte er unter grosser Theilnahme zahlreicher ehemaliger Schüler sein fünfzigjähriges Doctor-Jubiläum.

Ed. Schnell von Burgdorf (1834—1849), für alte Literatur, gelehrter und gründlicher Philologe.

Albert Richard, Lehrer der französischen Sprache am höhern Gymnasium, Professor der französischen Literatur (1835—1847), als Dichter bekannt.

Für den Vortrag der *Geschichtswissenschaften* war eine Lehrkraft ersten Ranges gewonnen.

Dr. *Friedrich Kortüm*, ordentlicher Professor der Geschichte, aus dem Grossherzogthum Mecklenburg - Strelitz, geboren 1791, in Bern von 1832 bis Ende Sommersemester 1840. Als Studirender nahm er hochbegeistert Theil an dem Kampfe gegen Napoleon, wollte desshalb nach Spanien ziehen, wurde aber in Hamburg, als er sich dort einschiffen wollte, zurückgehalten und zog dann als Freiwilliger mit dem deutschen Kriegsheere nach Frankreich und Paris. Aergerlich über die in Deutschland wie in ganz Europa mächtig auftretende Reaction, begab er sich, nachdem er mit seinem Freunde, dem Philologen Göttling, in Neuwied angestellt war, in die Schweiz und lehrte einige Zeit an der Gelehrtenschule bei Emanuel von Fellenberg in Hofwyl. Obwohl er auf besondere Empfehlung des Grossherzogs von Mecklenburg-Strelitz sich in die Schweiz begeben hatte, kam er durch die im Jahre 1823 vom Restaurator C. L. v. Haller herbeigeführte Flüchtlingshetze auf die Liste derjenigen Fremden, welche die Schweiz verlassen sollten. Nur durch Stichentscheid des Schultheissen Rudolf von Wattenwyl, der Kortüm's Tüchtigkeit und Unbescholtenheit kannte, konnte er im Lande bleiben, das er nach und nach lieben lernte und liebte wie sein zweites Vaterland. Als er im Jahre 1843 als Professor in Heidelberg seine römische Geschichte herausgab, widmete er sie der Schweiz mit den Worten « in dankbarer Rückerinnerung » mit dem Verse aus Plautus: « Strenui nimio plus prosunt populo quam arguti et cauti. » Von Hofwyl kam er an das Gymnasium in Aarau und von dort an das Pädagogium und die Universität in Basel als Professor der Geschichte und Philologie. Von Basel berief ihn im Jahre 1832 die Berner Regierung als Professor der Geschichte an den für die historische Wissenschaft neu errichteten Lehrstuhl an der Akademie in Bern und dann im Jahre 1834 an die neugestiftete Universität. Den 10. April 1833 hielt er eine Inauguralrede über « die Stellung des Geschichtsschreibers Thukydides zu den Parteien Griechenlands ». Diese Rede enthielt gewissermassen das Programm für seine künftige Lehrthätigkeit: Thukydides sein Vorbild. Voll Eifer für die Wissenschaft, suchte er durch dieselbe seine Zuhörer

für alles Edle, Schöne und Sittlich - Erhabene zu begeistern. Charakterlosigkeit und Gemeinheit, Brutalität und Gewaltthätigkeit geisselte er auf
das Schärfste. Mit ätzender Lauge übergoss er den Demagogen Kleon,
den Gerbermeister, aus dessen Schilderung das Bild eines Zeitgenossen
herausguckte. Hoch galt ihm eine Charlotte Corday gegenüber Marat.
dessen Gemeinheit ihn anwiderte. Kortüm war ein gründlicher Philologe,
aber feind aller Spitzfindigkeit, die ihm zu nahe verwandt schien mit der
Sophisterei, welche er als Tod wahrer Wissenschaftlichkeit gründlich hasste.
Er besass eine ungewöhnliche Kenntniss der Quellen und besuchte hiefür
grosse Bibliotheken und eine Anzahl Archive in Paris, Wien, München etc.
Gründlich forschend, verschmähte er, aus vorhandenen Geschichtswerken
ein neues zu componiren; die richtige Unterlage seiner Geschichtsdar-
stellung waren die Quellen, die er, fleissig durchforschend, in eigenthüm-
licher Weise verarbeitete und zu klarer mündlicher und schriftlicher Darstellung gestaltete. Sie zeichnete sich durch Uebersichtlichkeit und Klarheit aus, forderte aber zum ernsten und tiefen Nachdenken auf. Seinem
Freisinn entsprechend, obwohl allem politischen Parteigetriebe fern.
war sein Werk: «Geschichte der freistädtischen Bünde», in dem er die
Freiheitsgeschichte der lombardischen Freistädte, der schweizerischen Eidgenossenschaft, der Niederlande, der nordamerikanischen Freistaaten etc.
darstellte. Er schrieb, voll Begeisterung für den idealen Hellenismus, die
Geschichte Griechenlands, Roms, des Mittelalters und des Ueberganges aus
dem Mittelalter in die neuere Zeit, das Leben Kaiser Friedrich's I., des
Rothbarts, und einen vortrefflichen Grundriss der neuesten Geschichte
Europas mit genauer Quellenangabe; — dazu eine Reihe einzelner ge-
schichtlicher Abhandlungen, wie über die Einführung der Jesuiten in die
Schweiz, eine kurze Geschichte derselben; der Herzog von Alba und die
evangelisch - schweizerische Eidgenossenschaft (meistens nach ungedruckten
Papieren); und gab die Schriften des helvetischen Ministers Dr. Rengger.
den er hochhielt, heraus. — Vortrefflich war seine historische Gesellschaft,
seine Interpretation des Thukydides etc. etc., dann ausgezeichnet seine
Vorlesungen über Methodologie des historischen Studiums.

An *Kortüm's* Stelle wurde 1840 *Dahlmann* berufen, welcher den bereits
angenommenen Ruf wieder ablehnte. Der Lehrstuhl für Geschichte blieb
unbesetzt bis zum Wintersemester 1842. Als ausserordentlicher Professor
war an denselben berufen worden

Dr. *Joseph Anton Henne* (geboren in Sargans 1798, in Bern als Professor der Geschichte an der Hochschule 1842 bis 1856). 1816 Novize,
trat er vierzehn Tage vor Ablegung des Gelübdes aus dem Kloster aus,

studirte Rechtswissenschaften und Geschichte in Freiburg und Heidelberg, lehrte 1823 in Hofwyl Geschichte und deutsche Sprache, wurde 1826 in St. Gallen als Archivar des uralten, interessanten Staatsarchivs angestellt, gründete 1830 die Zeitung « Der Freimüthige », nahm lebhaft und in hervorragender Weise Theil an den politischen Kämpfen seines Heimathkantons, war der erste Politiker, welcher das Veto des Volkes vorschlug und durchsetzte, erhielt 1834 die Professur für Geschichte an der Kantonsschule und betheiligte sich, nach Bern berufen, auch hier aufs Lebhafteste an der politischen Bewegung. Henne war hochbegabt, von feuriger, bilderreicher, schwärmerischer Beredtsamkeit mit dithyrambischem Schwung. Als Historiker und Dichter verweilte er mit Vorliebe in der Sagengeschichte und suchte in seiner « Allgemeinen Geschichte » eine vollständige Reform der ägyptischen, biblischen, überhaupt der alten Chronologie anzubahnen. Er fand gegenüber vielen abschätzigen Beurtheilungen in *Fallmerayer* einen gewichtigen Vertheidiger. Unter seinen zahlreichen Schriften erwähnen wir: Lieder und Sagen aus der Schweiz (1824, 1827); Diviko und das Wunderhorn (1826); Neue Schweizerchronik für's Volk, 3 Bände (1828), ganz neu bearbeitet in vier Büchern (1840—1843); Historische Tafeln von der Urzeit bis Augustus (1826); Die Pharaone Aegyptens (1837); Chronologische Tafeln (1844); Versuch einer Herstellung der ältesten Chronologie (1844); Allgemeine Geschichte in neun Büchern (1845—1846); Der Sonderbund und seine Auflösung (1848); Geschichtliche Darstellung der kirchlichen Verhältnisse der katholischen Schweiz von 1830 bis auf die Gegenwart (1854), als dritter Band des Werkes von *Ludw. Snell.*

Für die *mathematischen und naturwissenschaftlichen Fächer* waren ebenfalls tüchtige und einzelne hervorragende Lehrkräfte gewonnen worden.

Dr. *Friedrich Trechsel*, von Burgdorf und Bern (gest. 1849), lehrte seit 1805 bis 1847 zuerst an der Akademie, dann an der Hochschule Mathematik und Physik. Pfarrer O. von Greyerz gibt uns in seiner Geschichte der Akademie (pag. 22) von ihm folgendes Lebensbild: Trechsel studirte Theologie. Nächst den klassischen Sprachen und der Kantischen Philosophie zog ihn besonders die Mathematik an. Er gehörte zu den besten Schülern von Tralles. 1798 focht er bei Neueneck als Freiwilliger gegen die Franzosen, war zuerst Lehrer am Knabenwaisenhaus, gründete 1800 mit seinem Freunde Zeender die « wissenschaftliche Lehranstalt », welche bis zur Gründung der Akademie die Mehrzahl der Söhne besserer Familien aufnahm. An der Akademie wurde er Professor der Mathematik und Physik. Als Lehrer in hohem Grade anregend, wandte er

seine grössere Thätigkeit doch dem Praktischen zu. Er beendigte die von
Tralles und Hassler begonnene Triangulation des Kantons Bern und
führte das Nivellement des Seelandes aus. Er vertrat Bern an der Konferenz
über die Feststellung und Einführung der neuen Masse und Gewichte. Wo
je im ersten Viertel des Jahrhunderts mathematische und physikalische
Kenntnisse in Bern erforderlich waren, wurde Trechsel angesprochen.
(B. Studer, Geschichte der physik. Geographie, pag. 460 ff.)

Dr. *Karl Brunner* von Bern (geb. 25. Jan. 1796, gest. 2. März 1867)
lehrte seit 1821 an der Akademie und hierauf an der Hochschule als
ordentlicher Professor Chemie und Pharmacie bis zum Schluss des Sommersemesters 1861. Brunner hat sich während seiner frühern Studienjahre in
Bern eifrig mit Botanik beschäftigt, wählte aber die Chemie als Hauptfach,
da er sich der Pharmacie zu widmen gedachte. Unter der trefflichen
Leitung des verdienstvollen Apothekers Morell, Vater, erlernte er den
Apothekerberuf, bildete sich dann in Berlin, Göttingen und Paris weiter
aus, und erhielt, als er 1819 nach Bern zurückkehrte, den an der Akademie
erledigten Lehrstuhl für Chemie, welchen er mit grossen persönlichen
Opfern eigentlich erst gründete und vierzig Jahre lang mit grosser Pflichttreue und mit Erfolg bekleidete. Zahlreiche Abhandlungen bezeugen den
wissenschaftlichen Geist des fleissigen Gelehrten und Forschers. Neben der
Chemie nahm die Kunst einen Theil seiner Thätigkeit in Anspruch. Als
langjähriger Präsident der Künstlergesellschaft und des akademischen Kunstcomite's waren ihm die Erhaltung und Vermehrung der Sammlung, die
Bildung und Verbreitung gediegenen Kunstsinnes, die Leitung der Kunstausstellungen Gegenstände besonderer uneigennütziger Pflege und Thätigkeit. Er selbst hat sich vorzüglich unter der Leitung des jüngern Lory zu
einem tüchtigen Landschaftsmaler herangebildet, mit ausgesprochen
realistischer Richtung, stets gewissenhaft darauf bedacht, die Natur treu,
wahr und bis in die einzelnen Züge genau darzustellen. Er beschäftigte
sich daher auch mit Vorliebe mit der Farbenlehre und ihrer praktischen
Verwerthung.

Dr. *Maximilian Perty* aus München (geb. 1804) war 1833 an die
Akademie und sodann als ordentlicher Professor für Zoologie und Naturgeschichte berufen worden. Er trat 1876 in Ruhestand. Ausser seiner
langjährigen, gewissenhaften, gründlichen und geistig lebendigen und
anregenden Lehrthätigkeit machte er sich besonders verdient durch
Vermehrung und Ordnung der zoologischen Sammlung. Auf literarischem
Gebiet war er ungemein thätig: insbesondere in Beschreibung der von

Spix und Martins in Brasilien gesammelten Insekten ; allgemeine Naturgeschichte als philosophische und Humanitätswissenschaft (ein reichhaltiges
Repertorium); zur Kenntniss kleinster Lebensformen ; zahlreiche Werke
anthropologischen Inhalts, in der letzten Zeit namentlich über die sog.
mystischen Erscheinungen.

Dr. *Bernhard Studer*, von Bern, wurde den 21. August 1794 in Büren
geboren, erhielt seine Schul- und akademische Bildung in Bern, wohin sein
Vater als Professor der Theologie und Pfarrer am Münster berufen worden
war. Wie Trechsel studirte er Theologie, damals der einzige Weg zu
allgemeiner wissenschaftlicher Bildung. Unter der Anregung seines auch
als Naturforscher und Zoologe hervorragenden Vaters widmete er sich
mathematischen und naturwissenschaftlichen Studien, hörte 1816 in Göttingen
bei Gauss Astronomie, bei Stromeyer Chemie, bei Hausmann Mineralogie
und Geologie. 1818 kehrte er nach Bern zurück in die bereits 1814 von ihm
bekleidete Stelle als Lehrer der Mathematik am Gymnasium, 1825 wurde
er Professor extraordinarius der Mathematik und der Mineralogie an der
Akademie, war 1832 Mitglied der Spezial-Kommission für Organisation der
Hochschule, sodann seit Gründung derselben Professor, 1845 ordentlicher
Professor der Mathematik und Naturwissenschaften. Bei der Errichtung
des schweizerischen Polytechnikums wurde er zum Mitgliede des eidgenössischen Schulrathes gewählt und erhielt einen Ruf an das Polytechnikum,
den er aber ausschlug. 1873 trat er nach 60jähriger Lehrthätigkeit in
Ruhestand, und erfreut sich noch jetzt als neunzigjähriger Nestor unserer
Veteranen geistiger und physischer Rüstigkeit. Bernhard Studer war ein
ausgezeichneter Pädagog und Lehrer ; er wusste in seltener Weise seine
Schüler, namentlich auch als Lehrer der Physik und mathematischen
Geographie am obern Gymnasium, anzuregen und zu bilden, und hat durch
seine Vorträge, seine Exkursionen und seine Forschungen die Liebe zum
Studium der Naturwissenschaften und dieses selbst in erfolgreichster
Weise gefördert. Für seine hohe wissenschaftliche Bedeutung zeugen
folgende *wichtigere Druckschriften* :

1825 : « Monographie der Molasse ». 1834 : « Geologie der westlichen
Schweizeralpen ». 1836 : « Lehrbuch der mathemat. Geographie ». 1837 :
« Klimatologie von Bern » ; « die Gebirgsmassen von Davos ». schweiz.
Denkschrift ; « Géologie des montagnes entre les lacs de Thoune et de
Lucerne ». Mém. de la Soc. géol. 1839 : « Geologie von Mittelbünden »,
schweiz. Denkschr. 1841 : « Géologie de l'Isle d'Elbe ». Bulletin de la
Soc. géol. 1844 : « Lehrbuch der physikal. Geogr. », 2 Vol.; « Géologie

des montagnes entre le Simplon et le St-Gothard ». Mém. de la Soc. géol. 1854 : « Geologische Karte der Schweiz » ; « Geologie der Schweiz ». 2 Bände. 1856 : « Ueber Glauben und Wissen ». Popul. Vortrag. 1859 : « Einleitung in das Studium der Physik » ; « Die natürliche Lage von Bern ». Hochschulprogramm. 1862 : « Gesch. der physischen Geogr. der Schweiz ». 1864 : « Origine des lacs suisses ». Bibl. univ. 1866 : « Sur l'ouvrage de Sartorius ». Bibl. univ. 1872 : « Index der schweiz. Petrographie und Stratigraphie ». 1875 : « Die Porphyre des Luganosee's ». Deutsche geol. Ges.

Die Anerkennung, welche er im In- und Auslande gefunden, erhellt aus folgenden *wichtigeren Ehrenbezeugungen* :

1829 : Korresp. Mitgl. der naturf. Ges. in Strassburg, Heidelberg, Basel, Frankfurt a. M. 1838 : Membre de la Soc. géol. à Paris. 1840 : Membre corresp. des acad. de Turin, Milano, Berlin, Washington und 1850 : Harlem, München, Dresden, Philadelphia, etc. etc. 1858 : Ehrenmitglied der R. Society of Edinburgh. 1854 : Mitglied des eidgen. Schulraths in Zürich. 1860 : Präsident der geolog. Kommission der Schweiz. 1874 : Membre corresp. de l'acad. de France à Paris. 1876 : Membre honor. of the R. geol. Soc. in Cornwall. 1879 : Wollaston-medal of the geol. Soc. of London. 1880 : Prix Cuvier par l'Institut de France. 1881 : Ehrenmitgl. der geogr. Ges. in Wien. 1882 : Mitglied des auf 30 Mitglieder beschränkten Ordens pour le mérite in Berlin.

Ernst Volmar, Lehrer am höhern Gymnasium und zugleich ausserordentlicher Professor der Mathematik an der Hochschule, las über Arithmetik, Trigonometrie, Theorie der Funktionen und Reihen, ein tüchtiger Mathematiker, der aber 1844 durch Krankheit genöthigt war, von seiner Stelle zurückzutreten.

Dr. *von Tscharner* las bereits im Sommer zwei verschiedene Kurse über Physik, wurde dann den 25. April 1836 zum ausserordentlichen Professor der Physik gewählt, besass seinen eigenen reichhaltigen physikalischen Apparat, lehrte anregend und war insbesondere ein Meister in glänzendem Experimentiren. Unbillige Behandlung von Seite der obern Behörden veranlasste ihn trotz warmer Verwendung des akademischen Senats, im Frühling 1841 seine Professur niederzulegen.

Nach dem Abgang von *Hugo Mohl* wurde den 7. September 1837 zum ausserordentlichen Professor für Botanik gewählt Dr. *Heinrich Wydler*, von Aarau, Lehrer am höhern Gymnasium. Nachdem er den 9. November

1839 seine Entlassung verlangt und erhalten, trat er den 6. Februar 1841 als Honorarprofessor wieder in Lehrwirksamkeit an der Hochschule, welcher er in ausgezeichneter und uneigennütziger Weise diente, so dass das Erziehungs-Departement ihm durch ein werthvolles Geschenk von Büchern besondern Dank aussprach. Im April 1849 war er durch Gesundheitsrücksichten genöthigt, seine Entlassung zu nehmen. Von ihm rühren zahlreiche fachwissenschaftliche Abhandlungen her, von welchen ein grosser Theil in dem Archiv der hiesigen naturforschenden Gesellschaft veröffentlicht ist.

Die *Forstwissenschaften* lehrte in Verbindung mit Exkursionen Forstmeister *Kasthofer*, von Bern, ein patriotisch freigesinnter Politiker und glänzender parlamentarischer Redner. Seine Lehrthätigkeit wurde namentlich durch seinen Eintritt in den Regierungsrath unterbrochen, dauerte indessen bis 1846 fort. Als wissenschaftlich und praktisch gebildeter Forstmann hat sich Kasthofer durch seine amtliche, wissenschaftliche und gemeinnützige Thätigkeit um die Hebung des bernischen Forstwesens grosse Verdienste erworben.

Für die *Militärwissenschaften* war *Rud. Lohbauer*, früher im württembergischen Generalstab, 1835 als ausserordentlicher Professor gewählt worden und als solcher bis 1844 thätig. Ein allseitig und namentlich auch künstlerisch und gesellig fein gebildeter Mann hat Lohbauer an der Hochschule und in militärischen Kreisen durch seine kriegsgeschichtlichen und militärwissenschaftlichen Vorträge erfolgreich zur Bildung unsrer Offiziere beigetragen.

Für die akademische Zeichnung und Oelmalerei wurde den 23. Dezember 1836 als ausserordentlicher Professor gewählt *Joseph Simeon Volmar* (geboren in Bern den 26. Oktober 1796, gestorben 1865). Ueber denselben gibt uns sein Sohn, unser Kollege, folgendes ansprechende Lebensbild:

Joseph Simeon Volmar war der zweitälteste Sohn des bekannten Historienmalers Georg Volmar, Joseph's Vorgänger im akademischen Amt. Seine künstlerische Erziehung übernahm zunächst der Vater; Anatomie, Physiologie und Geschichte studirte er an der damaligen Akademie. Im Jahre 1820 ging er nach Paris, um seine Studien unter Guéricault's und H. Vernet's Leitung fortzusetzen und zu vollenden. Acht Jahre weilte er in der Seinestadt, eine kurze Spanne Zeit, aber erspriesslich für ihn, wie bedeutungsvoll für die Entwicklung der französischen Kunst. Begeistert für diese und selbst überwältigt von ihrem überwältigenden Eindruck auf das französische Volk, kehrte er in seine Heimath zurück, ausgerüstet mit anerkannter technischer Meisterschaft, mit sich selbst im Klaren über das Ziel seines zukünftigen künstlerischen Schaffens, die Seele erfüllt mit grossen Plänen. Nach dem Satze: « Für das Volk ist das Beste gerade gut genug », wollte er dem Schweizervolke die Glanzpunkte seiner Geschichte in monumentaler Kunstform und Gestaltung vor Augen führen. Doch die Zeit des Verständnisses für solche Kunstäusserungen war noch nicht gekommen. Von einflussreicher Seite wurde das Wagniss des Künstlers, die Grossthaten der Väter in künstlerisch würdiger Weise zu verherrlichen, als der republikanischen Bescheidenheit zuwiderlaufend, sogar übel vermerkt. Von allen seinen Entwürfen konnten nur wenige zur endlichen Ausführung gelangen, und von den vollendeten Werken dieser Richtung kam in Bern nur die Reiterstatue Rudolf's von Erlach zur öffentlichen Aufstellung. Wenn es zu bedauern ist, dass diese rastlose Künstlerkraft durch die Ungunst der damaligen Verhältnisse sich in ihrem Wirken vielfach gehindert sah, so ist es dagegen erfreulich zu sehen, dass wenigstens der akademische Senat die Leistungen und Bestrebungen seines Mitgliedes richtig zu würdigen verstand und dieser Würdigung durch Verleihung des Doctorgrades den entsprechenden Ausdruck gab. Die schweizerische Kunstgeschichte wird einst nicht nur Joseph Volmar's vorhandene Kunstschöpfungen in Betracht zu ziehen, sondern auch darauf hinzuweisen haben, wie er zumal der monumentalen Kunst durch Erweckung des Interesses und theilnehmenden Sinns im Volke bei uns erweiterte Bahn gebrochen hat.

Als Privatdocenten finden wir bei der historisch-philologischen Abtheilung bereits seit Gründung der Hochschule Dr. *Albert Jahn*. Derselbe war der erste Studirende, welcher die Haller-Medaille erhielt. Mitglied vieler gelehrten Gesellschaften, hat er sich durch seine neuplatonischen sowie durch seine gelehrten archäologischen und historischen Studien einen sehr geachteten Namen in der Wissenschaft erworben. Er bekleidet die Stelle eines ersten Sekretärs des eidgenössischen Departements des Innern und ist trotz vorgerücktem Alter stets noch geistig rüstig und thätig. — Ferner erhielten die venia docendi: *Anton Müller*, für englische Sprache und Literatur; *Gustav Frölich*, der später berühmt gewordene verdienstvolle Pädagoge auf dem Gebiete der weiblichen Erziehung, für altdeutsche Philologie; Major *von Sinner*, B. *Gerber* und *Moritz Beck* für Mathematik; Dr. *Gensler* für Mathematik und Physik; Lehrer *Bischoff* für Erdkunde; *Joseph Pursh* für Musikwissenschaften, 1844 aus der Docenten-Liste gestrichen.

Die *Subsidiaranstalten* wurden vermehrt und bereichert; doch blieb manches Bedürfniss unbefriedigt, und mehrere wohl begründete Anträge des Erziehungs-Departements fanden aus finanziellen Bedenken und Mangel an Verständniss beim Regierungsrath nicht die gewünschte Berücksichtigung. Immerhin belief sich im Zeitraum von der Gründung der Hochschule bis zum Wintersemester 1839 die für die Subsidiaranstalten verausgabte Summe auf Fr. 52,569. — Es fehlte an einer geräumigen Aula, an den nöthigen Lokalitäten für das physikalische Kabinet und das chemische Laboratorium; das Hochschulgebäude bedurfte der Vergrösserung; die Bibliotheken waren an verschiedenen Orten untergebracht: der bei der Berathung des Hochschulgesetzes angeregte Gedanke der Gründung einer Universitäts-Bibliothek wurde, wie auch später, öfter betont, allein bis heute ohne Erfolg. Man begnügte sich mit finanzieller, immerhin unzureichender Unterstützung der vorhandenen Bibliotheken unter der Bedingung des Benutzungsrechtes der Lehrer und Studirenden und für die Stadtbibliothek des Vorschlagrechtes der Fakultäten. Die *Stadtbibliothek* erhielt jährlich 1600, die *Studenten-bibliothek* 300, die *Predigerbibliothek* 200, die *medizinische Bibliothek* 400, die *Militärbibliothek* 100 Fr. — Für die *medizinische* und *chirurgische* Klinik diente der Inselspital, an welchem die beiden Kliniker als Aerzte angestellt wurden und eine bestimmte Anzahl von Krankenbetten zu ihrer Verfügung erhielten. Für die *dermatologische* Klinik wurden die Patienten des äusseren Krankenhauses benutzt. Mit der Hochschule wurde zugleich eine *poliklinische Anstalt* in Gang gebracht, durch welche mit einem Aufwand von 2000 Fr. die Stadtarmen unentgeltlich ärztliche Pflege und Arznei erhielten. Die früher getrennten *Entbindungsanstalten* wurden nebst der Hebammenschule an der Brunngasse zu einer vereinigt. Es wurde eine chirurgische Instrumenten- und Bandagen-Sammlung angelegt und vermehrt. Das neue *Anatomiegebäude* wurde zu Anfang des Jahres 1836 bezogen, das Material vervollständigt und verbessert, für Herbeischaffung der genügenden Anzahl Leichen die nöthigen Vereinbarungen getroffen, die Präparaten-Sammlung erweitert und der Apparat für vergleichende Anatomie vervollständigt. — Die *Thierarzneischule* wurde auf das Gutachten einer Untersuchungskommission in Beziehung auf den Studienplan, die Klinik und die Vermehrung der Lehrkräfte und Lehrmittel einer Reorganisation unterworfen. für dieselbe eine Bibliothek angelegt und die Veterinäranatomie in das Anatomiegebäude verlegt. — Es wurde ferner eine Sammlung für den *zoologischen* Unterricht angelegt, und u. a. mit der bedeutenden Conchylien-Sammlung des Herrn Dekan Studer, einer Fischsammlung von Agassiz und (durch Vermittlung von Schönlein) einer Sammlung zoologischer Gegenstände

aus Java ausgestattet. — Ebenso wurde durch die Bemühungen von Prof.
B. Studer ein *mineralogisches* Kabinet gestiftet und u. a. mit einer Samm-
lung von Gebirgsarten und Petrefakten des Heidelberger Mineralien-
Comptoirs, mit der für 1600 Fr. angekauften, ziemlich vollständigen
Mineralien- und Petrefaktensammlung des verstorbenen Helfers Wenger in
Aarau, und durch 100 Stück alpinischer Gebirgsarten, ein Geschenk des
Herrn Prof. B. Studer, bereichert. Ueber die gegenseitige Benutzung des
botanischen Gartens der Stadt und des dem Staat zugehörenden im sog.
Klostergarten neu angelegten botanischen Gartens wurde eine neue Verein-
barung getroffen. — Für das *chemische* Laboratorium wurden zur Ergänzung
des chemischen Apparates 1120 Fr. bewilligt und der jährliche Kredit auf
800 Fr. erhöht. Auch das *physikalische* Kabinet erhielt zur Ergänzung
des Apparates 580 Fr. — Für die *akademische* Kunstanstalt wurde im
«Klosterhof» ein zweckmässiges Atelier gebaut, die Kunstsammlungen
vermehrt, u. a. durch Ankauf von Bildern von Calame und Diday und
eine wohl gelungene Büste Pestalozzi's aus inländischem Marmor von
Raphael Christen.

Jährlich wurden von allen Fakultäten *Preisfragen* ausgeschrieben. Der
erste Preis betrug 8, der zweite und eventuell dritte 6 und 4 Dukaten.
Eine grosse Anzahl dieser Preisfragen sind bearbeitet worden, einzelne in
ausgezeichneter Weise. Die Proklamation der Preisgekrönten erfolgte bei
der in der Regel nach Ostern abgehaltenen «Solennität» der Gymnasial-
Anstalten in feierlicher Weise. Das eigentliche *Hochschulfest* wurde je-
weilen den 15. November Morgens durch eine Rede des Rektors und
Proklamation der durch den Senat ertheilten Doktorhüte honoris causa,
Abends durch ein Bankett der Behörden und Professoren und durch einen
Fackelzug der Studentenschaft gefeiert. Abends fand gewöhnlich ein gemein-
samer Commers der Studirenden statt, Nachmittags öfters ein festlicher
Auszug derselben zu Wagen und zu Ross.

Ueber den unter den Professoren und den Studirenden in den ersten
Jahren des Bestehens der Hochschule herrschenden Geist finden wir höchst
günstige Urtheile sowohl in den offiziellen Senats- und Regierungs-Berichten
als auch in schriftlichen Privatmittheilungen hervorragender und eingeweihter Persönlichkeiten. So sagt der Bericht des Erziehungs-Departements
über den Gang der Hochschule von ihrer Errichtung bis zum Ende des
Wintersemesters 1838/39 an den Regierungsrath zu Handen des Grossen
Rathes: «Die Lehrer machen es sich immer mehr zur Aufgabe, auf keinem
andern als dem wissenschaftlichen Wege ihre Zuhörer zu nützlichen Bürgern

sowohl in der gelehrten als in der bürgerlichen Welt heranzubilden. Ihr Streben nach getreuer Pflichterfüllung geht hervor aus der Menge von Vorträgen, aus dem Fleiss, mit dem die Vorlesungen regelmässig abgehalten werden, und aus dem sichtbaren wohlthätigen Einfluss, den sie durch häufige Berührungen mit den Studirenden im Privatleben auf diese letzern ausüben.

Auch die Studirenden verdienen hinsichtlich ihres Fleisses und ihres Betragens Lob. Zwar darf nicht verschwiegen werden, dass im Laufe des letzten Jahres (1838) drei Studirende sich entehrende Verletzungen der bürgerlichen Gesetze haben zu Schulden kommen lassen, in Folge deren sie sofort aus dem Matrikelbuche gestrichen worden sind; allein diese Handlungen haben ihre Quelle ganz ausserhalb des akademischen Lebens gehabt und sind isolirte, zum ersten Male seit der Errichtung der Hochschule sich zeigende Erscheinungen. Alle kleinern unter den Studirenden ausgebrochenen Zwistigkeiten konnten durch die Vermittlung des jeweiligen Rektors beigelegt werden, so dass wir nie mit dergleichen Klagen behelligt wurden. »

Der Bericht stellt ferner nicht in Abrede, dass mit Ausnahme der theologischen Fakultät, welche strenge Forderungen in Beziehung auf erlangte Gymnasialmaturität und die Prüfungen pro ministerio stelle, eine grosse Anzahl Studirende ohne die genügende wissenschaftliche Vorbildung in die Hochschule eintrete, und dass vorzugsweise die wissenschaftliche Berufsbildung angestrebt werde, während die Professoren mit diesem Zweck auch denjenigen der Förderung der Wissenschaft überhaupt gewissenhaft zu verbinden gesucht hätten. Es wird betont, dass die Forderung der Gymnasialreife bis jetzt unmöglich aufzustellen war, « wenn nicht die jungen Leute vom Lande geradezu vom Besuche der Hochschule ausgeschlossen werden sollen. » Dagegen wird rühmend der zahlreiche Besuch der Vorlesungen *Kortüm's* hervorgehoben und bemerkt, es erkläre sich diess aus der Individualität des ausgezeichneten Lehrers, dem allgemeinen Interesse für das Fach selbst und aus dem Umstande, dass zu diesem die Zuhörer nicht einer so wissenschaftlichen Vorbildung zu bedürfen glauben. (?) « Ungeachtet der vorherrschend praktischen Tendenz », so schliesst der Bericht, « sind doch auch von den Studirenden erfreuliche Beweise rein wissenschaftlichen Strebens gegeben worden. » Hiezu werden gerechnet die zahlreichen Bearbeitungen der aufgestellten Fragen, die wohlbestandenen Doktorprüfungen von zwei Juristen und zwölf Medizinern, sowie auch die höhern wissenschaftlichen Leistungen in den Staatsexamen.

In handschriftlichen Berichten, welche die beiden ersten Rektoren. W. Snell und Vogt, von Landammann A. von Tillier aufgefordert, diesem Staatsmanne privatim zukommen liessen, finden sich sehr interessante Mittheilungen über Gang und Aufschwung der Hochschule. So schreibt W. Snell an Tillier: « Die Hochschule ist sich seit ihrer Stiftung in ihrem Streben nach einer geräuschlosen, aber gründlichen Wirksamkeit bis jetzt gleich geblieben. Sie hat nicht die öffentliche Aufmerksamkeit durch Privatankündigungen und nichtssagende Lobanzeigen zu beschäftigen und zu fesseln gesucht. Manche Lehrer begnügen sich auch mit einer geringen Anzahl von Zuhörern; keiner war unbeschäftigt. Die öffentlichen Vorlesungen waren immer stark besucht; auch das grössere Publikum nahm gerne daran Theil, und während der Grossrathssitzungen bemerkten die Lehrer mit Vergnügen häufig Mitglieder der obersten Landesbehörde unter ihren aufmerksamsten Zuhörern. In jedem Semester wurden bisher solche öffentliche Vorlesungen über Philosophie, Geschichte, Naturwissenschaften, Aesthetik, Jurisprudenz und Staatswissenschaften gehalten. — Der Ton des Vortrags ist durchgehend ernst und würdig, und die auf die Kaptation der Studentengunst durch Trivialitäten und Lascivitäten berechnete Manier wird hier nie Raum gewinnen können. — Erfreulich ist, dass nicht bloss die sogenannten Brotfächer gehört, sondern auch die philosophischen und humanistischen Studien mehr betrieben werden, als auf manchen andern grössern deutschen Universitäten. Besonders den Juristen gebührt das Lob, durch die philosophischen Studien ihre zum Theil mangelhafte Vorbildung zur Vervollständigung zu bringen. — In jeder Fakultät bestehen wissenschaftliche Privatvereine, welche durch die wechselseitige Ermunterung — Belehrung, Bildung und Uebung der geistigen Kraft bezwecken. Die Bibliotheken werden fleissig benutzt. Ein Zeichen gründlichen Strebens ist es immer, wenn die exegetischen Vorträge zu Stande kommen, welche hier stets besucht, oft erbeten worden sind. — In den Verhältnissen der Professoren unter sich herrscht keinerlei Art von Störung und Disharmonie. Ungeachtet der nothwendigen Conflikte in einzelnen Fragen und Ansichten gestehen doch diejenigen meiner Kollegen, welche auf mehreren Universitäten gelebt und gelehrt haben, dass sie keine Anstalt der Art kennen gelernt haben, wo weniger persönliche Spannung, Spaltung oder gar Anfeindung geherrscht habe als hier. »

Aehnlich schreibt (den 11. Februar 1837) Vogt an Tillier: « Umsicht bei Besetzung der Lehrstellen und ein Zusammentreffen glücklicher Umstände haben es möglich gemacht, Lehrer hier zu vereinigen, von denen im Allgemeinen ihren sonstigen bekannten Leistungen nach sich wohl erwarten lässt, dass sie dem Vortrage ihrer Fächer gewachsen sind. — Sie widmen sich aus Liebe zur Sache dem Unterricht. Wo aber diese Liebe zur Sache die Haupttriebfeder im Lehramte ist, da werden auch die Leistungen den möglichen Anforderungen genügen. Es fehlt aber hier auch zugleich nicht an andern Momenten, welche anregend bei den Lehrern wirken. Die Stellung zwischen zweien in den Wissenschaften wetteifernden Nationen, die daraus fliessende Nothwendigkeit, dass der Lehrer sich auf der Höhe der Fortschritte halte, die an diesen beiden Punkten hervorgehen; — die vollständige Lehr- und Lernfreiheit, wobei jeder Lehrer nur allein durch den in seinen Vorträgen herrschenden Geist sich Zuhörer verschaffen kann, aber kein äusserer Zwang irgend einer Art sie ihm zuführt; die Unmöglichkeit endlich, dass ein falscher Ehrgeiz der Gelehrten nur nach Titeln, Würden und Bändern jage, sondern dass ein jeder nur durch seine Leistungen im Lehramte sich Ansehen und Gültigkeit verschaffen kann, erhalten einen edlen Wetteifer und ein Streben nach gründlicher, umfangreicher Wissenschaftlichkeit unter den Professoren. » Vogt geht sodann auf den Vorwurf ein, dass die Lehrer in ihren wissenschaftlichen, politischen und Lebensansichten nicht mit einander harmonirten. « So schwer, ja unmöglich es sein würde, an einer Hochschule nur solche Lehrer zu haben, die in ihren wissenschaftlichen Prinzipien übereinstimmen, ebenso nachtheilig für den Unterricht würde es sein. In politischer Beziehung hat man leider oft genug die Hochschule als Gesammtheit mit einzelnen ihrer Glieder verwechselt und zusammengeworfen und damit den Stand der Beurtheilung total verrückt und zu falschen Folgerungen sich verleiten lassen. Die Hochschule hat bisher ihre Stellung als Repräsentant wissenschaftlicher Theorien sorgsam bewahrt und die verschiedenen politischen Ansichten der Lehrer haben diese ihre Stellung niemals verrückt. Der Senat hat sich auch stets entfernt gehalten von aller Einmischung in die Tagespolitik sowie von jedem Versuch, gewisse politische Ansichten auch faktisch durchzuführen und geltend zu machen. Traurig wäre es, wenn man von den einzelnen Lehrern verlangen wollte, dass sie nur einer gerade beliebten politischen Ansicht huldigen und dass sie im Staate nur politische Nullen sein sollten. — Zudem noch hat es sich hier wie an manchen Orten Deutschlands bewährt, dass diejenigen Professoren, deren politische Ansichten und Bestrebungen man mitunter als verdammlich betrachtete, gerade als vorzüglich tüchtig im Lehramte sich bewiesen und vielleicht am meisten anregend auf den wissenschaftlichen Geist in der Jugend wirkten. Will man Männer an der Hochschule, die in der Wissenschaft gereift und selbstständig geworden sind, so muss man auch erwarten, dass sie ihrer Ueberzeugung in Wort und That treu bleiben und nicht als die dienenden, unfreien Schleppträger Anderer auftreten. »

Ueber den unter den Studirenden herrschenden Geist finden wir folgende Bemerkungen. « Jedem andern schlichten Bürger im Staate gleichgestellt, glaubt hier der junge Student nicht, dass er vorzugsweise berufen sei, dem sogenannten Burschenwesen seine beste Zeit und besten Kräfte zu widmen und für die Aufrechthaltung und Erweiterung einer missverstandenen Burschenfreiheit sich zu opfern. Man gewahrt daher hier, dass die Studenten ihre Hauptaufgabe, sich gründlich wissenschaftlich auszubilden, niemals aus den Augen verlieren und immer eifrig bemüht sind, diese nach Kräften zu lösen. Nicht leicht wird man eine Universität finden, wo nach dem Zeugniss aller Lehrer die Vorträge so fleissig und aufmerksam besucht werden. Und nicht blos die Vorträge der eigentlichen Fach- oder sogenannten Brotstudien werden hier mit diesem Eifer besucht, sondern auch die Vorträge über allgemeine Bildungswissenschaften. » Dem Vorwurf, dass viele Studirende eine zu warme Theilnahme an den allgemeinen politischen Angelegenheiten des Vaterlandes an den Tag legen, begegnet Vogt mit den Worten: « Wo Vaterlandsliebe und Gemeinsinn bei der Jugend sich finden, da kann diese warme Theilnahme als Aeusserung derselben nicht fehlen. Bei der Jugend aber muss diese Vaterlandsliebe noch glühen, wenn sie im reifen Alter nicht ganz erlöschen soll, und in keinem Staate darf sie weniger fehlen bei dem unterrichteteren Theil seiner Bürger als gerade in der Republik, wo sie die Basis des Wohls des Staates ausmacht. Freuen sollte man sich darum mehr eines so edlen Gefühls und seiner Regungen bei der studirenden Jugend als das Verdammungsurtheil darüber sprechen. » — Ergänzen wir diese Berichte noch durch die Urtheile von Studirenden aus und über diese Zeit. So sagt Professor *Immer* in seinem Vortrag über Lutz (pag. 10): « Das Bewusstsein, in einer Epoche geistiger Erhebung zu stehen und ausgezeichnete Lehrer zu besitzen, durchdrang auch die Mehrzahl der Studirenden; die Hörsäle der beliebtesten Lehrer waren angefüllt. Doch nicht nur auf den Hörsaal war der wissenschaftliche Aufschwung der Studirenden beschränkt, auf Spaziergängen und in den Vereinen unterhielt man sich am liebsten mit wissenschaftlichen Gegenständen. Was der alte Collegienzwang nie vermocht, das bewirkte, in Verbindung mit dem frischen Glauben an die Wissenschaft, die neue Collegienfreiheit. »

Fügen wir noch das Urtheil von W. Munzinger bei (Rektoratsrede 1866, pag. 37): « Wir wissen Alle, welchen Aufschwung in den Dreissiger

Jahren unsere Universität äusserlich gewonnen hat. Es ist mir ein Zeugniss dafür, welch geistige Kraft in unserm Volke schlummert und dass es nur den rechten Stahl braucht, um aus demselben Funken zu schlagen. Der war auch vorhanden: die einen Lehrer haben durch sorgfältiges und gewissenhaftes Anbauen der Wissenschaft, durch Hinweisung auf ernstes und bescheidenes Studium, andere aber durch mächtige Impulse auf Verstand und Phantasie der Jugend eingewirkt. »

Doch hatte auch unser junges Institut seine Entwicklungskrankheiten zu bestehen und wir finden durch diese ganze erste Periode hindurch und insbesondere gegen das Ende derselben mächtige Faktoren wirksam, welche die gedeihliche Entwicklung hemmten und schliesslich zu der ernsten Krisis führten, welche Jahre lang wie ein Damoklesschwert über der Hochschule schwebte.

Erwähnen wir zunächst, dass die Hochschule ausserhalb Bern's nicht günstige Aufnahme fand. Von den deutschen Staaten wurde der Besuch der neu entstandenen Schweizer Hochschulen verboten und über dieselben Geistessperre verhängt, — zwar wurde 1842 von Preussen dieses Verbot aufgehoben, allein immerhin die Erlaubniss des Besuches unserer Hochschulen von einer besonderen Bewilligung der Regierung abhängig gemacht. Zürich fühlte sich durch das Vorgehen Bern's in einer seiner schönsten Hoffnungen und Bestrebungen, die eidgenössische Hochschule zu erhalten, beeinträchtigt und gekränkt. Die Presse würdigte in oft leidenschaftlich gehässiger Weise die junge Anstalt herab. So sagte ein Schweizer in der « Allgemeinen Halle'schen Literaturzeitung »: « Aus Eifersucht gegen *Zürich* trat *Bern* dem Plane (einer eidgenössischen Hochschule) nicht bei; so war Zürich genöthigt, seine eigene Hochschule zu stiften; Bern, abermals aus Eifersucht, gründete eine zweite, obgleich dieser Kanton, wegen Mangel an reiner Achtung für die Wissenschaft, ein ganz unwirthbarer Boden für die Musen ist und die Wissenschaften nur zu Knechtesdiensten für die Politik gebraucht werden, wie die Erfahrung gezeigt hat. » Wir begreifen daher, dass der akademische Senat erst im Juni 1836 unter dem Rektorate von Fr. W. Vogt den auswärtigen Universitäten von der Eröffnung der Hochschule Kenntniss gab mit dem Wunsche gegenseitigen Verkehrs. Die meisten Universitäten erwiderten diese Mittheilung in freundlicher Weise, Zürich durch ein verbindliches Schreiben aus der Feder des edlen Orelli. Der Verkehr mit den Schwester-Anstalten war von dieser Zeit an ein stets zunehmender und reicherer; insbesondere in Beziehung auf den Austausch akademischer Schriften, die Theilnahme an den Jubiläen einzelner Uni-

versitäten und hervorragender Gelehrten und die Ertheilung der Doktorwürde honoris causa. Eine brennende Frage bildete die *Forderung der Maturität* als unerlässliche Eintrittsbedingung in die Hochschule. Die möglichst weit gestellten Anforderungen für den Eintritt hatten namentlich der juristischen
Fakultät eine grosse Anzahl Studirender mit mangelhafter Vorbildung zu-
geführt. Man machte geltend, die Anforderungen klassischer Vorbildung
vertrügen sich nicht mit der auf das Prinzip der Volkssouveränetät gegründeten Republik, es sei dem Ermessen eines Jeden zu überlassen, ob
er mit der von ihm erworbenen Vorbildung mit Erfolg an der Hochschule
studiren könne, — man müsse erst das gesammte Schulwesen stufenweise
organisiren, ehe man an Jeden die höchsten Forderungen wissenschaftlicher
Vorbildung stellen könne, die Anstalt sei für das ganze Land und es hiesse
eine grosse Anzahl der oft begabtesten Jünglinge der ländlichen Bevölkerung ausschliessen, — die Hochschule selbst werde namentlich durch die
philosophische Fakultät die vorhandenen Mängel ausgleichen, und zudem
seien die Anforderungen für die Maturität zu hoch gestellt und bei der
Bevorzugung der alten Sprachen zu einseitig. Neuhaus, der, wie Munzinger
bemerkt, anerkannte, dass die demokratische Staatsordnung, die Jedem den
Zutritt zu den höchsten Aemtern offen hält, der Pflege der Wissenschaft
am meisten bedürfe, wenn nicht statt der Intelligenz der Rusticismus das
Regiment führen solle, erkannte, dass es erst langjähriger Entwicklung des
gesammten Schulwesens bedürfe, die neue Zeit aber neue Leute nöthig habe
und diese der Gesammtheit des Volkes zu entnehmen seien. Die Hochschule selbst that, was sie konnte, um dem Uebelstande abzuhelfen oder
ihn doch zu mildern; die philosophischen Hörsäle waren von wissens-
durstigen jungen Männern besucht, welche die Lücken ihrer Bildung aus-
zufüllen suchten; der Fleiss war meist musterhaft, und es fehlte auch nicht
an Lehrern, welche sich im Privatverkehr der akademischen Jugend an-
nahmen. Senat und Behörden beschäftigten sich öfter und eingehend mit
dem Gegenstande; selbst im Grossen Rath wurde der Antrag erheblich erklärt, eine Zeitfrist zu bestimmen, in welcher die Vorschrift des Gesetzes
über die Legitimation zur Aufnahme in die Hochschule (Maturität) in
Kraft trete. Auch das höhere Gymnasium litt unter dem erwähnten
Uebelstande, nicht dass dasselbe sein Pensum herabgesetzt hätte, allein
der Besuch dieser Anstalt war ein spärlicher, durchschnittlich kamen auf
die drei Klassen nur dreissig Schüler, von welchen jährlich ungefähr zehn,
meist Theologen, mit dem Zeugniss der Reife zur Hochschule abgingen. Welche
Förderung des wissenschaftlichen Geistes eine tüchtige Gymnasialbildung

gewähre, das zeigte sich bald an den Leistungen der Juristen und Mediziner, welche das Zeugniss der Reife erworben; wir erwähnen aus jener Zeit u. A. nur Männer wie die Juristen A. Renaud und Emil Vogt, die Mediziner Dr. Bourgeois, C. Vogt, Dr. Jonquière, Professor Rütimeyer und von Gumoëns, die Geschichtsforscher Eduard von Wattenwyl und B. Hidber. den Mathematiker Schläfli, den Naturforscher Brunner. — Die Behörden schlugen nun den Weg ein, dass sie auf grössere Forderungen und Leistungen in den Staatsprüfungen, namentlich auch in Beziehung auf die wissenschaftliche Vorbildung, drangen, und erreichten denn auch, wie wir später ausführen werden, allmälig das langersehnte Ziel.

Wir können ferner nicht verhehlen, dass in Beziehung auf die *Leitung der Anstalt* und namentlich die Handhabung der Disziplin und die Behandlung der Lehrer die Anschauungen und Traditionen der Kuratel der frühern Akademie bei allem Wohlwollen doch öfter in kleinlicher, die Freiheit und Männerwürde verletzenden Form sich geltend machten. Zwar konnten das Erziehungs-Departement und der Regierungsrath glauben, sie hätten die bestehende Gesetzgebung über die Niederlassung von Fremden möglichst gemildert, wenn am 23. Januar 1835 beschlossen wurde: Jeder fremde Professor habe entweder einen seine heimatliche Staats- und Gemeindeangehörigkeit garantirenden Heimathschein oder in dessen Ermangelung 800 Franken zu erlegen oder ein bernisches Bürgerrecht zu erwerben; auch schien es nur konsequent zu sein, wenn der Antrag des Regierungsrathes an den Grossen Rath auf jährliche Bestätigung sämmtlicher Beamten auf alle Professoren der Hochschule ausgedehnt wurde. Und wenn auch dieser Antrag auf eine gründliche Beschwerdeschrift des Senates hin (d. d. 3. März 1835) vom Grossen Rathe mit einer Mehrheit von zwei Drittel Stimmen verworfen wurde, so mussten doch solche Vorkommnisse beunruhigen und verletzen. Nicht weniger, wenn der Senat einen « ernsten Verweis » erhielt, wegen des in einer von Kortüm abgefassten Beschwerde über missbräuchliche Benutzung der Aula gebrauchten « auffallend ernsten Tones » der Behörde gegenüber, wenn er, gemahnt, strengere Disziplin den Studirenden gegenüber zu handhaben, der Ansicht war, dass es nicht in seiner Kompetenz liege, Vorfälle ausserhalb der Hochschule in den Bereich seiner Strafbefugnisse zu ziehen, oder wenn auf blossen Stadtklatsch hin der Senat einige seiner Mitglieder, welche bei einem Studentenfest im goldenen Adler bis 5 ja 6 Uhr Morgens ausgeharrt, zur Rechenschaft ziehen sollte, und als die Betreffenden sich gerechtfertigt, dass sie im Interesse der Studirenden das Opfer gebracht, bei der durchaus anständigen, wenn auch sehr belebten Feier auszuharren, nicht nur dem Senat bedeutet wurde, dass man « solche Opfer » nicht verlange, ja missbillige, sondern auch die « Schuldigen », nämlich Männer wie Troxler, Kortüm und Snell, noch besonders gemassregelt und vor Neuhaus geladen wurden, um ernste Vorstellungen entgegenzunehmen.

Oefter wurde der Senat aufgefordert, die aufgeregten Studenten zu beschwichtigen, und diese wurden hin und wieder streng und selbst mit Relegation gestraft, wo der Senat mildernde Umstände geltend machte. So erinnern wir uns an einen Auftritt aus dem Sommer 1842, welcher damals viel Aufsehen erregte. Ein harmloser Student hatte auf dem Wylerfeld den Uebungen eines Bataillons zugesehen und auf Provokation von Soldaten hin sich einige Witzworte erlaubt. Er wurde niedergeschlagen, gefesselt wie ein Verbrecher durch die Stadt zur Hauptwache geführt und dort eingesperrt. — Die durch diese Rohheit empörten Studenten wollten den Gefangenen befreien und stürmten die Hauptwache, wenn auch ohne Erfolg; stellten sich dann in ihrer Aufregung auf dem « Ständli » auf, und als das Bataillon dort vorüberzog, pfiffen sie dasselbe aus. Die Milizen stürzten sich mit gefälltem Bajonett auf die Studenten und verwundeten einige. Hierauf grosser Lärm, — Versammlungen der Academia und des Senates; das Erziehungs-Departement verlangt strengste Bestrafung, die Schuld wird nur auf Seite der Studirenden gesucht, — die « 40,000 Bajonette » waren verletzt worden. Die Studenten werden in die Aula citirt; ihr Sprecher erzählt einfach den Sachverhalt; der Rektor Demme spricht ernste, aber freundliche Worte. Man glaubte die Sache abgethan. Allein während gegen die schuldigen Militärs keine Untersuchung stattfand, wurden die Studenten einer eingehenden gerichtlichen Prozedur unterworfen und eine grosse Anzahl mit Gefängniss, Verbannung und Geldbussen bestraft. Nun verlangt das Erziehungs-Departement noch Relegation der Schuldigsten und scharfe Verweise an jeden Einzelnen der Bestraften. Den Bemühungen des Senates, der die Unbilligkeit des Urtheils betont, gelingt es, wenigstens die strengste Strafe abzuwenden, während das Obergericht auf Appellation hin die über den am meisten Compromittirten verhängte Strafe wesentlich herabsetzt.

Oefter wurde in die Disziplinarbefugnisse des Senates eingegriffen und dem Rektor und Senat zugemuthet, disziplinarische Strafen auszuführen, welche, ohne Verständigung mit denselben, das Departement verfügt hatte. Und handelte auch die Behörde pflichtgemäss und im Interesse der Hochschule, wenn sie streng gegen die willkürliche Verlängerung der Ferien, gegen die hin und wieder vorkommende Ankündigung einer zu geringen

undenzahl für die Vorlesungen einschritt, so verletzte doch die herbe
rt, wie dieses Einzelnen gegenüber geschah. Insbesondere nahm der
:nat Anstoss an der willkürlichen Herabsetzung der Besoldung des Herrn
rofessors von Tscharner von 1600 auf 1000 Fr., weil derselbe weniger
.unden docire, als er übernommen, woran er nicht Schuld trug.

Es war aber besonders die unmittelbare oder mittelbare *Theilnahme*
1 den heftigen *politischen Parteikämpfen*, welche der Hochschule neben
:m Vorwurf, dem Regierungssystem dienstwillige « Handlanger » zu
ressiren, den andern zuzog, gegen den Staat und seine Behörden zu
;itiren.

Bern hatte die flüchtigen Polen gastfreundlich aufgenommen; auch
ne Anzahl deutscher Flüchtlinge hatten hier Aufnahme, einige derselben
nstellung gefunden; der Führer des jungen Italiens, Mazzini, wurde eben-
Jls geduldet. Die auswärtigen Mächte, welche der Regeneration der
chweiz feindlich gesinnt waren, verlangten die strengsten polizeilichen
lassregeln. Bern stand energisch für das Asylrecht und die Ehre des
aterlandes ein. Allein schon der verunglückte Savoyer Zug, dann die
ersammlung deutscher Handwerker im « Steinhölzli » (27. Juni 1834),
elche die Landesfähnchen der einzelnen deutschen Staaten, die sie auf-
esteckt, ausgerissen, zusammengeworfen und über dieselben die Fahne des
inen Deutschen Reiches geschwungen hatten unter aufregenden Reden und
em Absingen die Reaktion verhöhnender Lieder, hatten feindselige, be-
>nders gegen Bern gerichtete Noten zur Folge, welche kategorisch und
rohend strenge Massregeln und Ausweisung der Flüchtlinge verlangten.
)ie Angelegenheit führte in der denkwürdigen Versammlung des Grossen
laths vom 2. März 1835 zu den heftigsten Debatten. Forstmeister *Kast-
ofer*, auch an der Hochschule als Lehrer der Forstwissenschaften thätig.
tellte den von Fellenberg, Stettler u. A. unterstützten Antrag, von der
legierung Bericht über die Lage des Vaterlandes gegenüber den An-
nassungen der fremden Mächte nebst Vorlage der diplomatischen Akten-
tücke zu verlangen. Dieser Antrag wurde aufs heftigste in volksthümlich
ueisterhafter und leidenschaftlicher Rede bekämpft von Hans Schnell,
velcher mit seinem Bruder Karl Schnell Hauptträger der neuen Bernischen
itaatsverfassung war und bisher in den festen, wenn auch etwas heraus-
ordernden Ton den Zumuthungen der Mächte gegenüber mit eingestimmt
iatte. An der Gründung der Hochschule unter den Ersten betheiligt,
iprach er sich u. a. in gehässigster Weise gegen die an der « neugestifteten
3erner Hochschule oder sonst angestellten deutschen Metaphysiker und

Hohlköpfe » aus. Er siegte mit 153 gegen 36 Stimmen und es war für
die nächste Zeit die Politik der sogenannten « Burgdorfer oder Schnellen-
Partei » massgebend. Der früheren Schönthuerei mit den Flüchtlingen
folgte jetzt Fremdenhass und Flüchtlingshetze und nach aussen Demüthigung auf Demüthigung.

Das gehässigste Verfahren wurde gegen *Prof. Dr. L. Snell* eingeschlagen.
Derselbe war aus Deutschland vertrieben nach Zürich gekommen, hatte das
Bürgerrecht von Küssnacht erhalten und sich um die Regeneration und
insbesondere um die Volksbildung verdient gemacht. Von den Führern
der liberalen Partei geachtet, hatte er als Lehrer und Schriftsteller sich
in Zürich und dann in Bern an der neuen Hochschule einen geachteten
Namen erworben. Er trat grundsätzlich für eine Bundesreform ein, sprach
sich entschieden gegen die Anmassungen der Mächte aus, warnte aber vor
Unternehmungen der Flüchtlinge und wollte die schweizerische Neutralität
gewahrt wissen. Allein sein unabhängiger Sinn erregte Anstoss; er wurde
am 22. Juli wegen «hochverrätherischer Umtriebe» in Haft und Untersuchung
gezogen, musste aber den 3. August wegen « Mangel an Verdachtsgründen »
wieder frei gelassen werden. Er verlangte hierauf ein richterliches Urtheil.
und obgleich die Regierung auf den Antrag des diplomatischen Departements ihn abzuberufen nicht eintrat, fühlte sich Snell in seinem Rechts-
und Ehrgefühl so verletzt, dass er seine Entlassung verlangte und diese
nicht nur erhielt, sondern, obgleich er Schweizerbürger war, und trotz der
Verwendung von Zürich, (den 14. Okt. 1836) aus dem Kanton Bern verwiesen wurde. Dieser Vorfall berührte die akademische Lehrerschaft aufs
schmerzlichste. Dazu kam, dass das Erziehungs-Departement in einem
besondern Schreiben an den Senat, welches allen Docenten mitgetheilt
werden sollte, die in letzter Zeit von öffentlichen Blättern ausgegangenen
Entstellungen und Verdächtigungen regierungsräthlicher Beschlüsse und
Schritte in Betreff der Flüchtlinge rügt, die unbedachtsame und leidenschaftliche Theilnahme einer Anzahl Studirender an dem bittern und ver-
läumderischen Ton mehrerer Zeitungen ernstlich missbilligt, den Rektor
beauftragt, die Studirenden über den wahren Sachverhalt zu unterrichten.
nach Kräften für den ungestörten Fortgang der Studien, für Ruhe und
Ordnung zu sorgen und unter anderm beifügt : « Dass das Gesetz auch auf
einen Professor der Hochschule in Anwendung gebracht worden sei, welcher
in starkem Verdacht hochverrätherischer Unternehmungen steht, wird wohl
kein Bürger einer Republik tadeln wollen. »

Den 15. Okt. 1836 beschloss sodann der Senat einstimmig — auch die
politischen Gegner im Senat achteten den verfolgten Mann — an Herrn

٫ Snell eine Beileidsadresse *) zu erlassen, welche das innige Bedauern
es Senats ausspricht, an Snell ein ebenso tüchtiges Mitglied als einen
reftlichen Mitarbeiter an der Ausbildung einer hoffnungsvollen Jugend zu
erlieren. Wie tief die Ausweisung von L. Snell verletzt hatte, das sollte
ie Hochschule noch 1840 durch den Weggang eines ihrer hervorragenden
٫ebrer erfahren. Prof. Fr. Kortüm hatte einen Ruf nach Heidelberg erhalten.
Jas Erziehungs-Departement bot Alles auf diesen hochverdienten Gelehrten,
er durch seine Geschichtsvorträge zahlreiche Schüler aus allen Fakultäten
ın sich sammelte, Bern zu erhalten. Allein Kortüm machte sein Bleiben
avon abhängig, dass die Kränkungen der einzelnen Professoren aufge-
oben würden, namentlich Herr von Tscharner seine ganze Besoldung
ieder erhalte und die gegen Herrn Prof. Ludw. Snell ausgesprochene
'erbannung zurückgenommen werde — Bedingungen, auf welche die Behörde
icht eintreten konnte.

Die Schnell'sche Partei hatte ihre liberalen Grundsätze nicht aufgegeben.
٫lle waren darin einverstanden, dass das provokatorische Verhalten der
'lüchtlinge als Verletzung des Asylrechtes nicht geduldet werden dürfe,
llein während jene mit dem Ausland beinahe um jeden Preis im Frieden
:ben und die politische Thätigkeit auf die Reform im Innern des eigenen
٫andes einschränken wollte, verlangte die « nationale Partei » energische
Vahrung der Ehre und Unabhängigkeit des Landes. Das nationale Ehr-
efühl war tief verletzt durch das übermüthige und herausfordernde
Jenehmen des französischen Gesandten, des Herzogs von Montebello, der
ıstruirt das ·Juli-Königthum bei den legitimen Mächten durch Massregeln
.egen die Schweiz in Kredit zu bringen, sich in Bern gebehrdete, als wäre
ie Schweiz eine Provinz Frankreich's. Die geheime Unterstützung der
ʿnruhen im Jura, die Drohungen wegen der Badener-Konferenz-Artikel,
٫er berüchtigte « Conseil-Handel », die von Frankreich verhängte Grenz-
perre (1836), der « Louis Napoleon-Handel » (1838), Kriegsdrohungen und
vorbereitungen und der von Uebermuth und Hochmuth strotzende, die
ıchweiz herabwürdigende Tagesbefehl des Obergenerals der in Lyon
 usammengezogenen französischen Armee, — diess Alles empörte das durch
٫o viele Demüthigungen schwer gekränkte Nationalgefühl, — die « *nationale*
Partei » in der Schweiz gewann stets grössern Einfluss, und auch der
Ìrosse Rath von Bern ertheilte den *24. Sept. 1838* trotz aller Gegen-
:emühungen der Gebrüder Schnell mit 106 gegen 104 Stimmen den Tag-
atzungsgesandten eine Instruction im Sinn energischer Abweisung der

*) Senatsprotokoll I., p. 30, 39, 100.

Zumuthungen der französischen Regierung. Die Gebrüder Schnell dan
ab, Neuhaus trat an die Spitze der Regierung und mit ihm ein Mann,
schlossen und fähig die Würde der Republik zu wahren und der auswärt
Diplomatie, wie eines ihrer Mitglieder gestand, zu imponiren. Allein
Reibe aufregender Ereignisse war noch nicht geschlossen. Es folgten, d
die Berufung von David Strauss veranlasst, die Zürcher September-Reak
(1839), die Aufhebung der Klöster im Kanton Aargau, in Folge der d
diesen Beschluss hervorgerufenen Unruhen (1844) die militärische Ii
vention Bern's; es folgten die Siege der ultramontanen Partei in den W
städten, Freiburg, Wallis, — die Berufung der Jesuiten an die Lehran
in Luzern (24. Okt. 1844), die Bildung des Sonderbundes, der erste
der zweite Freischaarenzug (8. Dez. 1844 und 30. März 1845), in]
die zweideutige Haltung der Regierung, die Abberufung von Prof. W. $
(9. Mai 1845), weil er unmittelbar nach der Niederlage der Freischa
Volk und Soldaten aufgefordert haben sollte, eigenmächtig nach Luzern
ziehen, auch sonst durch sein Verhalten trotz ernster und öfterer
warnungen Aergerniss gegeben und auf die Studirenden einen unheilvc
Einfluss ausgeübt habe. Es folgte schliesslich in Bern der Sieg der d
Snell gestifteten « jungen » Schule, der Sturz der einst so mächt
Regierung und die Annahme der durch einen Verfassungsrath berathe
neuen Verfassung (31. Juli 1846).

In diesen Kämpfen hatte sich ein rücksichtsloser, oft wilder und r
Parteigeist ausgebildet, der alle Verhältnisse durchdrang und zersetzte,
auch die Hochschule, Lehrer und Studirende in zwei Lager schied.
nachtheiligen Einflüsse desselben auf die Hochschule und ihren Hauptzv
hat uns anschaulich, wenn auch in düstern Farben, *Prof. Fr. Ris* in se
bei der fünfundzwanzigjährigen Jubiläumsfeier gehaltenen Rektorats
(1859) geschildert. « Die grosse Mehrzahl der Hochschullehrer hatte
in der Ueberzeugung, dass ihre Bestimmung und Aufgabe sei, mitte
durch wissenschaftliche Bildung der Jugend auf das Volk zu wirken,
der nationalen Opposition gegen die Regierung fern gehalten. Trotz
konnte sie es nicht vermeiden, innerhalb der Hochschule in vielen Fi
in Opposition gegen jene nationale Opposition zu gerathen; die Lei
schaftlichkeit auf der einen rief die Leidenschaftlichkeit auf der an
Seite hervor. Das Gesetz der Kollegialität, die Ansicht des Kollegen
freie, redliche Ueberzeugung zu achten, war nur zu sehr bei Seite ges
freie redliche Ueberzeugung gestand einer dem andern nur zu, wen
mit ihm übereinstimmte. Die aus vollster Ueberzeugung hervorgeh
Opposition ward als politische Turbulenz, als Ehrgeiz und Herrschsu

lie Abneigung gegen die Mittel und das Verfahren der Opposition als Servilität gegen die Regierung, als Rückläufigkeit gebrandmarkt. Das collegialische Leben und Zusammenwirken litt schwer unter dieser Spaltung die erst *intra parietes* zu Zerwürfnissen und ärgerlichen Auftritten führte, zegen das Ende dieser Periode aber auch zu gegenseitigen gehässigen Anfeindungen und Verunglimpfungen in der Presse überging.

Unter solchen Umständen kann es nicht Wunder nehmen, dass trotz ihrer unleugbaren Leistungen und Verdienste doch Aller Herzen sich von unserer Hochschule abwandten. Beide Parteien waren gleichmässig erbost über die Hochschule, die Konservativen, weil sie dieselbe als das trojanische Ross ansahen, aus dessen Bauch die geharnischten Männer der « jungen Schule » ausgeschlüpft seien zum Umsturz der bestehenden Ordnung; die Radikalen, weil sie die Anstalt für baar an allem republikanischen Sinn und für den Sitz politischer Rückläufigkeit hielten. »

Fügen wir noch bei, dass der Gegensatz von *Stadt* und *Land* sich nicht bloss in den geselligen Verhältnissen der Studirenden geltend machte, sondern auch darin, dass die Stadt Bern der Hochschule wenig Interesse schenkte.

Während Basel und Zürich ihre Hochschulen werth hielten und für dieselben opferwillig einstanden, sah Bern die seinige als eine der Stadt fremde und durch ihre Theilnahme an den politischen Kämpfen unbequeme und selbst gefährliche Staats- und Regierungsanstalt an. Wohl liess man die einheimischen Lehrkräfte gelten, auf den ausländischen lastete das Odium, dass sie hier fremd seien. Wohl gestattete man die Benutzung der Bibliothek und der Museen, allein zu einer aufrichtigen Sympathie und einem opferfreudigen Interesse brachte man es nicht.

Auch im Grossen Rath bildete sich eine ungünstige Stimmung. Man verlangte einen eingehenden Bericht über die Hochschule, Beschränkung der Anstellungen auf das Nothwendigste, Beschränkung des Eintritts in die Hochschule (4. März 1839). Im Jahr 1842 wurde eine Motion von 10 Mitgliedern erheblich erklärt, der Regierungsrath möchte den Werth der über einzelne Hochschullehrer umlaufenden ungünstigen die Anstalt compromittirenden Gerüchte untersuchen. Im Hintergrund drohte ein Antrag auf Aufhebung. Der Senat beschäftigte sich in erregten Sitzungen mit den die ganze Anstalt gefährdenden Zeitungsartikeln, welche einzelne Kollegen in schimpflichster Weise denunzirten (29. Okt. 1842). Wie mochte in diesen Zeiten gerade den besten Freunden der Hochschule so oft der Muth entsinken ! »

Und doch wurde das Panner hochgehalten. In diesen Kämpfen bestand die Hochschule ihre Feuerprobe und stählte ihre Kraft, dass sie in noch verhängnissvollerer Zeit aufrecht blieb. Bei aller bureaukratischen Leitung der Behörde und selbst bei allen Missgriffen derselben suchte sie stets das Beste der Anstalt und vertrat dieselbe kräftig gegen feindselige Angriffe in den Behörden und der Presse, so u. a. in der Beantwortung der « *Goldbacher Adresse* », welche über den sittlichen Geist der Hochschule die schwersten Anschuldigungen veröffentlicht hatte (1836). Dass die Erziehungsbehörde zuweilen in gereizter Stimmung handelte, ging aus dem unbehaglichen Gefühle hervor, dass ihre besten Absichten von Denen verkannt wurden, die sie schützen wollte, und dass es ausserordentlich schwer halte, reizbare Gelehrte, die so leicht ihre persönliche Würde verletzt glauben, im Sinne des Gesetzes und der Staatsbehörden zu leiten. Ein Zeugniss des Interesses für die Hochschule ist u. a. der ruhige, sachliche, die Leistungen freudig anerkennende Bericht über den Gang der Hochschule von ihrer Gründung an, welchen das Erziehungs-Departement in Folge Auftrags des Grossen Raths den 12. August 1839 dieser Behörde erstattete, um unbegründete Anschuldigungen zu entkräften. — Die Docenten lebten fast alle mit Treue, Liebe und Erfolg ihrer Pflicht; sie waren der Anstalt anhänglich, und zwar nicht bloss. weil ihnen dieselbe eine wenn auch bescheidene, so doch gesicherte und ehrenvolle Existenz und Wirksamkeit bot, sondern aus Liebe für dieselbe. Nichts konnte sie tiefer kränken, als wenn sie etwa bei dem Bankett der Hochschulfeier von hochgestellten Männern Anspielungen auf den « Quartalzapfen » und andere taktlose Bemerkungen hören mussten, so dass der Senat beschloss, den 15. November 1839 kein Bankett zu veranstalten. — Gelehrte wie *Schneckenburger*, der nach Rostock, *Valentin*, der nach Utrecht, dann nach Tübingen, *Demme*, der nach Jena berufen worden war, zogen es vor, in ihrer bescheidenen Stellung in Bern zu verbleiben, selbst *Kortüm* kam es schwer an, fortzuziehen. Bei allen Reibungen fehlte es nicht an Collegialität und intimen freundschaftlichen Verhältnissen. — Die Studirenden verhielten sich gegen die Lehrer sämmtlicher Fakultäten höflich und achtungsvoll und gaben denen, welchen sie näher standen, oft Beweise der Pietät und Dankbarkeit. Trotz der Excesse und Rohheiten Einzelner, der steigenden politischen Aufregung Aller waren die Meisten sittlich gesunde junge Männer, fleissig, lernbegierig, strebsam, frisch und fröhlich. Bei einem Ständchen, welches dem Dichter Uhland bei seiner Durchreise gegeben wurde, sagte dieser u. a.: « Es sei ein gemeines Sprüchwort: Jugend hat nicht Tugend. Dass die hiesige akademische Jugend ihm eine Ovation bringe, sehe er an als eine Ovation für das, was er als das Höchste des Jünglings und des Mannes besungen, als frische Begeisterung für alles Edle und Schöne und für opferbereite Männertreue, die auch im Alter jung und frisch erhalte, und diese Kundgebung sei ihm ein Beweis, dass die Jugend Tugend, dass die Berner Jugend Tugend habe.» — Und obgleich die politischen Grundsätze und Parteien in der Zofingia und der Helvetia schroff einander gegenüberstanden, so verständigte man sich in der Academia, führte das Ganze betreffende Entschliessungen gemeinsam aus, feierte gemeinsam und meist in Eintracht die Hochschulfeste, ja tagte öfter in demselben Haus, die Einen oben, die Andern unten, ohne Konflikt und höchstens erstaunt über den genialen Unsinn, die himmelstürmenden oder philisterhaften Reden von hüben und drüben. — Und in welch allgemeiner Hochachtung aller Stände und Parteien ein um die Hochschule, die Wissenschaft, die Jugend und das Vaterland hochverdienter Mann stand, welche Anerkennung dem edlen, grossen Charakter und dem begeisterten, unentwegten Wahrheitszeugen gezollt wurde, das zeigte das grossartige Leichenbegängniss des Professors *Samuel Lutz*, an welchem, unter dem Geläute der Münsterglocken, Behörden und Volk, Stadt und Land, Kirche und Hochschule in tiefer Trauer theilnahmen (25. September 1844).

Allein auch für die *gesammte Kulturentwicklung und die geistige und materielle Wohlfahrt* des Volkes hatte die Wirksamkeit der Hochschule bereits in diesem ersten Zeitraum bedeutende Erfolge aufzuweisen. Die Pflege der Wissenschaft hatte eine Stätte gefunden und von dieser aus allgemeinere Verbreitung und nachhaltigen Einfluss. Aus der Hochschule gingen frische Lehrkräfte hervor, die sie selbst herangezogen. — So finden wir als Docenten in der theologischen Fakultät 1845 *R. Rüetschi*, in der juristischen Fakultät *E. Vogt* und *A. Renaud* (seit 1842), in der medizinischen Fakultät Dr. *Carl Emmert*, Dr. *W. Emmert* (1836), *C. Vogt*, Dr. *J. Wyttenbach* (1841), Dr. *Lüthy* (1841), Dr. *Theod. Hermann* (1843), in der philosophischen Fakultät Dr. *Fr. Ris* (1843) und den Mathematiker *Blaser*.

Im Volke war dem geringsten begabten Jüngling der Weg zu einem wissenschaftlichen Beruf geöffnet, dem Lande wurden durch eine grosse Anzahl von tüchtigen, gebildeten Geistlichen, Anwälten, Beamten, Aerzten, Lehrern, durch ihre Berufs- und gemeinnützige Wirksamkeit die Opfer reichlich gelohnt, die es für die Hochschule brachte, — und wurde auch in dieser Periode das Schulwesen noch nicht organisch geordnet, so hatten doch die Lehrerseminare, die Mittel- und Volksschulen an der Hochschule einen höhern geistigen Halt, von welchem Impulse ausgingen und welchen sie zustrebten. Zudem war Bern mit seiner Hochschule in die grosse internationale Republik wissenschaftlicher Kultur eingetreten.

So waren allerdings die bei der Gründung ausgesprochenen idealen Ziele nicht erreicht, die hochgespannten Erwartungen lange nicht erfüllt allein der Weg zum vorgesteckten Ziele war betreten, das Streben nach dem Vollkommenen geweckt. Und ist das Vollkommene nur in Gott — und alles Menschliche unvollkommenes Stückwerk, so ist doch das Streben nach dem Vollkommenen das Edelste, was den Menschen adelt und ihn über seine natürlichen Schranken erhebt. Dieses Streben belebte von Anfang an die Berner Hochschule und ist ihr Lebensgeist geblieben bis auf diesen Tag.

Zweite Periode.

Die Zeit der Krisis.

1846—1854.

Die Staatsverfassung vom 31. Juli 1846 setzte an die Stelle des Departemental- das Direktorial-System. Statt des Erziehungs-Departements leitet ein Mitglied des Regierungsrathes das gesammte Schulwesen als Erziehungs-Direktor. Zugleich wurde grundsätzlich die Leitung des Kirchenwesens von der Leitung des Schulwesens getrennt.

In § 81 der Verfassung werden die grundsätzlichen Bestimmungen über das Unterrichtswesen aufgestellt: die Hochschule ist in dem allgemeinen Satz mit inbegriffen: «Der Staat sorgt auch für den höhern Unterricht». Von dem Verbot lebenslänglicher Anstellungen werden in § 15 die geistlichen und die Lehrerstellen ausgenommen. Dagegen erklärt § 9 des Uebergangsgesetzes: «Alle öffentlichen Stellen unterliegen in Folge der Einführung der neuen Verfassung der Wiederbesetzung.» Dass diese Bestimmung auch die Hochschullehrer treffe, konnte kaum zweifelhaft sein.

Eine geistreich und pikant geschriebene Flugschrift über die Stellung der Hochschule in der Republik mit besonderer Berücksichtigung der Verhältnisse im Kanton Bern (1846) gab in rücksichtsloser Weise den Stimmungen und Anschauungen Ausdruck, welche in den herrschenden Kreisen über oder vielmehr gegen die Hochschule verbreitet waren. Weg mit dem alten Zopf und seinen Trägern! Neue, geistig frische, grundsätzlich radikale Lehrkräfte an die Stelle der veralteten, verbitterten, reaktionär und dumm gewordenen! ist der Grundton, welchen man — bei vielen berechtigten Urtheilen — durch die ganze Schrift durchhört. Dass die Behörden diese Ansicht theilten, ging aus dem Beschluss des Regierungsrathes hervor, die Hochschule zu reorganisiren und dem Grossen Rath ein revidirtes Hochschulgesetz vorzulegen. Zu diesem Zweck wurde bereits im Januar 1847 eine besondere Kommission niedergesetzt, der Entwurf dem Senate mitgetheilt und von diesem gründlich berathen und mit Verbesserungs-Anträgen, Gutachten und Desiderien der Behörde wieder zugestellt. Den 12. Januar 1848 fand im Grossen Rath die erste Berathung dieses Entwurfs statt. Die periodische Wahl der Hochschullehrer wurde erheblich erklärt.

Mit Ausnahme dieser Bestimmung enthielt der Entwurf wenig Neues: es wurde eine fünfte, « die polytechnische » Fakultät, und eine Studien-Kommission als Aufsichtsbehörde in Aussicht genommen.

Das Gesetz kam nie zur zweiten Berathung. Gleichwohl war durch den von den Behörden angenommenen Grundsatz der Wiederbesetzung aller öffentlichen Stellen, und zwar auch der Lehrstellen der Hochschule, und der periodischen Wahl über die Hochschule ein Provisorium verhängt, welches sie in ihrer Thätigkeit lähmen musste.

Auch die andern Reorganisationsversuche im Schulwesen hatten keinen Erfolg.

Unter den Gesetzen, welche *unverzüglich* zu erlassen seien, nennt die Verfassung auch das Gesetz über die Organisation des Schulwesens. Der Erziehungs-Direktor J. Schneider, früher Vicepräsident des Erziehungs-Departements, ein um das Volksschulwesen hochverdienter Mann, voll des besten Eifers, brachte im Juli einen Gesetzesentwurf vor den Regierungsrath, der aber wenig Anklang fand. Missmuthig über die undankbare Sisyphus-Arbeit, überliess Schneider die Erziehungs-Direktion einer jüngern Kraft. Allein auch der von gewiegten Fachmännern berathene Entwurf (vom 17. September 1849) seines Nachfolgers, des Regierungsrathes Imobersteg, fand wohl Zustimmung, allein der Grosse Rath beschränkte sich auf die Niedersetzung einer Kommission zur Prüfung desselben. Zwar hat die Regierung dieser Periode die Durchführung der in der Verfassung niedergelegten Grundsätze energisch angestrebt, entschieden und erfolgreich war ihre Theilnahme an der Auflösung des Sonderbundes und der Umgestaltung der Eidgenossenschaft zum Bundesstaat, — allein sie hatte im Innern mit den misslichsten Verhältnissen zu kämpfen. Die Aufhebung der Feudaleinkünfte, die Ausführung kostspieliger Strassenprojekte, welche theilweise bereits von der vorhergehenden Regierung beschlossen worden waren, die durch den Sonderbundskrieg verursachten grossen Militärkosten hatten einen Rückgang des Staatsvermögens von mehr als drei Millionen zur Folge. Man war genöthigt, direkte Steuern einzuführen, an welche das Volk nicht gewöhnt war. Die Erwartung finanzieller Erleichterungen war nicht erfüllt worden, die Armenreform war unbefriedigend gelöst, das gesammte Schulwesen und mit demselben alle Lehrer in einem provisorischen Zustande, der viele entmuthigte und verbitterte. Und zu all diesem Zündstoff ein leidenschaftlicher Parteikampf mit allem Gift persönlichen Hasses, politischer Ketzerriecherei und Verfolgung und gegenseitiger Herabwürdigung.

Und es wurde kaum anders, als die conservative Partei im Jahre 1850 die Regierungsstühle besetzte. Zwar fehlte es nicht an Männern, welche für die Förderung wissenschaftlicher Bildung selbst Bildung und Sinn hatten und für die Hochschule und ihre Hebung eintraten. Der Führer der conservativen Partei, Regierungspräsident *Blösch*, ein glänzender parlamentarischer Redner, ein gewandter Administrator, seinem ganzen Wesen nach mehr ruhig doktrinär als leidenschaftlich, war durch Neigung, Bildung und geistiges Interesse wohlwollend gegen die Hochschule gesinnt. Dasselbe Wohlwollen finden wir bei Männern wie Lauterburg, Oberst Kurz, Bandelier und Dr. von Gonzenbach. Letzterer wurde sogar von der Erziehungs-Direktion eingeladen, mit dem Beginn des Wintersemesters 1853/54 Vorträge über « sciences politiques et économiques » zu eröffnen. Allein die agitatorisch reaktionäre Partei trat negirend gegen alle Bestrebungen auf dem Gebiete des höhern wissenschaftlichen Unterrichtes auf. « Hochschule fort! » mit diesem Feldgeschrei eröffnete der «Oberländer-Anzeiger» den Kriegszug gegen die verhasste Anstalt. So sehr dieselbe bereits in ihren Kräften und Mitteln reduzirt war, man fand sie zu reichlich ausgestattet, man hielt sie überhaupt für einen Luxus, den sich das Bernervolk ersparen könne; und obgleich die Mehrzahl der Professoren politisch gemässigter Richtung waren, so konnte man das « Deutschthum » nicht leiden und es nicht vergessen, dass einst Wilhelm Snell, « der Nassauer », die « junge Schule » gestiftet und herangezogen. Hierzu kam eine zwar durch die Verhältnisse gebotene, aber zu weit getriebene ängstliche Sparsamkeit. Die Gehalte wurden reducirt oder mit Abzügen bedacht; ja die Professoren erhielten die Weisung, ihre Vorlesungen so viel wie möglich bei Tageslicht zu halten, da durch die Abendvorlesungen zu viel Licht (Talglicht) und Lichtscheeren verbraucht würden.

Direktor Kummer hebt in seiner Geschichte des Bernischen Schulwesens (pag. 53) als bezeichnend hervor, dass in der von der abtretenden Regierung herausgegebenen « Uebersicht der Hauptergebnisse der Staatsverwaltung des Kantons Bern von 1850—1854 » nur 4 von den 129 Seitchen dieses Berichtes dem Erziehungswesen gewidmet sind, und das Hauptergebniss in dem Resultat gipfle, dass von 1847 bis 1850 das Erziehungswesen den Staat durchschnittlich 643,616 Franken gekostet, im Jahre 1853 aber nur 579,969. 45 Franken. — Diese Ersparnisse wurden fast ausschliesslich an den Seminarien und der Hochschule gemacht.

Wie in der Sechsundvierziger, so war auch in der Fünfziger Periode die « Reorganisation » der Hochschule ein Hauptsatz des Regierungsprogramms. Bereits 1850 wurde zu diesem Zweck eine Kommission gewählt. Der im September 1852 dem Regierungsrathe vorgelegte Entwurf bringt ebenfalls den Antrag der Neubesetzung aller Stellen mit « möglichster » Berücksichtigung der bisherigen Inhaber. Die Professoren sollen zu einer grösseren Stundenzahl verpflichtet werden, dafür wird das Maximum der Besoldung von 3000 Franken alter Währung auf 3000 Franken neuer Währung reduzirt: die Thierarzneischule soll von der Hochschule getrennt, von den Eintretenden ein Zeugniss der Reife verlangt, fakultative jährliche Prüfungen auf Rechnung des Staatsexamens für diejenigen Studirenden eingeführt werden, welche einem in allen Fakultäten auf drei Jahreskurse zu berechnenden Unterrichtsplane sich unterziehen.

Der Entwurf kam nicht zur Berathung, da wieder ein Wechsel in der Person des Erziehungs-Direktors eintrat. Der Nachfolger des Regierungsrathes Moschard, Regierungsrath Bandelier (13. Dezember 1852) erklärte bereits im Januar 1852 dem akademischen Senate, dass er der Hebung der Hochschule seine besondere Aufmerksamkeit schenken werde. Allein das Provisorium blieb. Ja dasselbe war unter beiden Regierungen noch verschärft worden durch die in Aussicht genommene Errichtung einer eidgenössischen Hochschule.

Die den 10. Mai mit grosser Mehrheit angenommene und den 6. November 1848 eingeführte Bundesverfassung enthielt in § 22 die Bestimmung : « die Eidgenossenschaft wird für die Errichtung einer schweizerischen Universität, einer polytechnischen Schule und für Lehrerseminarien sorgen ».

Bern war zum Bundessitz gewählt worden, und es erschien nunmehr
selbstverständlich, dass Zürich Sitz der eidgenössischen Universität
werde. Allein erst im Jánuar 1854 kam diese Angelegenheit in den eidgenössischen Räthen zum Austrag. Der Nationalrath hatte mit 59 gegen
39 Stimmen die Errichtung einer eidgenössischen Universität und eines
Polytechnikums beschlossen und Zürich zum Sitz beider Anstalten bestimmt.
Allein der Beschluss fand in dieser Ausdehnung im Ständerathe und bei
den Vertretern der romanischen Kantone nicht Zustimmung, und schliesslich
einigte man sich zur Errichtung eines Polytechnikums in Zürich. Während
dieser langen Zeit hatte unsere Hochschule unter der Aussicht auf die
neue grosse einheitliche Bundes-Universität gelitten. Und merkwürdig —
in den eidgenössischen Räthen stimmten sämmtliche radikale Vertreter des
Kantons Bern *für*, sämmtliche konservative Vertreter *gegen* die eidgenössische Universität. Letztere hatten berechnet, dass der finanzielle Beitrag
des Kantons an die gemeinsame Anstalt wenigstens eben so hoch zu stehen
komme, als die Kosten der Erhaltung der eigenen Hochschule, und zudem
mochten die Einsichtigern finden, dass mehrere Hochschulen durch ihre
konzentrirtere, wenn auch bescheidenere, Wirksamkeit nicht nur auf den
zunächst liegenden kleinern Wirkungskreis, sondern gerade dadurch schliesslich auf das gesammte Vaterland einen nachhaltigeren Einfluss ausüben
würden. Diesem Gedanken gab Prof. Immer, ein Freund von Blösch, in
seiner Rektoratsrede vom 15. November 1852 Ausdruck, indem er die
Frage: Haben wir eine eidgenössische Hochschule zu wünschen? dahin
beantwortete, dass eine solche weder in wissenschaftlicher noch in nationaler
und vaterländischer Beziehung wünschenswerth sei. Bezeichnend für die
Stimmung, welche in jener Zeit die Mitglieder und Freunde der Hochschule
beherrschte, sind die Worte Immer's am Schluss seiner Rede: « Gewiss
unsere Hochschule verdient nicht die Ungunst, sie verdient in mehrfacher
Beziehung das Wohlwollen des Volkes und die Gunst der hiesigen Behörden,
und die 80,000 Franken alte Währung rentiren sich — wenn man das
Ganze zu übersehen vermag — reichlich. Sie rentiren sich aber allerdings
nur dann, wenn die Hochschule aus ihrem gegenwärtigen gedrückten wieder
in ihren vorigen blühenden Zustand erhoben wird. Eine kümmerlich
vegetirende Anstalt freilich ist für die *Hälfte* der genannten Summe zu
theuer, aber eine *blühende* Hochschule wird, wenn sie auch *mehr* kostet als
80,000 Franken alte Währung, dem Staate reichlich Früchte tragen. —
Möge es daher unserer hohen Landesbehörde gefallen, unsere Anstalt zu
heben und vor Allem der *provisorischen Lage derselben ein Ende zu
machen*, und dieselbe als eines der nothwendigsten und heilsamsten Institute des Staates anzuerkennen. »

Zur Erschütterung der Hochschule trugen nun auch Vorgänge und Verhältnisse bei, welche mit ihr in naher Beziehung standen und in der Leidenschaft der Parteikämpfe die Situation verschlimmerten. Wir erwähnen zunächst den sogenannten « Zeller-Handel », der ein Seitenstück zum Zürcher Strauss-Handel darbieten sollte. Bereits den 13. Juni 1845 hatte das Erziehungs-Departement unter Neuhaus einen Vortrag an den Regierungsrath gerichtet über die Berufung des damaligen Tübinger Privat-Docenten Dr. Ed. Zeller auf den Lehrstuhl für neutestamentliche Exegese und biblische Wissenschaften. Die Berufung wurde der Zeitverhältnisse wegen einstweilen verschoben. Den 14. Januar 1847 sodann wurde von der sechsundvierziger Regierung Zeller definitiv berufen. Neben der « Finanz-Verschleuderung » übt bekanntlich die « Religionsgefahr » auf das Volk den mächtigsten agitatorischen Einfluss aus. Die Geistlichkeit verhielt sich im Ganzen ruhig und würdig. Allein die *evangelische Gesellschaft* liess sich durch den Mitherausgeber der « süddeutschen Warte » « die Handreichung der Liebe thun, aus den Zeller'schen Schriften die flagrantesten Stellen » zusammenzustellen, und warf diese als Flugschrift massenhaft unter das Volk, « um ein Feuer anzuzünden, — wie weit es brennt — der Herr weiss es. — » Und allerdings wurde eine gewaltige Agitation in's Leben gerufen, welche den Sturz der Regierung und eine völlige Revolution herbeizuführen schien. Da versammelte sich den 24. März 1847 der Grosse Rath, um über die Petitionen zu berathen, welche gegen die Berufung Zeller's eingelangt waren. Nach vierzehnstündiger stürmischer Debatte wurde beschlossen, die Berufung aufrecht zu erhalten. Zeller kam nach Bern, lehrte mit ausserordentlichem Erfolg, seinen damaligen Schülern heute noch unvergesslich, eine Leuchte, wenn auch leider nur kurze Zeit, für die theologische Fakultät und die Hochschule, selbst von vielen seiner Gegner geachtet. Immerhin hatte dieser Vorgang die Verstimmung gegen die Hochschule vermehrt. Die Konservativen erschraken vor den Konsequenzen des Grundsatzes der Lehrfreiheit, die Radikalen waren erbittert über den akademischen Senat, weil er die gefährdete Lehrfreiheit nicht energischer geschützt, gegen die theologische Fakultät, weil ihr Gutachten zu deutlich die Züge eines furchtsamen Doppelgesichtes trage. *)

Die Missstimmung war aber nicht bloss gegen die Hochschule als Anstalt, sondern gegen die akademische Bürgerschaft, Professoren und Studenten gerichtet. Der Mehrzahl der Professoren wurde Abneigung gegen die Staats-Verfassung und -Verwaltung, Mangel an patriotischem

---

*) Vergl. Ris, Rektoratsrede vom 15. November 1859, pag. 25—27.

Sinn, Servilismus, intriguanter Kliquengeist vorgeworfen, in der Fünfziger-
Periode sodann zu freiheitliche Tendenzen und laxe Handhabung der
Disciplin gegenüber der politisch mitaufgeregten und mitkämpfenden
Studentenschaft. Man hat, wie die Protokolle des Senates bezeugen, diesen
Männern Unrecht gethan. Mögen immerhin einige durch Charakterschwächen
harte Urtheile selbst verschuldet haben. Allein der akademische Senat
bietet uns im Ganzen das Bild mannhaften, wenn auch öfter unwilligen
Tragens der der Hochschule zugefügten Unbill, des einmüthigen und
freimüthigen Zusammenstehens in der drohenden Gefahr, des aufrichtigen
Interesses am Wohl des Ganzen und der gewissenhaften Pflichterfüllung.
Es wäre sonst nicht möglich gewesen, in so schwerer Zeit die Hochschule
aufrecht zu erhalten und unter so misslichen Verhältnissen immerhin noch
mit gutem Erfolg zu wirken. Da ruft wohl in der erregten Senatssitzung
vom 12. Februar 1848 Prof. Dr. Theile entrüstet und unter der Zustimmung
der Mehrzahl der Kollegen aus: « Die Erfahrung lehrt seit 1 ½ Jahren,
dass Vorstellungen von Seite des Senates nicht nur nicht berücksichtigt
werden, sondern meist gerade das Gegentheil bewirken. Das habe man
gesehen bei der Anwendung des Uebergangsgesetzes, bei der sogenannten
Studienkommission, bei der Oeffentlichkeit der Senatssitzungen. Es sei
Tagesordnung geworden, in den Professoren Feinde der Verfassung und der
Regierung, Jesuiten, Aristokraten zu erblicken. » Aber waren solche Aeusse-
rungen Servilismus? Oder war es Servilismus, wenn der Senat den 14. Juli 1847
einmüthig eine Rechtsverwahrung bei den Behörden beschloss gegen die
Anwendung der Bestimmungen des Uebergangsgesetzes auf die Hochschullehrer, wenn er nach dem Grossraths-Beschluss vom 14. Januar 1848 über
die Periodizität der Hochschulprofessuren wiederum einstimmig eine Eingabe
an den Grossen Rath beschloss und sodann mit 16 gegen 4 Stimmen eine
Vorstellung an diese Behörde, welche durch den Druck veröffentlicht und
den Mitgliedern des Grossen Rathes zugestellt werden sollte, in welcher
nicht bloss die Verletzung der Rechte der Einzelnen, sondern namentlich
die Gefährdung der Hochschule durch die projektirte Massregel hervorgehoben wurde.

War es Mangel an Interesse für das Wohl der Anstalt, wenn der
Senat wiederholt und dringend auf die durch das Provisorium hervorgerufenen Uebelstände aufmerksam machte, auf die Besetzung wichtiger,
seit Jahren vakanter Lehrstühle drang, in zahlreichen Sitzungen den Re-
organisations-Entwurf von 1847 berieth und in gediegener Weise be-
gutachtete? War es Charakterlosigkeit, wenn er sich nicht zum Polizei-
Büttel gegen politisch aufgeregte und compromittirte Studenten brauchen

liess und für dieselben bei der Erziehungs-Direktion entschieden und zugleich in versöhnlichem Geiste eintrat? War es intriguanter Cliquengeist wenn er das 50jährige Doctorjubiläum Troxler's festlich auszeichnete, wenn er scheidende Kollegen aufforderte, zu bleiben und auszuharren, wenn er die wieder in Amt und Ehren eingesetzten Kollegen W. Snell und Herzog — und zwar durch konservative Rektoren — in herzlicher Kollegialität bewillkommnete? Wir erhalten den Eindruck, dass die einzelnen Professoren eher durch die Selbständigkeit ihrer Ueberzeugung als Gelehrte, Männer und Bürger verletzten und dass man es im Rausche eines einseitigen Parteitreibens nicht begreifen konnte, dass diese Männer Charakter und Ueberzeugung hochhielten und sich nicht zu Bedienten und Marionetten der einen oder der andern Partei hergeben wollten.

Die Anklagen gegen die Hochschule richteten sich aber auch gegen die Studirenden; « eine Menge halbgebildeter Juristen überschwemme das Land zum Schaden desselben; die akademische Jugend nehme in agitatorischer und demonstrativer Weise Theil an der Politik und ermangle der Achtung gegen Gesetz, Sitte und Behörden; sie führe unter sich zum Nachtheil der Studien einen verderblichen Krieg, Duelle und rohe Exzesse seien an der Tagesordnung. » Und in der That waren die Studirenden andauernd in hochgradiger politischer Aufregung. Dem Regierungspräsidenten Funk wurde eine Katzenmusik gebracht, weil er bei dem sogenannten « Aepfelkrawall » (Oktober 1846) das Studentencorps aufgeboten und dann 2½ Tage consignirt gehalten; der politische Hass zwischen den Zofingern und den 1847 aus der Zofingia ausgetretenen Neuzofingern, welche später mit dem Rest der ältern Helvetia die Studenten-Verbindung Helvetia bildeten, äusserte sich in gehässigen Provokationen und blutigen Duellen; die Organe der Polizei wurden insultirt; die weissen und die rothen Mützen erschienen bei den Volksversammlungen den 25. März 1850 in Münsingen, die einen auf der Löwen-, die andern auf der Bärenmatte, und versahen im Interesse ihrer Parteien Boten- und Leibgardendienste; und als der Rektor im Auftrage der Erziehungs-Direktion die Studentenschaft vor der Theilnahme am politischen Parteikampfe warnte und von « Blasbälgen » gesprochen hatte, welche das Feuer durch Blasen zu unterhalten suchten, da erschienen bald darauf eine Anzahl Studirender mit blechernen Blasbälgen als Ordensdekoration im Knopfloch als Mitglieder der « Blasbalgia »; als ferner die fünfziger Regierung das Studentencorps wegen radikaler Offiziersvorschläge aufhob, wurde demonstrirt und als sie den Grütliverein auflöste, da bezeugte die Helvetia durch Delegirte in öffentlicher Kundgebung ihre Indignation gegen die Regierung und ihre Sym-

pathie für den Grütliverein. Die Erziehungs-Direktion aber verlangte ein Gut
achten des Senates, ob nicht die zwei Delegirten und der Antragsteller in de
Verbindung Helvetia zu relegiren seien Einstimmig wies der Senat die Insinua
tion auf Relegation ab, weil die betreffenden Studirenden zu den fleissigste
und tüchtigsten gehörten, politisch stimmfähig seien und durch Relegatio
in ihrer Laufbahn schwer geschädigt würden. Dagegen erhielten dieselbe
wegen ungeziemender Ausdrücke gegen die Regierung einen Verweis durc
den Rektor in Anwesenheit der vier Dekane, aber auch ̄der gesammte
Helvetia und ihrer Ehrenmitglieder. Und der Verweis gestaltete sich z
einer Anerkennung der patriotischen Gesinnung, welche sich aber in de
Schranken der den Behörden schuldigen Achtung zu halten habe. Einige
der Schuldigen wurden dann noch von der Erziehungs-Direktion di
Stipendien entzogen. Und wer waren diese Schuldigen? Der eine ist unse
Kollege. *Professor Dr. Trächsel*, welcher dem Kanton Bern als Raths
schreiber vorzügliche Dienste geleistet, seit 1859 an der Hochschule dozir
und seit 1878 als Professor ordinarius Philosophie und insbesondere Kunst
geschichte vorträgt, und namentlich auch als Präsident der Künstler
gesellschaft und des akademischen Kunstcomités sich durch Gründung un
Ausbildung der Kunstschule, sowie durch Förderung der künstlerische
Interessen grosse Verdienste erworben hat; der andere ist *Dr. Bühler in Bie*
welcher als Arzt, als Politiker und gemeinnütziger Bürger sich allgemeine
Achtung erfreut; der dritte war der als Arzt und Patriot geschätzt
Dr. Sulzer. Ueberhaupt würde man irren, wenn man sich die akademisch
Jugend dieser Periode als verwildert und den Studien abgeneigt vorstelle
wollte. Im Album der Hochschule finden sich gerade aus jener Zeit ein
grosse Anzahl von jungen Männern aus allen Fakultäten eingetragen
welche in verschiedenen Lebensstellungen zum Salz und Licht des Lande
gehören. Idealer und patriotischer Sinn ist dieser Generation nicht abzu
sprechen. Bereits den 1. Juli 1846 wurde in Bern ein *schweizerische*
akademischer Verein beschlossen, welcher sich zum Zwecke setzte « gemein
schaftliches Handbieten zu sittlicher, wissenschaftlicher und republikanische
Heranbildung. » Der von Professor Henne verfasste Aufruf vom 3. Augus
1846, welcher u. A. von Professor Troxler, Rud. Schärer. stud. med.. jetz
Direktor der Waldau, L. Rütimeyer, stud. med., jetzt Professor in Basel
unterzeichnet ist, wendet sich besonders gegen das aufkommende Duell
unwesen. « Wenn das Volk Zutrauen zu seiner studirenden Jugend und de
Ideen des Vereines fassen soll, ist es vor Allem nöthig. an uns selbst erns
und beharrlich zu zeigen, was wir anstreben, durch Fernehalten des unsern
Lande fremden und unsere Farbe verwischenden Burschen-Comment, de

entnervenden und von unserm Geleise ablenkenden Unmässigkeit, und,
namentlich unter den Mitgliedern unbedingt, des sogenannten Paukens.»
Der Verein war weit angelegt, er sollte alle Studirenden, Lehrer, Künstler,
ehemalige Akademiker aller Konfessionen und Kantone umfassen, «dem
Volke, den Eltern Garantie bieten gegen jede schlüpferige, moderne Moral-
und Rechtstheorie, die unserm schlichten Sinne zuwider ist; er muss allen
Ernstes den Versuch machen durch gegenseitige, treue Mitwirkung das
Schönste zu erstreben, ein durch und durch sittliches, durch Freundschaft,
gegenseitige Begeisterung und Mithilfe veredeltes, freies akademisches
Leben, das sich der Einfachheit und Tugend der Väter nicht schämt, als
Grund und Boden einer segensvollen aller Anstrengung und festen Wollens
werthen Zukunft.»

Dieser schweizerische akademische Verein war freilich von kurzer
Dauer; der Idealismus seiner alten und jugendlichen Stifter hatte sich
verrechnet an den realen Faktoren, welche die Wirklichkeit beherrschen;
allein die Idee eines solchen Vereins charakterisirt die ideale Grund-
stimmung, die ethisch patriotischen Ziele der damaligen akademischen
Jugend. — Allein auch die offiziellen Berichte erzählen manch Erfreuliches.
Beim Ausbruch des Sonderbundkrieges wurde das Studentencorps nach
Langnau beordert, um die Grenze zu decken bis zum Einmarsch der Division
Ochsenbein in den Kanton Luzern. Die Aufgabe wurde mit Patriotismus,
Geschick und unter Beobachtung ernster Mannszucht ausgeführt. Nach
vollbrachter Heimkehr war der Fleiss und die wissenschaftliche Strebsamkeit
der akademischen Milizen um so grösser und reger. Es wird ferner der
zahlreiche Besuch der philosophischen Kollegien, namentlich auch von Seite
der Juristen, rühmend hervorgehoben; gelungene theatralische und musikalische Aufführungen hatten den Zweck, bei der herrschenden Theuerung
die Noth der Armen zu lindern; man wandte sich in dringenden Bitt-
schriften an die Behörden zur Besetzung wichtiger verwaister Lehrstühle :
bei allem politischen Parteihass finden wir doch einen Zug offener Ritter-
lichkeit bei den Commilitonen. Und wie sehr die Alma mater gerade in
diesen Zeiten der Verlassenheit und Anfechtung der akademischen Jugend
an's Herz gewachsen war, bezeugen so viele rührende Beweise der Opfer-
willigkeit und Anhänglichkeit von Männern, welche in dieser Periode
studirten. Wir erinnern nur an den akademischen Verein des Oberaargau
unter Leitung des Pfarrers und Synodalpräsidenten *Ammann*; an den
neugestifteten Hochschulverein, an dessen Spitze der hochverdiente frühere
Erziehungs-Direktor und jetzige Direktor des statistischen Bureau's
Dr. *Kummer* steht; und fügen schliesslich noch die Worte bei, mit welchen

Pfarrer *O. von Greyer:* seine treffliche Abhandlung über die Geschichte
der Akademie schliesst: « Das wissen wir, dass Bern Ursache hat, sich
seiner aus der Akademie hervorgegangenen Hochschule zu freuen, und dass
es dieser Lehranstalt auch in Zukunft bedarf, wenn es für eine selbständige, solide wissenschaftliche Bildung seiner Bürger sorgen will. Darum
hoffen wir auf das Fortbestehen der bernischen Hochschule und wünschen
ihr, dass sie stetsfort ihre Aufgabe zu Nutz und Frommen des Gemeinwesens zu erfüllen bemüht sei, nämlich eine Universitas literarum zu sein,
welche den rechten Geist des Forschens übt und weckt, und eine gedeihliche
Vermittlung der Wissenschaft mit dem praktischen Leben darbietet. »

Die Hochschule musste bereits feste Wurzeln geschlagen haben, dass
sie die durch das Provisorium über sie hereingebrochene Krisis zu über-
dauern vermochte. In drastischen Zügen schildert uns ein Mann, der diese
ganze Zeit mit durchlebt und durchkämpft hat, Prof. Dr. Ris, in seiner
Rektoratsrede vom 15. November 1859 die unheilvollen Einwirkungen des
Provisoriums auf die Hochschullehrerschaft, abgesehen davon, dass noch
andere durch das Provisorium nicht verschuldete Einbussen hinzukamen.
« Unter der Hochschullehrerschaft, die schon seit einer Reihe von Jahren
im Abnehmen begriffen war, erwachte jetzt um so lebhafter das Gefühl der
Unsicherheit ihrer Stellung; die Losung « sauve qui peut » ward immer
allgemeiner. Im Jahr 1847 nimmt Prof. Dr. Trechsel seine Entlassung von
dem Katheder der Physik und wird erst drei Jahre nachher wieder ersetzt;
Dr. Hundeshagen folgt einem Rufe nach Heidelberg, Dr. W. Müller geht
als Gymnasial-Direktor nach Rudolstadt; der einzige noch übrige Docent
der französischen Sprache und Literatur, Prof. Richard, nimmt seine Entlassung. Im Juni 1848 entreisst uns der Tod den Dr. Schneckenburger,
ein unersetzlicher Verlust für die Hochschule nicht weniger als für die
theologische Fakultät; der sehr gelehrte und viel versprechende Docent
der Theologie, Rüetschi, zieht den sichern Wirkungskreis einer Landpfarrei
der angebotenen Professur vor; von den zwei noch übrigen Lehrern der
Staatswissenschaften wird Professor Stettler abberufen, Professor Rheinwald
nimmt seine Entlassung, und die Lehrstühle der Staatswissenschaft bleiben
verwaist bis in's Jahr 1856; Professor Renaud folgt einem Rufe nach
Giessen; und selbst Prof. Zeller eilt, im lebhaften Gefühl seiner unsichern
Stellung, den ersten besten Ruf an eine auswärtige Universität anzunehmen.
Im Wintersemester 1848—1849 fand die juristische Sektion von den frühern
5 Professoren noch 2, die staatswissenschaftliche Sektion gar keinen
Professor mehr, die theologische Fakultät im Anfang des Wintersemesters
statt der frühern 5 Professoren noch einen einzigen Professor vor, der

ielen übrigen vakanten Lehrstühle nicht zu gedenken ». Und wir fügen
och bei: 1849 nimmt Prof. Wydler seine Entlassung, 1850 folgt Prof.
liescher einem Ruf nach Basel, Prof. Troxler tritt 1853 in den Ruhestand,
nd Prof. Theile demissionirt in demselben Jahre, gekränkt durch unver-
iente Zurücksetzung.

Die Unterstützung der Subsidiar-Anstalten wurde auf's Nothwendigste
eduzirt; dieselbe betrug 1850 Fr. 14,959. 83. Der Beitrag an die Stadt-
ibliothek wurde auf Fr. 1000 herabgesetzt. Das Gesammtbüdget betrug im
ahr 1850 Fr. 76,394. 73.

Unter solchen Verhältnissen musste auch die Zahl der Vorlesungen
ibnehmen. Im Sommer-Semester 1847 werden 119 Vorlesungen angekündigt
ind 83 gehalten, in der juristischen Fakultät werden 12 angekündigt und
ı gehalten. Im Sommer-Semester 1848 werden von 100 angekündigten
ıl, in der juristischen Fakultät von 10 angekündigten 7 gehalten; im
Winter-Semester 1848/49 werden von 101 angekündigten 79 gehalten, in
ler juristischen Fakultät von 10 angekündigten 6; im Winter-Semester
1850/51 werden von 32 Professoren und 7 Privatdocenten 99 Vorlesungen
ingekündigt und 77 gehalten; im Sommer 1851 von 90—70, im Winter-
Semester 1851/52 von 98—76, im Sommer-Semester von 106—76, im
Winter-Semester 1852/53 von 90—74, im Sommer-Semester 1853 von
99—75, im Winter-Semester 1853/54 von 97—85, im Sommer-Semester 1854
ron 102—79 gehalten; in der juristischen Fakultät waren 6 Vorlesungen
angekündet und zu diesen 3 hinzugekommen, und 9 zu Stande gekommen.

Die Frequenz war eine schwankende mit starker Tendenz zur Abnahme:
1847/48 finden wir die Zahl von 156 Studenten, von diesen jedoch nur 123
immatrikulirt, 28 in der theologischen, 31 in der juristischen, 54 in der
medizinischen, 22 in der Veterinär-Schule, 21 in der philosophischen
Fakultät, dann unter diesen 40 Schweizer aus andern Kantonen und 4
Ausländer. Die Abnahme betrug gegenüber dem vorhergehenden Semester
64, und erstreckte sich auf alle Fakultäten; die juristische Fakultät erlitt
eine Einbusse von 39. Im Sommer-Semester 1848 finden wir eine Zunahme,
im Ganzen 206 Studenten, 34 gehören der theologischen, 59 der juristischen,
76 der medizinischen, 20 der Thierarzneischule, 17 der philosophischen
Fakultät an. Im Winter-Semester 1848/49 steigt die Zahl auf 221, im
Sommer-Semester 1849 auf 235, im Winter-Semester 1849/50 auf 251; von
dieser Höhe folgt rasche Abnahme: im Winter-Semester 1850/51 — 205,
Sommer-Semester 1851 — 184, Winter-Semester 1852/53 — 144, von welchen
nur 105 immatrikulirt, im Winter-Semester 1853/54 — 170, von denen jedoch

nur 126 wirklich immatrikulirt. Der Staatsverwaltungsbericht von 1853 gibt die Mittelzahl in den letzten 25 Semestern an, und kommt zu folgenden Resultaten: Mittelzahl 211, 29 Theologen (Maximum 42, Minimum 19); 70 Juristen (Maximum 97, Minimum 31); 63 Mediziner (Maximum 81 Minimum 41); 25 Veterinäre (Maximum 38, Minimum 17); 22 Philosophen (Maximum 35, Minimum 12).

Die angeführten Verhältnisse hatten eine Reduktion der Lehrstellen zur Folge; selbst wichtige Lehrstühle blieben in mehreren Fächern öfter einige Jahre hindurch unbesetzt. Man suchte sich theilweise durch Docenten oder geringer besoldete Lehrkräfte zu helfen. Indessen muss anerkannt werden, dass im Ganzen gute Wahlen getroffen wurden, in der Regel ohne Rücksicht auf die politische Parteistellung.

Die *theologische* Fakultät finden wir auch im Sommersemester 1847 vollständig besetzt; die alttestamentlichen Fächer werden durch Studer und Rüetschi vorgetragen; Schneckenburger, Hundeshagen, Gelpke und Schaffter sind noch in voller Thätigkeit, auch hält Zyro — nunmehr als Privatdocent — Vorlesungen über praktische Theologie. In diesem Semester tritt Professor Dr. *Eduard Zeller* in die Fakultät und liest Römerbrief und Geschichte der protestantischen Theologie seit dem Auftreten des Deismus, insbesondere des Schleiermacher'schen und des Hegel'schen Systems. Nach dem Wegzug Hundeshagen's übernimmt er neben exegetischen Vorlesungen die Kirchengeschichte, welcher sich später Prof. Gelpke widmet. Im Sommer 1848 war Schneckenburger gestorben. Zeller trägt sodann im Sommer 1849 Religionsphilosophie und vergleichende Darstellung des Lehrbegriffs von Zwingli und Calvin vor, zudem übernimmt er die Leitung theologischer Arbeiten und Besprechungen. Nach kurzer ausgezeichneter Lehrthätigkeit verlässt er Bern mit der Genugthuung, dass die Zahl der Theologie Studirenden im Sommer 42 betrug, die höchste Frequenz, deren sich die theologische Fakultät je erfreut hat.

Für *praktische Theologie* war an die Stelle Zyro's den 15. Mai 1847 gewählt worden Professor Dr. theol. *Karl Bernhard Wyss*, 1863 in Ruhestand getreten, gestorben 1867. Auch hier flechten wir das Lebensbild ein, welches Pfarrer O. v. Greyerz, sein Schüler, entworfen hat.

Wyss studirte in Bern, Göttingen und Berlin, wirkte zuerst als Lehrer in Bern, dann als Pfarrer in Belp. 1827 kam er an Studer's Stelle als Professor der Pastoraltheologie an die Akademie in Bern. Dieses Amt bekleidete er bis 1834, wo er aus politischen Gründen aus demselben entfernt wurde. Seit 1835 Pfarrer in Bümpliz und seit 1845 Dekan des

Kapitels Bern, wurde er 1847 abermals in die akademische Laufbahn berufen. Während mehr als vierzig Jahren nahm er an der Leitung und Förderung der bernischen Landeskirche thätig Antheil, war Mitglied des Kirchenconvents, der Generalsynode und der Kantonssynode (die er beide viele Jahre präsidirte) und des Synodal-Ausschusses, arbeitete an der Kirchenverfassung von 1832, am Synodalgesetz von 1852 und an der Liturgie von 1846. Er war ein guter Pfarrer, ein trefflicher akademischer Lehrer, insonderheit ein ausgezeichneter Katechet, auch ein Freund der Volksschule und ein Wohlthäter der Armen, ein Muster von Gewissenhaftigkeit, Pflichttreue und praktischem Geschick. Seine theologische Richtung war positiv, aber vermittelnd.

Nachdem der Lehrstuhl Zeller's über ein Jahr unbesetzt geblieben, berief den 27. Januar 1850 die Regierung *Albert Immer* von Thun, Pfarrer in Büren (geboren den 16. August 1804, in Ruhestand getreten im Herbst 1881, gestorben den 23. März 1884).

Nach widrigen Geschicken bezog Immer in seinem einunddreissigsten Lebensjahre 1835 die Universität Bern, aus innerm Beruf zum Studium der Theologie getrieben, welchem er sich unter der Leitung und Anregung so hervorragender Lehrer wie Lutz und Schneckenburger mit dem grössten Erfolge widmete. 1850 zum Professor berufen, waren ihm sämmtliche Fächer der neutestamentlichen und systematischen Theologie übertragen. Dazu war aber kaum einer wie Immer befähigt, durch seine, wie noch neuerlich Nippold bemerkte, wohl einzig dastehende Vertrautheit mit allen theologischen Disziplinen, vor allem aber durch seine ächt geschichtliche Erforschung der Gedankenwelt der biblischen Bücher. Seine umfassende allgemeine historische, philologische und philosophische Bildung, verbunden mit rastlosem Fleiss und einem riesigen, stets sichern und dienstbaren Gedächtniss, ermöglichten es ihm, die grössten Wissensmassen sich anzueignen; und dabei verlor er sich nicht in die Breite und das Vielerlei, er widmete auch den unscheinbarsten Einzelgegenständen das gründlichste Studium. So gross sein Wissen war, so gross war auch seine Kraft, die Stoffe wissenschaftlich zu verarbeiten, mit scharfem kritischem Verstand zu sondern und zu beurtheilen, sie mit objektivem ruhigem Blick geschichtlich zu würdigen, tiefsinnig und pietätsvoll in ihren Grundgedanken zu erfassen, lichtvoll zu gestalten und mit der Meisterschaft lehrhafter, methodisch gründlicher und zugleich anregender Mittheilung auf dem Katheder darzustellen. Der Erfolg konnte nicht ausbleiben. Immer verlangte zwar viel von den Studirenden, vor allem fleissiges und gründliches Lernen, wissenschaftlichen Sinn und ein lauteres und warmes Interesse an der

Sache; die Aussenseite mochte oft sehr ernst und selbst abstossend e
scheinen. Aber Immer liebte die jungen ideal angelegten und vorwär
strebenden Geister, und diese verehrten ihn und wussten zu würdigen, w:
sie an ihrem Lehrer hatten. So hat er eine ganze Generation jung
Theologen mit gebildet, die ein gut Theil ihrer theologischen Bildung un
insbesondere ihres tiefern, wissenschaftlich freien und praktisch fruch
baren Schriftverständnisses diesem hochbegabten und treuen Lehrer ve
danken. In rührender Weise zeigte sich denn auch die Dankbarkeit uu
Pietät der bernischen evangelischen Geistlichkeit aller Richtungen bei d
Feier des fünfundzwanzigjährigen Jubiläums der akademischen Wirksamke
unseres Freundes (1875). — So anspruchslos Immer war, so musste doc
ein so hervorragender Mann bald auch in weitern Kreisen die verdient
Anerkennung finden. Schon 1852 wählte ihn der akademische Senat zur
Rektor unserer Hochschule. 1860 erhielt er bei Gelegenheit der vierhundert
jährigen Säkularfeier der Universität Basel von dieser in höchst ehren
voller Weise den Grad eines Doktors der Theologie, — sodann von unsre
philosophische Fakultät den Grad eines Doktors der Philosophie. Längs
schon hatten seine Freunde und Schüler gewünscht, er möchte einige seine
Vorlesungen 'durch den Druck veröffentlichen, allein seine Bescheidenhei
und die uns Bernern angeborene Schüchternheit, wissenschaftliche Arbeiter
dem öffentlichen literarischen Verkehr zu übergeben, liessen ihn zu keinem
festen Eutschlusse kommen. Da gelang es endlich dem auch für die
Anregung literarischer Thätigkeit unter uns so hochverdienten Kollegen
Nippold, Immer zur Herausgabe seiner « Hermeneutik » (1873) und sodann
seiner « Neutestamentlichen Theologie » (1877) zu bestimmen. Beide
Werke haben als theilweise bahnbrechende Meisterwerke theologischer
Wissenschaft in weiten und berufenen Kreisen die grösste Anerkennung
gefunden und den Ruf unseres Immer selbst in ferne Länder getragen.
Die grosse Anzahl lichtvoller Rezensionen, Referate, Abhandlungen, Gutachten, Reden und öffentlicher Vorträge erwähnen wir nur; Immer besass
auch in hohem Grade die Gabe des populär-wissenschaftlichen Vortrages.
und seine Vorlesungen im Cyklus der öffentlichen Vorträge unserer Hochschule fesselten und befriedigten stets durch Inhalt und Form das gebildete
Publikum unserer Stadt.*)

Das Missgeschick des Provisoriums hatte die juristische und staatswissenschaftliche Fakultät am härtesten getroffen. Der Lehrstuhl für

---

*) Aus der Grabrede des Verfassers dieser Schrift. abgedruckt im « Volksblatt für
die reformirte Kirche der Schweiz » 1884 Nr. 14.

vaterländisches Recht war seit Jahren unbesetzt. Renaud und Rheinwald verliessen Bern. Emil Vogt, 1848 zum ausserordentlichen Professor für Staatsrecht gewählt, lehnte ab und trat von seiner Lehrwirksamkeit zurück. Zwar wurde W. Snell, nachdem bereits 1846 die Erziehungs-Direktion auf seine Wiedereinsetzung angetragen und die über ihn verhängte Verbannung aufgehoben worden war, im Februar 1849 wieder als Professor ordinarius gewählt für Naturrecht, französisches Civilrecht und bernischen Kriminalprozess, allein er starb bereits im Mai 1851, kurz vor seinem Tode oder nach Andern gerade während seines Sterbens pensionirt. Ebenso war Karl Herzog den 13. Juli 1849 wieder zum Prof. ord. für Staatswissenschaften gewählt worden, allein bereits 1850 war er genöthigt, sein Lehramt niederzulegen.

Nur Schmied und Pfotenhauer waren übrig geblieben. Rührend bittet der Theologe Immer in seiner Rektoratsrede vom 15. November 1852 die hohe Behörde. « sie möge sich nicht abhalten lassen, für die dringend nöthige *Besetzung der Lehrstühle des Staatsrechts und der Staats- und Volkswirthschaftslehre* zu sorgen ».

Doch war für den Lehrstuhl des vaterländischen Rechtes ein junger Mann gewonnen worden, welcher eine Zierde der Fakultät und Hochschule war und ihr nur zu frühe durch den Tod entrissen wurde.

Dr. *Joh. Jakob Leuenberger*, geb 1823 zu Utzenstorf, Zeit- und Studiengenosse von Stämpfli, Niggeler, Büzberger, hat kein Gymnasium, keine fremde Universität besucht und erst in spätern Jahren Latein gelernt. Er studirte Anfangs der 40ger Jahre, nachdem er seine praktische Vorbildung auf einer Gerichtsschreiberei genossen, und nahm während seiner Studienzeit Antheil an dem Freischaarenzug und dem Sonderbundsfeldzug, wie er auch noch als Kandidat mit der Liquidation der Zehnten und Bodenzinse beauftragt wurde. Nachdem er sich kurze Zeit der Advokatur gewidmet und den 1. November 1847 die venia docendi erhalten, ward er den 26. Oktober 1848 an Stelle des schon seit einigen Jahren zurückgetretenen Sam. Schnell auf den Lehrstuhl des vaterländischen Rechts berufen. Mit unausgesetztem Eifer arbeitete er an der Ausbreitung seiner allgemeinen juristischen Kenntnisse und an der wissenschaftlichen Durchdringung des ihm anvertrauten spröden Stoffes. Wir besitzen von ihm die erste systematische Darstellung des Berner Privatrechts (1850—54), viele werthvolle Einzelarbeiten, endlich eine leider unvollendet gebliebene Bearbeitung der bern. Rechtsgeschichte, welche erst nach seinem Tode von seinem Bruder, dem Obergerichtspräsidenten Leuenberger, herausgegeben wurde. In den 60ger Jahren wurde er zum Redaktor des in Aussicht genommenen einheitlichen Civilgesetzbuchs für den Kanton Bern ernannt und arbeitete über die Grundlagen dieser legislatorischen Unifikationsbestrebung zwischen « germanischem und romanischem » Recht einen Bericht aus, der in- und ausserhalb der Schweiz verdiente Anerkennung gefunden hat. Bevor diese Pläne zur Reife kamen, was namentlich durch die Centralisations-Bestrebungen auf eidg. Gebiet verhindert wurde, starb Leuenberger 1871 im besten Alter. Neben seiner Docententhätigkeit, seinen wissenschaftlichen und gesetzgeberischen, sowie einer lebhaften respondirenden Thätigkeit hatte er noch zu politischem Wirken in den eidg. Räthen Zeit gefunden.

Als Privatdocenten finden wir auf kurze Zeit Graf *Adolf von Gurowsky* für politische Oekonomie (1849), Dr. *Höchster* für Kriminalprozess (1850) und Dr. *Lerch* für französiches Privatrecht und Nationalökonomie (1854).

Die *medizinische Fakultät* verlor durch Wegzug die Professoren Theile und Miescher.

Docent *Karl Emmert* wurde 1853 zum Honorarprofessor befördert. An Theile's Stelle wurden 1853 für Anatomie zwei junge, hochbegabte Mediziner Dr. *Ludw. Rütimeyer* und Dr. *von Gumoëns* gewählt, welche aber nur kurze Zeit an unserer Hochschule wirkten, indem 1856 Dr. Rütimeyer einem ehrenvollen Rufe an die Universität Basel folgte, und Dr. von Gumoëns bereits 1855 seine Entlassung nahm und bald darauf starb.

In der *philosophischen Fakultät* war im Herbst 1853 Troxler in Ruhestand getreten. Bereits 1845 hatte die venia docendi erhalten und war 1846 zum Professor extraordinarius und 1849 zum Professor ordinarius gewählt worden :

Dr. *Samuel Friedrich Ris* von Burgdorf (geb. den 27. April 1806, in Ruhestand getreten 1881). Derselbe hat, nachdem sein Vorgänger Troxler die Philosophie wesentlich im Anschluss an die Schelling'sche Schule gelehrt hatte, mit bedeutendem Lehrerfolge das Hegel'sche System vertreten. In kritischen Lagen, wie im Zellerhandel, hat er für die Hochschule muthig und besonnen gekämpft, als eifriger und gebildeter Pädagoge in seiner Stellung als Präsident der Kantonsschul-Kommission auf die Schulorganisations-Gesetzgebung (1856) einen massgebenden Einfluss ausgeübt und die Hebung und Verbreitung wissenschaftlicher Vorbildung unter manchen Anfechtungen wesentlich gefördert.

Auch die Abtheilung für Mathematik und Naturwissenschaften gewann ausgezeichnete Lehrkräfte.

Im Jahr 1844 hatte die venia docendi für Mathematik und Astronomie erhalten Dr. *Rud. Wolf* von Zürich; 1847 wurde er zum honorirten Docenten, 1854 zum Professor extraordinarius gewählt und zugleich mit der Leitung der Sternwarte betraut, 1855 folgte er einem Rufe nach Zürich als Professor an der Hochschule und am Polytechnikum und als Direktor der Sternwarte. Seine vorzügliche Lehrthätigkeit und seine Verdienste um unsere Hochschule sind hier in dankbarer Erinnerung geblieben.

Den 31. März 1847 wurde zum honorirten Docenten berufen der geniale Mathematiker Dr. *Ludwig Schläfli* von Burgdorf (geb. den 28. Januar 1814). Nachdem er die theologischen Prüfungen bestanden, widmete er sich, wie Trechsel und Studer durch ausserordentliche Begabung und innern Beruf dazu getrieben, den mathematischen und naturwissenschaftlichen Studien, erhielt die Stelle eines Progymnasiallehrers in Thun, wurde nach Bern berufen 1853 ausserordentlicher Professor mit kürglicher Besoldung, und erst 1872 zum Professor ordinarius befördert, als welcher er heute noch rüstig wirkt, der Meister unter strebsamen Schülern, die er zu tüchtigen Mathematikern, namentlich auch für das Lehrfach herangebildet, ein bescheidener Gelehrter, vielfach mit Anerkennungen des gelehrten Auslandes geehrt, einer der berühmtesten Namen, welche die Geschichte unserer Hochschule zu verzeichnen hat.

Als Docent für Physik hatte den 5. April 1847 die venia docendi erhalten Dr. *Karl Brunner* von Bern, Sohn des Chemikers (geb. 1823). 1848 honorirter Docent, 1850 Professor extraordinarius, 1855 Honorarprofessor, nachdem er die Erstellung und Leitung des schweizerischen Telegraphennetzes übernommen hatte. Wie als Docent so bewährte sich Brunner auch in der erfolgreichen Ausführung dieser Aufgabe als eine so tüchtige und hervorragende Kraft, dass er uns bald entrissen wurde und als Telegraphen-Direktor des österreichischen Kaiserreiches nach Wien übersiedelte.

———

Welch' merkwürdige Gegensätze bietet uns nicht diese kurze Zeit von acht Jahren dar! Zwei politische Parteien in erbittertem Kampf um die Herrschaft, bis sie schliesslich der Genius der gemeinsamen Vaterlandsliebe vor völliger Erschöpfung schützt; — von beiden die Hochschule scheel angesehen, im Provisorium erhalten, vexatorisch behandelt, und doch können beide nicht von ihr lassen. Die Hochschule gedrückt, — und doch gedeiht

sie, — in den wildesten Parteikampf hineingezogen, — und doch siegt ihre
Lebenskraft, — die Lehrer decimirt und entmuthigt, die akademische
Jugend in lebhaftester Betheiligung am Treiben der Parteien und in an-
dauernder politischer Aufregung, und doch studirt sie, und es gehen aus
ihren Reihen eine Schaar bewährter Männer hervor. Ist man nicht ver-
sucht zu fragen, ob nicht jene Krisis eine nothwendige war, um die
treibenden Lebenskräfte zu reinigen und zu stählen, um den Boden aufzu-
reissen, aber auch neu zu bebauen, welchem die Entwicklung zum Bessern
entkeimen sollte? — War es nicht ein Zeichen gesunden Volksgeistes, dass
sich Gegner wie Stämpfli und Blösch die Hand reichten, um gemeinsam die
Wohlfahrt des Vaterlandes zu fördern, und musste nicht schliesslich für
die Hochschule eine Zeit ruhiger Entwicklung und hoffnungsreicher Blüthe
kommen, als sie sich in den vorangegangenen politischen Kämpfen tiefer
in's Volksleben hineingelebt hatte und ihr in diesem der feste und frucht-
bare Boden ihrer Kraft und Wirksamkeit bereitet worden war? So musste
denn auch ihr schliesslich der schmähsüchtige Mund der Gegner zurufen:
Vivat crescat floreat!

Dritte Periode.

Die Zeit gedeihlicher Entwicklung.

1854—1884.

Durch die Volkswahlen im Mai 1854 waren beide Parteien im Grossen
Rath in numerisch gleicher Stärke vertreten. «Man musste also», wie
Direktor Kummer bemerkt, «wenn man nicht das Vaterland dem Partei-
geiste opfern wollte, den Parteigeist dem Vaterlande zum Opfer bringen».
Es kam die sogenannte *Fusion* zu Stande; die hervorragenden Männer
beider Parteien liessen sich in die Regierung wählen, um gemeinsam mit
redlichem Willen das allgemeine Wohl zu fördern. Es kam dies vor
Allem dem zerrütteten Schulwesen zu statten. Es trat an die Spitze des-
selben Dr. med. *Lehmann*. Mit grundsätzlich fortschrittlicher Gesinnung und
Richtung vereinigte er konservative Tugenden, Fleiss und Beharrlichkeit,

haushälterischen und ordnungsliebenden Sinn, — ruhiges, umsichtiges und
besonnenes Vorwärtsschreiten. Zudem war er mit den verschiedenen Ver-
waltungszweigen der Regierung wohl vertraut, selbst eine eminente
administrative Kraft und fest gewillt, bei der Auswahl sowohl der zur
Berathung beizuziehenden Fachmänner als auch der zu berufenden Lehrkräfte ohne Rücksicht auf politische Parteistellung zu verfahren.

Während das übrige Schulwesen einer durchgreifenden Reorganisation
durch gesetzgeberische Erlasse bedurfte, war Erziehungs-Direktor Lehmann
und mit ihm der Regierungsrath überzeugt, dass die Hochschule auf der
Grundlage des bestehenden Gesetzes gehoben werden müsse. « Es wäre dies
wohl nie bezweifelt worden », schreibt die Erziehungs-Direktion in einem
Vortrage an den Regierungsrath, « wenn nicht alle bisherigen Reorgani-
sationsprojekte eine Nebenabsicht verfolgt hätten, welche bei den meisten
Reorganisationsdrängern wohl die Hauptabsicht war, nämlich (um gerade
herauszusagen, was doch kein Geheimniss ist) die Entfernung missbeliebiger
Professoren. Diese Absicht kann nicht diejenige einer Regierung sein,
welche aus Vertretern beider Parteien besteht; und auf dem Standpunkt
der Erziehungs-Direktion insbesondere ist nur derjenige Professor miss-
beliebig, welcher in Beziehung auf wissenschaftliche oder Lehrfähigkeit
nicht befriedigt. Diese Klasse missbeliebiger Professoren aber, wenn sie
an unserer Hochschule vertreten ist, lässt sich ohne Gesetzesreorganisation
und ohne Umweg entfernen: durch Abberufung oder (je nach dem besondern
Fall) durch Pensionirung. »

Auf Grund dieses Vortrags fasste der Regierungsrath den 26. Oktober
1854 folgende von der Erziehungs-Direktion beantragte Beschlüsse, durch
welche, wie der Staatsbericht sich ausdrückt, endlich dem jahrelangen
schädlichen Provisorium ein Ziel gesteckt wurde:

1. Hebung der Hochschule auf Grundlage des bestehenden Gesetzes;

2. Wiederbesetzung der erledigten Lehrstühle durch tüchtige Kräfte;

3. Mehr Aufmunterung junger Männer, welche sich der akademischen
Laufbahn widmen wollen;

4. Hebung der philosophischen Fakultät, besonders in Hinsicht auf die
Realwissenschaften und die neuern Sprachen, sowie mit Bezug auf die
Heranbildung eines höhern Lehrerstandes;

5. Einführung oder Vermehrung von praktischen Uebungen, Repetitorien,
Konversatorien, Disputationen, Publica;

6. Strengere Forderungen in Bezug auf die zur Aufnahme an der Hochschule nöthige Vorbildung;

7. Prüfung in den propädeutischen (philosophischen) Fächern vor dem Zulass zu den praktischen (theologischen, juristischen und medizinischen) Studien;

8. Strengere Forderungen für die Staatsprüfungen (Gymnasial- und philosophische Studien), wie sie bisher nur an die Mediziner und Theologen gestellt wurden.

Dieses Programm ist die Richtschnur der bisherigen Leitung und Entwicklung der Hochschule geblieben. Wie von einem bösen Bann befreit, athmete die akademische Bürgerschaft auf. Man wusste sich wieder unter der Obhut einer Behörde, welche von warmem Interesse und aufrichtigem Wohlwollen gegen die Anstalt beseelt war, und man wusste, dass diese Behörde Willen und Kraft besass, das aufgestellte Programm durchzuführen. Zwar nicht mit *einem* Schlage kam die bessere Zeit; ein vernachlässigter Acker und ein von heftigen Fiebern angegriffener Organismus bedarf längerer und sorgfältiger Pflege, um sich vollständig zu erholen. In diesem Sinne wurde gleich vorgegangen und wir sehen mit den Jahren eine Reihe von Erscheinungen hervortreten, welche das neue Gedeihen und Emporblühen unserer Hochschule kennzeichnen. Ehe wir diese eingehender besprechen, gedenken wir vorerst der Feier des fünfundzwanzigsten Jahrestages der Hochschule, den 15. November 1859. Diese Feier trug das doppelte Gepräge schmerzlicher Rückerinnerung und freudiger, zuversichtlicher Hoffnung.

Der Bericht der Erziehungs-Direktion beschreibt dieselbe mit folgenden einfachen Worten: «Zu diesem Jubiläum waren eingeladen die Universitäten und Akademien der Schweiz, die denn auch mit Ausnahme Genfs sämmtlich durch akademische Gesandtschaften theilnahmen und am Vorabend des Festes auf dem Rathhause empfangen wurden. Im Uebrigen betheiligten sich am Feste die eidgenössischen und kantonalen Oberbehörden, theils in pleno, theils durch Abgeordnete, die ehemaligen und jetzigen Studenten der Hochschule, die Geistlichkeit, die Vorsteher und Kommissionen wissenschaftlicher Institute, die Vertreter und Lehrer der Schulen des Kantons.

Der imposante Festzug vom Rathhause in die Kirche zum Heiligen Geist fand unter dem Geläute der Glocken und dem Donner der Kanonen des Kadettencorps statt. In der Kirche eröffnete der Rektor, Herr Professor *Ris*, nach einer einleitenden Musik das Fest mit einer Rede, die in

Bezug auf sachliche, historische Darstellung und Reichhaltigkeit des verwendeten Materials eine vorzügliche genannt zu werden verdient. Auf diese Rede folgte die Verkündigung der Ehrenpromotionen. Von der juristischen Fakultät sind honoris causa zu Doctores juris promovirt worden: Herr Bundesrath *Stämpfli*, Herr alt Regierungsrath *Blösch*; von der medizinischen Fakultät zum Doctor medicinae: Herr Apotheker *Müller*; von der philosophischen Fakultät zum Doctor philosophiae: Herr Regierungsrath *Schenk*.

Nach der Feierlichkeit versammelten sich alle Theilnehmer bei einem Festmahl im Bernerhof, das, von ebenso heiterem als würdevollem Ernste belebt und durch Toaste gewürzt, Alle mit ungetrübter Freude erfüllte. »

Uns ist insbesondere noch in lebhafter Erinnerung geblieben der Toast des Vertreters von Zürich, Professor Dr. *Ferdinand Hitzig.* Bezugnehmend auf das Wort *Koscher*, das er an einem hiesigen Wirthshausschilde gelesen, und zugleich auf die düstern Schilderungen des Verfalls der Hochschule in der Zeit des Provisoriums, welche die Rektoratsrede gegeben, führte der Redner in humoristischer Weise aus, dass eine Hochschule, welche eine solche Krisis glücklich überstanden, denn doch Koscher sein müsse, so dass man sie an diesem Tage aus gutem Grunde beglückwünschen könne mit dem Zuruf: vivat, crescat, floreat!

Auch die Beglückwünschungsadresse der Hochschule Zürich war nicht nur sehr geschmackvoll ausgestattet, sondern auch herzlich erhebend und voll neidloser Anerkennung, — goldene Aepfel in silbernen Schaalen. Sie ist von *F. Hitzig* als Rektor und *Ludwig Ettmüller* als Aktuar im Namen des Senats unterzeichnet und verdient es wohl, auch in dieser Festschrift ausführlicher mitgetheilt zu werden. Da heisst es u. a.: « In einer Zeit, da aus veralteten Zuständen sich junges Leben losrang und die Schweiz allenthalben neue Formen des Daseins suchte, ward nach dem Vorgange Zürichs auch die Berner Hochschule gestiftet: Ausdruck und Symbol preiswürdigster Bestrebungen der Volksherrschaft; eine vollkommenere Gestaltung der Akademie, durch welche das mächtige Bern auch auf geistigem Gebiete des Uechtlandes Haupt gewesen war. Sofern auch die Berner Hochschule nicht unberührt bleiben konnte von den Schwankungen der Politik, so hat sie mit der Thatsache, dass sie dieselben überdauerte, den Beweis geleistet ihres Ursprunges aus dem Geiste und einer kräftigen Wesenheit, die in allem Wechsel beharrt.

Während überhaupt alle Bildungsanstalten edlerer Humanität durch gleichartiges Streben zu gleichem Ziele unter sich verbunden erscheinen, umflicht ein engeres Band zumal die Lichtherde in der Demokratie. Im Bestehen des einen liegt eine Bürgschaft für die Zukunft des andern; und wir hegen die innigste Ueberzeugung, dass, so lange die eidgenössische Universität ein frommer Wunsch bleibt, die drei Hochschulen der deutschen Schweiz sich enge zusammenschliessen sollen, um vereint der Neigung des Zeitalters zur Materie zu widerstehen, und die idealen Güter der Menschheit, so weit es unsere Aufgabe ist, an die Nachkommenschaft zu überliefern. Mag auch die Hochschule Bern's in mancher Beziehung sich auf ungünstigen Boden gestellt sehen, theilweise auf Verkennung stossend und Mangel an Verständniss, so haben wir sie doch darum glücklich zu preisen, dass ihr ihren Charakter einzubüssen keinerlei Gefahr droht; sie wird auch fürder ihren selbstgewählten Weg gehen und in edelm Wetteifer mit den Schwesteranstalten immer schöner aufblühen. Indem wir vertrauen, dass in der Stadt des grossen *Albrecht von Haller* echte Wissenschaft nie verkommen werde, entbieten wir der dortigen Pflegerin des heiligen Feuers unsern kollegialischen Gruss; wir bringen der Hochschule Bern's für ihre Vergangenheit unsere freudige Anerkennung entgegen und rufen ihr ein fröhliches *Glückauf* zu in Ausschau auf ihre Zukunft ».

Am Abend des Festtages brachte die Studentenschaft der Alma mater einen glänzenden Fakelzug, und es sprach im Namen des Senats Prof. Dr. Hagen weihevolle Worte. Ein grossartiger Commers vereinigte Professoren und Commilitonen. Prof. B. Studer hatte als wissenschaftliche Gabe zur Feier des Tages sein berühmtes Programm über « die natürliche Lage von Bern » verfasst. Alle aber waren beseelt von dem patriotischen Gefühl, welchem der Rektor, Prof. Ris, in den Schlussworten seiner Rede Ausdruck gegeben hatte: « Soll ein freies Volksleben immer neu blühen, so muss es sich geistig immer neu und höher entwickeln und jene Aufgabe steht immer aufs neue vor uns, wie vor 25, so nach 25 Jahren. Und wenn Bern in der treuen Sorge für seine eigene höchste Angelegenheit zugleich auch diejenige des gesammten Vaterlandes fördert: so beweist es damit nur, wie ernst es ihm noch heute ist mit jener Erklärung an die Tagsatzung im Jahr 1832: es liege im Interesse der Eidgenossenschaft, « *dass im Kanton Bern ein Feuerherd des Lichtes und der Wissenschaft sich bilde* », und wie tief es heute fühlt, was die Ehre des Bundessitzes von ihm erheischt. So möge denn, wenn nach einem Vierteljahrhundert dieser Jubeltag wiederkehrt, unser theures Bern nichts zu bereuen haben, weder was es an seiner Hochschule gethan, noch weniger, was es zu thun versäumt hat ».

Gehen wir nun auf die Darstellung der einzelnen Fortschritte zum Bessern ein, so übte auf das Gedeihen der Hochschule schon die Leitung derselben durch die Erziehungs-Direktion und die Staatsbehörden einen günstigen Einfluss aus. Man war des Wohlwollens und der Unterstützung derselben sicher. Wenn auch hin und wieder ein Wunsch, selbst wenn er berechtigt war, nicht erfüllt wurde, und auch auf der andern Seite hin und wieder Wünsche und Bemerkungen « empfunden » wurden, so kam diess doch äusserst selten vor, und die Hochschule erhielt so viele Beweise der Fürsorge und dés Vertrauens, dass sie sich durch die Behörden in ihrer Thätigkeit meist aufgemuntert und gefördert wusste. Auch fand nicht ein zu häufiger Wechsel der Erziehungs-Direktoren statt. Auf den hochverdienten Dr. *Lehmann* folgte 1862 Dr. *J. Kummer*, auf diesen 1873 Regierungsrath *Ritschard*, dann 1878 der leider so früh gestorbene, unvergessliche *Bitzius*, und 1882 Dr. *Gobat*. Diese Männer hielten alle die Hochschule in Ehren und jeder derselben hat sich in besonderer Weise um dieselbe verdient gemacht. Insbesondere gedenken wir heute im Rückblick auf die Vergangenheit des verdienstvollen Direktors Kummer, welcher im Sinne seines Vorgängers das Erziehungswesen leitete und sich um die Hochschule grosse, allgemeine und dankbar anerkannte Verdienste erwarb durch Hebung und Organisation des gesammten Schulwesens, durch strengere Massregeln in Beziehung auf die wissenschaftliche Vorbildung, durch die Gründung neuer Lehrstühle, durch seine schliesslich erfolgreichen Bemühungen für die bessere finanzielle Dotirung der Hochschule und insbesondere auch durch sorgfältige und glückliche Auswahl bei Besetzung erledigter Professuren.

Auch in dieser Periode ist der Reorganisations-Gedanke in Gestalt der Revision des Hochschulgesetzes von 1834 öfter aufgetaucht. Den 3. November 1865 ersuchte die Erziehungs-Direktion den Senat, seine Wünsche in Beziehung auf eine solche Revision auszusprechen. Der Senat reichte den 6. März 1866 ein gründliches, von Munzinger verfasstes Gutachten ein. Ebenso berieth er auf Aufforderung der Erziehungs-Direktion 1877, in vielen Sitzungen und Besprechungen, und übermittelte den 28. Juni 1877 des Erziehungs-Direktion einen Gesetzentwurf mit Gutachten, verfasst von Prof. Dr. Stern. Erziehungs-Direktor Ritschard veröffentlichte hierauf seinen Entwurf. Endlich wurde der Senat überrascht durch den Gesetzesentwurf des gegenwärtigen Erziehungs-Direktors, Herrn Regierungsrath Dr. Gobat,

vom 15. Dezember 1882. Alle diese Entwürfe mit Ausnahme des letzten
bringen wenig Neues, abgesehen von dem in allen ausgesprochenen Wunsche
einer festern Organisation des Senates und einer organischern Verbindung
des Senates mit der Erziehungs-Direktion; daneben tritt grundsätzlich
hüben und drüben die Frage lebenslänglicher oder periodischer Anstellung
hervor. Neuerdings, und insbesondere im letzten Gesetzesentwurf, wird wie
1847 eine Studienkommission, ein Verwaltungsrath oder eine Aufsichtskommission für die Hochschule vorgeschlagen. Ueber die Wünschbarkeit
einer solchen Mittelbehörde spricht sich das Gutachten des Senats vom 6.
März 1866 in sachlicher Weise aus. «Eine sogenannte Studienkommission,
die nicht aus Männern besteht, welche mitten im Leben der Hochschule
stehen, oder deren Interesse an derselben durch ununterbrochene Aufsichts-
thätigkeit fort und fort lebendig erhalten wird (wie etwa bei den Mitgliedern
der Kantonsschul-Kommission), könnte leicht, wenn nicht die Besetzung
eine ausserordentlich glückliche ist, zu einem Hemmschuh werden statt zu
einem Triebrad, und zu einer nachtheiligen, schwächenden Zerstücklung
der Verantwortlichkeit hinführen. Es lehrt auch die Erfahrung aus andern
Gebäuden der staatlichen Administration, dass oft solche Mittelbehörden,
die eher vorberathenden als abschliessenden Charakter besitzen, eine
Scheinexistenz führen. Was aber die *Aufsicht* über die Hochschule betrifft,
so liegt es in der Natur der Sache, dass dieselbe, ohne der Lehrfreiheit
und der freien Lehrthätigkeit überhaupt zu nahe zu treten, nicht in allzu
fühlbarer Weise ausgeübt werden darf, und es kann also auch hieraus eine
feste, regelmässige Thätigkeit, wie sie eine Studienkommission zu ihrem
Leben nöthig hätte, nicht entstehen. Nichts desto weniger empfinden wir, dass
die jetzige Organisation der Hochschulbehörde eine fehlerhafte ist, dass eine
Behörde mangelt, welche die spezielle Regierung unsers kleinen Staates in
Händen hat, um da, wo ein Verlust droht oder eine tüchtige Acquisition
zu machen oder eine fatale Schwierigkeit zu heben oder ihr vorzukommen
ist, schnell, ohne viel Aufhebens, ohne die Last allzu hoher offizieller
Stellung einzugreifen und die Sache zu gutem Ende zu führen.» Es wird sodann
als ein Gewinn bezeichnet, wenn ein Kollegium besteht, welches der Rektor
stets dann einberufen kann, wenn es sich um ein wichtiges Hochschul-
interesse handelt. Als dieses Kollegium wird das Dekanen-Kollegium
bezeichnet. Oefter ist auch der Gedanke aufgetaucht, es möchte ein sog.
Curator als fest angestellter Staatsbeamter die Leitung und Verwaltung
der Hochschule besorgen und die Verbindung mit den obern Behörden
vermitteln. Allgemein wurde jedoch die Ansicht getheilt, welche in der
Begutachtung des Entwurfs von Juni 1877 ausgesprochen ist, dass das

Gesetz von 1834 sich in einer Zeit von mehr als vierzig Jahren im ganzen
wohl bewährt habe, und man sich hüten solle, an den Grundlagen zu
rütteln, auf welchen unsere Hochschule in ähnlicher Weise wie die meisten
Schwesteranstalten in der Schweiz und in Deutschland aufgebaut worden
ist, und dass ein Institut wie die Hochschule am wenigsten geeignet sei,
als Experimentirfeld für gesetzgeberische Massregeln zu dienen.

Das Programm vom 26. Oktober 1854 wurde zunächst schon dadurch
verwirklicht, dass die erledigten Lehrstühle besetzt und neue durchaus
nothwendige hinzugefügt wurden. Man hatte sich überzeugt, dass die Vertretung mehrerer Fächer durch dieselbe Persönlichkeit nicht nur diese im
Vortrag des ihr übertragenen Hauptfaches benachtheilige, sondern auch die
ihr zugetheilten übrigen Fächer schädige. So erhielten Kirchengeschichte,
allgemeines Staatsrecht, schweizerisches Staatsrecht, Nationalökonomie,
französisches Recht in deutscher und französischer Sprache, Anatomie,
pathologische Anatomie, medizinische Chemie, Augenheilkunde, Psychiatrie,
Kinderkrankheiten, Pharmakologie und Toxologie, gerichtliche Medizin,
Botanik, Pädagogik, Kunstgeschichte, Schweizergeschichte, deutsche Sprache
und Literatur, germanische Philologie, romanische und orientalische Sprachen,
Musik u. A. ihre besondern Vertreter. Die Zahl der Professoren und Docenten stieg von 31 im Jahre 1853, darunter nur 3 Privatdocenten, auf 68
im Jahre 1872, darunter 29 Privatdocenten, 2 in der theologischen, 1 in
der juristischen, 12 in der medizinischen, 14 in der philosophischen Fakultät.

Im Sommer 1884 finden wir *84 Lehrkräfte*, in der evangelisch-theologischen Fakultät 5 ordentliche, 2 Honorar-Professoren und 2 Privatdocenten;
in der katholisch-theol. Fakultät 4 ordentliche; in der juristischen Fakultät
6 ordentliche, 1 ausserordentlicher Professor, 3 Privatdocenten; in der medizinischen Fakultät 11 ordentliche, 2 ausserordentliche, 1 Honorar-Professor,
14 Privatdocenten; in der philosophischen Fakultät 13 ordentliche, 5 ausserordentliche, 1 Honorar-Professor, 14 Privatdocenten — im Ganzen: 39 ordentliche, 8 ausserordentliche, 4 Honorar-Professoren, *33 Privatdocenten*.
Im Laufe der Zeit fand zwar öfter Wechsel statt; man hatte eine Anzahl
Männer von Ruf gewonnen, andere erwarben sich oder vergrösserten hier
ihren wissenschaftlichen Ruf, auswärtige Universitäten bewarben sich um
tüchtige Lehrkräfte unserer Anstalt; der Ersatz fiel oft schwer. Doch waren
auch bereits einheimische Kräfte herangezogen; bei der Wahl gab in der
Regel seit 1854 der Grundsatz den Ausschlag, weder Herkunft noch politisches noch konfessionelles Bekenntniss, sondern allein die wissenschaftliche Befähigung entscheiden zu lassen, selbstverständlich unter Voraus-
setzung der sittlichen Unbescholtenheit.

Allein auch mit der im Programm verzeichneten Forderung tüchtiger wissenschaftlicher Vorbildung wurde Ernst gemacht. Das Organisationsgesetz von 1856 brachte Ordnung und Zusammenhang in das gesammte Schulwesen; das Gesetz über die Kantonsschulen in Bern und Pruntrut organisirte diese Anstalten vom Standpunkt strenger Forderungen allgemeiner wissenschaftlicher Bildung aus; dem organisatorischen Talent und dem Interesse des Erziehungsdirektors Kummer gelang es, die Progymnasien und bedeutenderen Sekundarschulen des Landes in lebendigen Zusammenhang mit diesen Anstalten zu bringen und zu heben; schulfreundliche Männer halfen an verschiedenen Orten mit, die Mittelschulen zu heben, und die Gemeinden zeigten sich meist opferbereit, in besonders grossartiger Weise die Einwohner- und die Burgergemeinde von Burgdorf; in stets grösserer Zahl traten aus diesen Anstalten wohlvorbereitete Schüler vom Lande in die Literar- und Realgymnasien ein; ja Burgdorf baute auf sein Progymnasium ein oberes Gymnasium, welches unter der ausgezeichneten Leitung des Rektors Professor Hitzig und unter Mitwirkung vorzüglicher Lehrkräfte und wissenschaftlich hochgebildeter Männer, wie die Pfarrer R. Dür und A. Heuer, rasch emporblühte. Das Gymnasium in Burgdorf und das von Lerber'sche Privatgymnasium haben denn auch in Verbindung mit den Gymnasien von Bern und Pruntrut jährlich ein stattliches Kontingent junger Männer geliefert, welche das Staatsexamen trotz strengster Anforderungen wohl bestanden. Während noch bis 1862 die Zahl der Gymnasianer, welche sich um das Zeugniss der Reife bewarben, durchschnittlich nur 12—14 betrug, finden wir nach diesem Zeitraume 14—18, und seit zehn Jahren 20—30 jährlich. Doch auch von einer andern Seite noch wurde die Frage der wissenschaftlichen Vorbildung in Angriff genommen. Es wurden nämlich die Staatsprüfungen verschärft, indem sie in propädeutische und abschliessende getheilt wurden. Die Zulassung zu denselben wurde von einem Zeugniss über wissenschaftliche Vorbildung abhängig. Von jeher war von den Theologen ein Zeugniss der Reife verlangt worden. Durch Reglement vom Mai 1858, in Kraft getreten den 1. Januar 1861, wurde auch für die Mediziner ein Zeugniss der Reife verlangt, und diese Forderung hielt auch das Konkordat über die Freizügigkeit des schwerischen Medizinalpersonals vom 2. August 1867, welchem Bern beitrat, aufrecht. Für die Apotheker war im Berner-Reglement der Access abhängig gemacht von dem Ausweis der zum Eintritt in die Secunda der Gymnasien von Bern und Pruntrut erforderlichen Kenntnisse, während das Konkordatsreglement einen Ausweis verlangt über den Besitz des zum Eintritt in die chemisch-technische Abtheilung des Polytechnikums erforderlichen Kenntnisse.

Das durch Ermächtigung des Grossen Rathes vom Regierungsrath,
t den 3. November 1858, erlassene Reglement über die Patentprüfungen
Fürsprecher und Notarien macht den Access zu den Prüfungen der
precher abhängig von dem Ausweis über den Grad allgemeiner Schul-
.ng, welche die Kantonsschule in Bern oder Pruntrut auf der obersten
: der Literatur-Abtheilung bezweckt, den Access zu den Prüfungen der
rien von dem Ausweis guter Sekundarbildung. Gleichzeitig wurden die
.ngen der Fürsprecher ausgedehnt auf römisches Recht, Kirchenrecht
Nationalökonomie. Allein das Obergericht, welches den Access zu
·n Prüfungen zu geben hatte, ignorirte das vom Regierungsrath
sene Reglement, der Grosse Rath zögerte, und erst 1870 trat dasselbe
:raft. Nachdem sodann über die Bedingungen zum Eintritt in die
schule den 26. März 1868 ein ziemlich vages Reglement erlassen
en war, welches sich mit den Anforderungen zu den Staatsprüfungen
ügte, und den Eintritt allen freistellte, welche das 18. Jahr zurück-
·t und ein Zeugniss über gute Sitten beibrächten, fand sich doch später
Regierungsrath veranlasst, in einem Reglement vom 24. September 1880
Bestimmungen aufzustellen, und zwar namentlich die für den Access
en Prüfungen der Geistlichen, der Aerzte, der Apotheker, der Notare,
Mittellehrer und Sekundarlehrerinnen gesetzlich aufgestellen Requisite.
rird nunmehr zum Eintritt in die Hochschule von den Theologen, den
izinern und den der Advokatur sich widmenden Studirenden ein Matu-
szeugniss eines Literargymnasiums verlangt; für den Beruf eines Apo-
ers ein Abgangszeugniss aus der drittobersten Klasse eines Literargymna-
s; für den Beruf eines Notars die Bescheinigung vollendeter Sekundar-
lbildung; für den Beruf eines Mittellehrers das Maturitätszeugniss eines
·ar- oder Realgymnasiums; für den Beruf einer Sekundarlehrerin ent-
·r ein Primarlehrerinnenpatent oder ein Abgangszeugniss aus einer vom
erungsrathe hiefür als genügend bezeichneten höhern Unterrichtsanstalt.
: Bestimmungen gelten jedoch nur für die Angehörigen des Kantons
; für die von auswärts kommenden Studirenden gelten einfach die
meinen Bestimmungen : Zurückgelegtes achtzehntes Altersjahr und
.ng der Matrikel. Diejenigen, welche sich keiner Fakultätswissenschaft
brem Umfange widmen, sondern bloss einzelne Vorlesungen hören,
en als Auskultanten betrachtet. Immatrikulirte Studenten, welche in
a Semester keine Vorlesung hören, werden nicht in das Studenten-
:eichniss aufgenommen. Abiturienten von denjenigen Hochschulen, die
eser Hinsicht mit uns im Reciprocitätsverhältniss stehen, bezahlen nur
Hälfte der Immatrikulationsgebühr von 15 Fr.

Doch auch die übrigen Bestimmungen des Programms vom 26. Oktober wurden konsequent und erfolgreich durchgeführt: so die Hebung der philosophischen Fakultät und die Bildung eines höhern Lehrerstandes. Das Letztere wurde schon durch die bedeutende Verbesserung der Lehrerseminarien vorbereitet und ermöglicht. Durch Reglement vom 18. Februar 1859 wurde ein *philologisches* Seminar gegründet und durch Reglement vom 20. Dez. 1882 erweitert und gefördert; die Reglemente vom 11. Februar 1871 und 25. Febr. 1876 begründeten und befestigten das *historische* Seminar, den 12. Oktober 1881 wurde das *romanische* Seminar in's Leben gerufen, und auch die Bernische Kunstschule (Regl. v. 6./22. Mai 1878) trägt das Ihrige zur Bildung tüchtiger Lehrer des Zeichnens bei. Diese Seminare und Schulen standen und stehen sämmtlich unter der Leitung hervorragender Professoren und Lehrer. Zudem kamen denselben die Vorlesungen über Pädagogik, allgemeine und Schweizergeschichte, alte und moderne Sprachen und ihre Literaturen, Mathematik und Naturwissenschaften zu statten, und es wurden zu diesem Zweck auch einige besondere Lehrstühle errichtet, so für Pädagogik, deren Vortrag früher dem Professor der praktischen Theologie übertragen war, für mittelhochdeutsche und altfranzösische Literatur, und ebenso wurden die Lehrkräfte der mathematischen Abtheilung vermehrt. Es konnte daher auch ein Examen-Reglement mit strengern wissenschaftlichen Anforderungen erlassen werden und die Resultate können im Ganzen als sehr günstig bezeichnet werden. *)

Auch der Forderung, häufiger praktische Uebungen, Repetitorien, Konversatorien, Disputatorien und Publica abzuhalten, wurde eifrig nachgelebt: sämmtliche Fakultäten bieten mit jedem Semester meist in allen Hauptfächern solche an, abgesehen davon, dass für die Vorbereitung auf die praktischen Berufsarten dieselben selbstverständlich und unerlässlich sind. Auch ausserhalb der Hochschule wird in Vereinen, Verbindungen und Kränzchen der wissenschaftliche Geist praktisch bethätigt. Ja es tauchte zu Zeiten die Befürchtung auf, es geschehe nach dieser Richtung hin des Guten nur zu viel, und es würden die praktischen Berufs- und Brotstudien auf Kosten der rein wissenschaftlichen und idealen über die Gebühr gepflegt.

Es traten aber auch die Hochschullehrer durch *öffentliche Vorträge* mit dem Publikum in nähere Berührung. Dieselben wurden im Winter

---

*) Vergl. im III. Abschnitt die Berichte über die Seminare und die Mittheilungen des Herrn Prof. Rüegg über die Bildung der Lehramts-kandidaten an unserer Hochschule.

1855 56 ins Leben gerufen, zeitweise vor einer zahlreichen Hörerschaft gehalten, zeitweise vom Publikum vernachlässigt, so dass sie einige Winter hindurch unterblieben, stets aber wieder verlangt wurden. Zum abnehmenden Besuch trugen wohl bei theils die mit theatralischen Vorstellungen, Concerten, Andachtsstunden, Vereins-, Comité- und Leist-Sitzungen, Soiréen und Bällen übersetzten Winterabende, theils die nicht centrale Lage des Rathhauses, in welchem die Vorlesungen meist abgehalten wurden, da der geräumige und akustisch vorzüglich gebaute Grossrathssaal vom Regierungsrath stets in zuvorkommender Weise mit Beleuchtung zum Zweck dieser Vorlesungen bewilligt wurde.

Letzten Winter nun wurden die Vorlesungen im grossen Casinosaal, und zwar zum ersten Male *unentgeltlich*, abgehalten und erfreuten sich einer ausserordentlich zahlreichen Theilnahme. Es gibt eben auch in Bern wie anderswo Leute, die wohl Geld und Zeit, aber nicht immer den Sinn für wissenschaftliche und künstlerische Bestrebungen, und andere, die wenig Geld und Zeit, aber den Sinn haben und desshalb auch die Zeit finden und die Gelegenheit freudig benutzen. Diesen wollte man entgegenkommen, — und man hat sich nicht getäuscht.

Die Erträgnisse dieser Vorlesungen wurden längere Zeit zur Bildung einer akademischen Wittwen- und Waisenkasse verwendet; allmälig stieg das Kapital auf circa 10,000 Franken. Es konnten auch einigen Wittwen kleine Pensionen ausgerichtet werden. — allein nur wenige Professoren traten der Stiftung bei, deren Erhaltung und Aeuffnung neben dem Ertrag der öffentlichen Vorlesungen auf die Jahresbeiträge der Mitglieder angewiesen war. Im Jahre 1874 beschloss sodann der Senat, die Verpflichtung, den Ertrag der öffentlichen Vorlesungen dieser Kasse zuzuwenden, im Hinblick auf die ihr mangelnde Lebensfähigkeit aufzuheben, und es wurde die zweckentsprechende Bereinigung der Angelegenheit den zunächst Betheiligten überlassen.

Zu diesen öffentlichen akademischen Vorlesungen kamen auch öfter einzelne oder Cyklen von öffentlichen Vorträgen, so von Mitgliedern der theologischen Fakultäten, der naturforschenden Gesellschaft; die Professoren *Hilty, Ad. Vogt, Hudber, Stern, H. Hagen, Forster, Bachmann* hielten in Vereinen, in Bern und anderswo, mit grossem Beifall aufgenommene Vorträge; insbesondere sind noch zu erwähnen die im Kunstmuseum jedes Semester von Herrn Professor *Trächsel* gehaltenen kunstgeschichtlichen Vorträge, deren Besuch, von Anfang an zahlreich, in den letzten Semestern auf 100 Zuhörer gestiegen ist.

Allein diese populär - wissenschaftlichen Vorträge der Hochschule weckten auch einen löblichen Wetteifer zu Stadt und Land, und welchen Einfluss die Hochschule auf die Verbreitung wissenschaftlicher Bildung ausgeübt, das beweisen nicht nur die Männer, welche mit gediegenen Vorträgen in den grösseren Ortschaften unseres Kantons, wie Burgdorf, Biel, Langenthal, Thun, Interlaken, Herzogenbuchsee etc., aufgetreten sind, sondern auch die zahlreiche Zuhörerschaft und das rege Interesse, das sie fanden.

Zur Hebung der Hochschule trug ferner die erhöhte finanzielle Dotirung der Lehrstellen wesentlich bei. Das im Gesetz von 1834 festgestellte Maximum der Besoldung von 3000 Fr. a. W., war bei der Einführung der neuen Geldwährung auf 4240 Fr. n. W. (statt 4,347) herabgesetzt worden. Versuche der Erziehungs-Direktion und der Regierung, welche in den Jahren 1861 und 1865 gemacht wurden, eine Besoldungserhöhung beim Grossen Rath zu erwirken, waren erfolglos. Doch war das Hochschulbüdget den 12. Dez. 1862 um 30,000 Fr. erhöht und diese Summe theils zur Errichtung neuer Lehrstühle, theils zur Beförderung und Besoldungserhöhung einer Anzahl Professoren verwendet worden; auch wurde den 20. November 1867 der Regierungsrath ermächtigt in ausnahmsweisen Fällen die in Art. 41 und 47 des Hochschulgesetzes aufgestellten Besoldungsmaxima zu überschreiten, so jedoch, dass im Ganzen die daherige jährliche Mehrausgabe Fr. 10,000 nicht übersteigen solle. Und doch waren die Preise für den Lebensunterhalt, Miethzinse und Steuern bedeutend gestiegen ; diejenigen Docenten, welche nicht durch grössere Kollegiengelder und lukrative Praxis grössere Einnahmen erzielen konnten, waren, zumal wenn ihre Fächer sich nur für einen kleinern Zuhörerkreis eigneten, auf eine finanziell höchst bescheidene Stellung angewiesen, so tüchtig sie sein mochten ; eine Anzahl war genöthigt Nebenverdienst in andern Anstalten oder durch Schriftstellerei zu suchen, nicht immer zum Vortheil ihrer akademischen Lehrthätigkeit, ja auch der Staat kam in den Fall, bürgerlichen Beamten durch Anstellungen an der Hochschule ihr Auskommen zu verbessern. Diesen Uebelständen wurde durch das Besoldungsgesetz der Beamten möglichst abgeholfen, da dasselbe auch für die Hochschullehrer eine finanzielle Verbesserung ihrer Stellung zur Folge hatte.

Auch den *Studirenden* kamen durch Uebertragung der Stipendien auf alle Fakultäten vermehrte finanzielle Unterstützungen zu, indem bereits den 7. Juni 1855 und sodann den 17. Dez. 1877 die Verwendung des

Ertrages der Mueshafenstiftung und des Schulseckelfonds gesetzlich neugeordnet wurde. *)

Besondere Sorgfalt ist ferner der Vermehrung der Subsidiar-Anstalten zugewendet worden. Den bereits bestehenden wurden in diesem Zeitraum beigefügt und neu geschaffen: die psychiatrische Klinik, die Poliklinik für Kinderkrankheiten, die ophthalmologische Klinik, das pathologische Institut, das medizinisch - chemische Laboratorium, das chemische und pharmakognostische Laboratorium, — der botanische Garten wurde reichlicher subventionirt, das chemische Laboratorium mit einem Kostenaufwand von 40,000 Franken in geeignetere und grössere Räumlichkeiten verlegt, zweckmässiger organisirt und ausgestattet, die anatomischen Sammlungen stetig vermehrt, die Entbindungsanstalt, das tellurische Observatorium gebaut, die Thierarzneischule neu organisirt und ausgerüstet, die akademische Kunstsammlung vermehrt, die Kunstschule gegründet, zudem der Bau des Kunstmuseums mit 150,000 Franken subventionirt, an den Bau des neuen Kantonsspitals, welcher nun auch für die Kliniken entsprechende Lehrsäle enthält, 800,000 Franken beigetragen, — und fügen wir noch hinzu den aus freier Initiative der Burgergemeinde der Stadt Bern erstellten grossartigen Bau des naturwissenschaftlichen Museums und die Gründung und Organisation des städtischen historisch-ethnographischen und antiquarischen Museums, — schliesslich die Erstellung einer katholisch - theologischen Fakultät als organisches Glied der Hochschule, — fürwahr, wenn wir diese ganze grosse Arbeit heute an unseren Augen vorübergehen lassen, so können wir uns der freudigen und dankbaren Verehrung nicht erwehren gegenüber unsern Erziehungs-Direktoren, mit welchen Männer wie *Schenk*, Regierungspräsident *Weber*, *Bodenheimer*, *Teuscher*, *L. Kurz*, *Kilian* u. A. vereint frisch, ausdauernd und mit Verständniss der höheren Kulturaufgaben eines Volkes für die Lösung einer so schwierigen Aufgabe thätig waren. Und ebenso erblicken wir in den Opfern der Burgergemeinde für wissenschaftliche und künstlerische Zwecke denselben regen Sinn und Eifer, ein günstiges Zeichen des Entgegenkommens und Zusammenwirkens auf diesen Gebieten, und gedenken dankbar der Herren Oberst *von Sinner*, *Edmund von Fellenberg*, Apotheker *Studer* u. A., welche zur Gründung des Museums so Wesentliches beigetragen. Und wenn wir die materialistische Zeitrichtung in Betracht ziehen, die « schlechten »

---

*) Vergl. Abschnitt III, Bericht des Herrn Erziehungs-Sekretärs Lauener über die Stipendienfonds.

Zeiten, die finanziellen Opfer auf allen Gebieten der Volkswohlfahrt, die mit grossen Opfern erkaufte Stellung im Eisenbahnwesen, das Vorwiegen der Pflege des Ackerbaues und der Viehzucht unter einem fleissigen, haushälterischen, nüchternen Volke, so können wir uns vor Allem der freudigen und dankbaren Anerkennung dieses Volkes nicht erwehren, welches diese Opfer geistigen Gütern bringt in dem Gefühl, dass diese schliesslich auch die materiellen Güter fördern und letztere ohne jene werthlos sind.

Noch erwähnen wir drei wesentliche Aenderungen in der Organisation der Hochschule, nämlich die Zulassung des Frauenstudiums, die Trennung der Thierarzneischule von der Hochschule und die Errichtung einer katholisch-theologischen Fakultät.

Durch Reglement vom 11. Februar 1874 wurde der Eintritt in die Hochschule auch *weiblichen Studirenden* gestattet. Dieselben haben die Bedingungen zu erfüllen, welche überhaupt für den Eintritt in die Hochschule vorgeschrieben sind. Ausserdem haben sie sich auszuweisen: *a.* diejenigen, die nicht eigenen Rechtes sind, über eine beglaubigte Bewilligung ihrer Rechtsvertreter, dass ihnen das Studium an einer Hochschule gestattet sei; *b.* diejenigen, die eigenen Rechtes sind, über eine beglaubigte Bescheinigung, dass sie sich im Zustande eigenen Rechtes befinden. — Ueber die Wünschbarkeit dieser Neuerung waren die Ansichten im Senate sehr getheilt. Indessen wurde sie beschlossen, da die zunächst betheiligten Fakultäten sich in günstigem Sinne aussprachen, das Frauenstudium auch durch unsern Nationalökonomen, Herrn Prof. Dr. v. *Scheel*, gründlich und warm befürwortet wurde. — Die Zahl der weiblichen Studirenden betrug seit 1873/74 163, nämlich 139 in der medizinischen, 22 in der philosophischen und 2 in der juristischen Fakultät. Eine Anzahl derselben hat das Doktorexamen oder das Examen für Sekundarlehrerinnen mit Erfolg, einige sogar mit Auszeichnung, bestanden.

Eine Reorganisation der Veterinär-Abtheilung der medizinischen Fakultät und der *Thierarzneischule* war längst als dringendes Bedürfniss empfunden worden. Die Erziehungs-Direktion suchte die Anstalt durch gesetzliche Organisation nach dem Vorbilde der Zürcherischen und der meisten ausländischen Thierarzneischulen (Leitung durch das Lehrer-Kollegium, den Direktor und eine Aufsichtskommission, dreijähriger Kurs, Aufnahmsprüfung und jährliche Promotionsprüfungen) neu und besser zu gestalten, konnte aber erst im Jahre 1868 mit seinem Gesetzesentwurf beim Grossen Rath durchdringen, nachdem durch die Vorschrift einer Inanspruchnahme der nothwendigen Lehrer und Hülfsanstalten der Hochschule die Verbindung mit der Hochschule beibehalten worden war.*)

Seither hat die Thierarzneischule stetig zugenommen und wohl begründeten Ruf erworben unter der vorzüglichen Direktion von Professor Dr. *Pütz* (jetzt in Halle), von Professor *von Niederhäusern*, der leider durch frühen Tod in seinen besten Jahren, allgemein betrauert, der Anstalt, der Wissenschaft und dem Vaterlande entrissen wurde, und von Professor *Berdez* und unter Mitwirkung ausgezeichneter Lehrkräfte.

Zwar die Sehnsucht, wieder mit der Alma mater organisch verbunden zu werden, sei's in der früheren Weise, sei's als eigene Fakultät, ist von Zeit zu Zeit erwacht und wurde mit der Tüchtigkeit und Hebung des wissenschaftlichen Geistes der Anstalt und ihrem Verhältniss zur Hochschule begründet: auch in den Behörden tauchte dieser Gedanke auf, fand an Professor *Pütz* und Erziehungs-Direktor *Ritschard* warme Vertreter und führte im Senat zu erregten Debatten; allein die Sache blieb ruhen, und es scheint gegenwärtig in fachmännischen Kreisen und in den Behörden die Idee der Errichtung einer grossen Schweizerischen Thierarzneischule einflussreiche Vertreter zu finden und Aussicht auf Erfolg zu haben.

Durch Dekret vom 29. Juli 1874 beschloss der Grosse Rath in Ausführung der §§ 26, Ziff. 2, und 53 des Gesetzes über die Organisation des Kirchenwesens im Kanton Bern vom 18. Januar 1874 an der Hochschule zu Bern und zwar in organischem Zusammenhange mit derselben eine Fakultät für *katholische Theologie* zu errichten.

Ueber Entstehung, Bedeutung und seitherige Geschichte derselben seien hier einige Mittheilungen von sachkundiger Seite angereiht.

Als im Jahre 1830 der Gedanke der Gründung einer gemeinsamen schweizerischen Hochschule zu Tage trat, lieh man auch der Ueberzeugung Ausdruck, dass im Rahmen dieser Hochschule eine *katholisch-theologische Fakultät* nicht fehlen dürfe, « eine Anstalt » — so lautete das Urtheil eines Wohlunterrichteten — « von der höchsten Bedeutung für die geistige Einheit der Schweiz, für die Erzeugung eines gleichförmigen, veredelten Nationalcharakters und die Bildung eines erleuchteten katholischen Priesterstandes » **).

---

*) Vgl. *Kummer*, Geschichte des Schulwesens des Kantons Bern, pag. 61. Bericht des Herrn Prof. Dr. Guillebeau im III. Abschnitt dieser Schrift.

**) Geschichtliche Darstellung der kirchlichen Verhältnisse der katholischen Schweiz, Bd. 3, von 1830 bis auf die Gegenwart, von Dr. A. Henne. Mannheim 1854, S. 123.

Vorläufig blieb jedoch die eidgenössische Hochschule und somit auch die gemeinsame katholisch-theologische Fakultät ein frommer Wunsch, bis derselbe im Jahr 1851 sich der Erfüllung um ein Bedeutendes zu nähern schien. Damals brachte es der Bundesrath bis zur Aufstellung eines vollständig ausgearbeiteten Entwurfs « eines Bundesgesetzes die eidgenössische Universität betreffend », der am 3. August 1851 zur Vertheilung gelangte.

In demselben stand auch die katholisch-theologische Fakultät wieder verzeichnet.

Inzwischen hatte es nicht an Anregungen gefehlt, den Gedanken, dessen Durchführung mit *eidgenössischen* Mitteln schliesslich nicht gelang, *auf kantonalem Boden* zu verwirklichen. Bereits im Jahre 1835 durfte der Erziehungsrath des Kantons *Zürich* den Erziehungsbehörden von Luzern, Solothurn, Glarus, Appenzell I.-Rh., Schaffhausen und Graubünden das Anerbieten machen, Zürich wolle an seiner Universität eine katholisch-theologische Fakultät gründen*). Bei dieser raschen und runden Erklärung scheint jedoch die Sache ihr Bewenden gehabt zu haben.

Langsamer, aber um so nachhaltiger ging man in *Bern* auf den Gedanken ein. Hier wurde der Wunsch, es möchte der Hochschule des Kantons eine katholisch-theologische Fakultät eingegliedert werden, *im Schoosse der Hochschule selbst* zuerst geltend gemacht. Zwei Jahre nach der Gründung der Universität, am 27. April 1836, brachte Prof. Zyro im akademischen Senate die schriftliche Motion ein, es möchte der Senat « in Betracht des dürftigen Bildungszustandes der jurassischen Priester » und mit Rücksicht auf die auch daraus für den Staat erwachsenden Gefahren « *die Errichtung einer katholisch-theologischen Fakultät* dem Erziehungsdepartement als *beste Verbesserung* berührter Gebrechen von sich aus ehrerbietig vorschlagen und fördersamst diese hochwichtige Angelegenheit in Betracht ziehen. » Der Senat wählte zur Begutachtung der Motion eine dreigliedrige Kommission, welche in der Senatssitzung vom 7. Mai 1836 Bericht erstattete. Die Mehrheit der Kommission erklärte sich nun zwar gegen den Vorschlag wegen verschiedener Schwierigkeiten und Bedenklichkeiten, Prof. Zyro selbst zog seine Motion « vorläufig » zurück, und der Senat beschloss, die Sache sei für « *einstweilen* » erledigt. Im Uebrigen beharrte Prof. Zyro auf seinem Standpunkte, hob gegenüber der « etwas schüchternen Betrachtungsweise » der Kommissionsmehrheit hervor: « Laut einem Grundgesetz des sittlichen Handelns dürfe die auf Wahrheit und Recht ruhende Ueberzeugung sich nicht vor den zufälligen Gefahren und Schwierigkeiten beugen, wie denn

---

*) Schweizerische Kirchenzeitung, Jahrgang 1855, Nr. 22.

auch alles Grosse und Entscheidende in der Reform des Lebens, der Kirche und Wissenschaft eben in Folge eines männlichen Kampfes mit den hemmenden und unlauteren Kräften durchgeführt worden sei», — und sprach den Gedanken aus : « Trotz der Fortschritte des protestantisch-theologischen Studiums dürfte doch erst die gleichmässige Aufnahme der katholischen Seite auch wissenschaftlich eine wahrhafte Durchdringung und Einheit der beiden christlichen Bekenntnisse herbeiführen.»

Die Motion Zyro's war in der That nur für « einstweilen » erledigt; es dauerte allerdings ein Jahrzehnt, bis der Antrag auf Gründung einer katholisch-theologischen Fakultät im Senat der Berner Hochschule erneuert wurde, aber er wurde nicht nur erneuert, sondern auch *zum Beschluss erhoben*. Im Frühjahr 1847 diskutirte der akademische Senat den Entwurf zu einem neuen Hochschulgesetze. Bei dieser Gelegenheit beantragte Prof. Henne in der Sitzung vom 24. Mai, « *in das Verzeichniss der Fakultäten auch eine katholisch-theologische aufzunehmen.*» Der Antrag wurde — so sagt das Protokoll der Senatssitzung — « theils von Henne selber, theils von Schaffter, Demme und Ris damit begründet, dass eine katholisch-theologische Fakultät auf der Landesuniversität zur gegenseitigen Annäherung der Confessionen und Paralysirung verderblicher Einflüsse auf den katholischen Theil der Bevölkerung heilsam wirken werde, dass der letztere auf eine katholische Staatsanstalt ein Recht habe, dass der Wunsch nach einer solchen von einem bedeutenden Theile derselben gehegt werde, dass sie, besonders bei dem bevorstehenden Verbot der Jesuitenanstalten ein unabweisbares Bedürfniss sei und durch anderwärts z. B. in Solothurn zu errichtendes theologisches Studium weder vollständig noch sicher ersetzt werde, dass es endlich jedenfalls gut sei, durch diesfällige Anträge eine Entscheidung des Grossen Rathes über die Sache zu veranlassen.»

Auf der andern Seite fehlte es auch dies Mal wieder nicht an Einwendungen, Befürchtungen, heftiger Gegenrede, sogar die räthselhafte Besorgniss wurde laut, eine katholisch-theologische Fakultät könne der philosophischen schaden, auch kam ein Vermittlungsantrag von Prof. Troxler, der so viel wie nichts besagte, für die Bedenklichen scheinbar zur rechten Zeit. Doch die Ueberzeugung, es müsse für die wissenschaftliche Bildung des katholischen Klerus im nationalen Geiste und an einer staatlichen Anstalt etwas geschehen, war eine so einhellige, dass der Senat mit 17 gegen 3 Stimmen zunächst den allgemeinen Beschluss fasste, Hand anlegen und von sich aus der Regierung einen Vorschlag betreffend das Studium der katholischen Theologie machen zu wollen. Sodann wurde auch der bestimmte Antrag auf Errichtung einer katholisch-theologischen Fakultät an der Universität Bern angenommen und sofort weiter beschlossen, in dem Bericht an den Erziehungsdirektor diesem speziell zu empfehlen, dass er die Sache jedenfalls vor den Grossen Rath bringe*).

Was so die Hochschule selbst vorschlug, ihren weiteren Ausbau durch Gründung einer kathol.-theolog. Fakultät, das nahmen die leitenden bernischen Staatsmänner noch nicht sofort auf ihr eigenes Programm. Sie übernahmen vielmehr zunächst die Aufgabe, bei allen eidgenössischen Mitständen die Errichtung einer gemeinsamen kathol.-theolog. Lehranstalt «in rein vaterländischem und wissenschaftlichem Sinne» in Anregung zu bringen. In diesem Sinne lud die Berner Regierung durch Cirkular vom 7. Januar 1848 die sämmtlichen Stände ein, ihre Gesandtschaften bei der gerade versammelten Tagsatzung zur Theilnahme an einer Konferenz zu instruiren.

Die Anfänge des Unternehmens schienen Erfolg zu verheissen. Nur zwei Stände lehnten die Einladung förmlich ab, und auf der Konferenz, die am 11. Februar 1848 im Lokal der bernischen Erziehungsdirektion stattfand, waren sämmtliche Kantone, mit Ausnahme von Appenzell I.-Rh., Unterwalden ob und nid dem Wald und Neuenburg, durch ihre Abgeordneten vertreten.

Ein praktisches Resultat haben jedoch die Verhandlungen der Konferenz nicht gehabt, auch die Kommission, welche von derselben zuletzt gewählt und mit der weiteren Verfolgung der Angelegenheit betraut wurde, ist nach einiger Zeit entschlafen, ohne irgendwelche Leistungen zu hinterlassen.

Die bernischen Staatsmänner aber ermangelten nicht, aus den Vorgängen sich ihre Lehren zu ziehen.

Da trotz der Ueberzeugung Aller von der nationalen Wichtigkeit der Sache ein gemeinsames Vorgehen nicht zu erzielen war, so musste Bern sich auf eigene Füsse stellen. Dann aber lag es am nächsten, den Weg einzuschlagen, auf den seit Jahr und Tag Vertreter der Berner Hochschule hingewiesen hatten, der auch in der Konferenz vom 11. Februar 1848 in den gewichtigsten Voten als der einzig zum Ziele führende war bezeichnet worden, den Weg der Einverleibung einer kathol.-theolog. Fakultät in die Berner Hochschule.

Und einen hierauf zielenden Antrag stellte im Jahr 1849 Regierungsrath Im Obersteg, für den Fall, dass das eben wieder auftauchende Projekt einer eidgenössischen Hochschule mit katholisch-theologischer Fakultät scheitere.

---

*) Protokoll der Senatssitzung vom 24. Mai 1847.

Das Projekt scheiterte, und der Antrag Im Obersteg's ruhte bis zum Anfang der Siebenzigerjahre.

Das Gesetz über die Organisation des Kirchenwesens im Kanton Bern vom 18. Januar 1874 bestimmte in § 53:

« Es ist im Anschluss an die kantonale Hochschule, und zwar als Fakultät, oder dann im Anschluss an ein anderes kantonales oder eidgenössisches Institut, eine höhere katholisch-theologische Lehranstalt zu errichten.

Für die wissenschaftliche Ausbildung katholischer Priesteramtskandidaten ist ein Stipendienkredit auszusetzen, welcher ausschliesslich an diejenigen ausgerichtet werden soll, die an der Staatsanstalt oder an den von den Staatsbehörden bezeichneten Anstalten studiren. »

In Ausführung dieser Gesetzesbestimmung erging unterm 29. Heumonat 1874 das Grossrathsdekret betreffend Errichtung und Organisation einer katholisch-theologischen Fakultät an der Hochschule zu Bern.

§ 1 des Dekretes lautet:

« Es wird an der Hochschule zu Bern und zwar im organischen Zusammenhange mit derselben eine Fakultät für katholische Theologie errichtet.

Dieselbe hat zum Zweck, nebst Förderung der Wissenschaft, insbesondere denjenigen, welche sich dem Dienste der katholischen Kirche widmen, den nöthigen Grad theologisch-wissenschaftlicher und kirchlich praktischer Ausbildung und Befähigung zum geistlichen Berufe zu verschaffen. »

Das Dekret stellt (vgl. § 14) die katholisch-theologische Fakultät, ihre Lehrer und Studirenden den übrigen Fakultäten, ihren Lehrern und Studirenden durchaus gleich.

Die Vorlesungen an der neuen Fakultät begannen mit dem Wintersemester 1874. Die feierliche Eröffnung fand statt am 11. Dezember *).

In der dicht gefüllten Aula waren Vertreter des Staates und der Eidgenossenschaft, die meisten Mitglieder des akademischen Senates, die studirende Jugend und zahlreiche Freunde der Hochschule versammelt. In seiner Eröffnungsrede wies der Direktor der Erziehung, Herr National- und Regierungsrath *Ritschard* u. A. hin auf die vaterländische, auf demokratischer Grundlage beruhende Kirchenorganisation des Jahres 1874, welche

---

*) Vergl. « Reden, gehalten bei der Eröffnung der katholisch-theologischen Fakultät an der Universität Bern, am 11. Dezember 1874 ». (Bern, Druck und Verlag von Jent und Reinert. 1875.)

fusst « einerseits auf dem Grundgedanken des souveränen Staates, anderer-
seits auf dem Grundgedanken der Selbstbestimmung von Gemeinde und
Individuum ». Zur äussern Reorganisation gehört die innere. Eines der
Mittel hiezu « ist die Errichtung einer staatlich geleiteten Lehranstalt zu
Heranbildung von national gesinnten katholischen Geistlichen. Unser Unheil
war die den Errungenschaften und Bestrebungen unserer Zeit abgewandte,
im Autoritätsglauben erstarrte, abseits vom Leben und der Wissenschaft
herangebildete Geistlichkeit. Sie muss mitten in's Leben und in die Wissenschaft hineingestellt werden ». « Das bernische Volk hat diesem Gedanken
beigestimmt mit jener enormen Mehrheit, mit jenen gehobenen Gefühlen.
mit denen es den übrigen im Kirchengesetze niedergelegten Gedanken bei-
gepflichtet hat. Heute nun steht die katholisch-theologische Fakultät, diese
lang gehegte Hoffnung so manches bernischen Patrioten, dieses oft in verschiedenen Formen, aber immer mit den gleichen Grundgedanken aufge-
tauchte, im Sturm vergangener Tage aber immer wieder begrabene Projekt,
verwirklicht da, getragen von der grossartigen Zustimmung des bernischen
Volkes, gesegnet von allen denen, welche in Nah und Fern mit uns am
gleichen Erlösungswerke der Menschheit arbeiten. »

Nach dieser Eröffnungsrede hiess der Rector magnificus, Herr Prof.
Dr. *H. Dor*, die Professoren und Studirenden der neuen Fakultät will-
kommen. Hierauf folgte die ausführliche « Begrüssungsrede » des Dekans
der evangelisch-theologischen Fakultät, Herrn Prof. Dr. *F. Nippold*, (auch
separat erschienen bei Jent und Reinert, 1875); endlich die Festrede des
ersten Dekans der neuen Fakultät, Herrn Prof. Dr. *Johann Friedrich* (ebenfalls im gleichen Verlag besonders erschienen unter dem Titel: « Der Kampf
gegen die deutschen Theologen und theologischen Fakultäten in den letzten
zwanzig Jahren »).

Die Direktion der Erziehung veranstaltete am Abend des gleichen
Tages zu Ehren der neuen Professoren ein Bankett, zu welchem neben
sämmtlichen Mitgliedern des akademischen Senats eine grosse Anzahl
National- und Ständeräthe aus allen Theilen der Schweiz, alle bernischen
Regierungsräthe und zahlreiche Grossräthe geladen wurden. Die Studenten
der Hochschule benutzten den Anlass, um der Berner Regierung und den
Professoren der neuen Fakultät einen glänzenden Fackelzug zu bringen.
Auf die Rede des Sprechers der Studentenschaft, welcher die hohe Bedeutung des Tages für das Vaterland und für den allgemeinen Fortschritt aus-
einandersetzte, antwortete Herr Prof. *Herzog* in ergreifenden Worten,
indem er die Pflichten der Jugend im Kampfe für die Freiheit betonte.

An der katholisch-theologischen Fakultät traten in Wirksamkeit: der zu diesem Zweck vom königl. bayerischen Staatsministerium für ein Jahr beurlaubte Professor Dr. Johann *Friedrich*, bekannt als hervorragender Kirchenhistoriker, Mitglied der königl. bayerischen Akademie der Wissenschaften; Professor Eduard *Herzog* (aus dem Kanton Luzern), früher Lehrer der Theologie in Luzern, dann Pfarrer in Crefeld, Olten, Bern, der jetzige christkatholische Bischof; Professor Franz *Hirschwälder* (aus Schlesien), vorher in München, Herausgeber der Zeitschrift « Deutscher Merkur », des Centralorgans für die katholische Reformbewegung ; Professor E. *Görgens*, vorher am Lyceum in Metz; Dr. Karl *Gareis*, Professor an der juristischen Fakultät, für Kirchenrecht. Zum Professor designirt war A. *Hurtault* aus Frankreich, vorher Pfarrer in Genf (aktiv seit dem Herbst 1876).

Im Herbst 1875 folgte Dr. Gareis einem Ruf nach Giessen. Der nach München zurückkehrende Professor Dr. Friedrich wurde ersetzt durch den zum Professor der Kirchengeschichte ernannten Dr. phil. Philipp *Woker* (aus Westfalen), Döllinger's Sekretär, in München. Zu Ostern 1876 wurde als «professeur de théologie dogmatique et d'histoire ecclésiastique» berufen Dr. Eugène *Michaud* in Paris. Nach Ablauf ihrer Amtsdauer schieden aus : Herr Görgens (Ende des Sommersemesters 1881) und Herr Hurtault (Herbst 1882); die Genannten wurden vorläufig nicht ersetzt. Gegenwärtig lehren an der Fakultät die Professoren Dr. Herzog (neutest. Exegese), Dr. Hirschwälder (systematische Theologie), Dr. Woker (Kirchengeschichte) und Dr. Michaud (Dogmatik und Kirchengeschichte). Für die zur Zeit nicht vertretenen Fächer wird nach Möglichkeit gesorgt.

Die Ziffern der immatrikulirten Studirenden stellten sich in diesen zwanzig Semestern wie folgt *): 9 (1), 10 (1), 11 (1), 11 (1), 15 (2), 13 (1), 17 (2), 11 (3), 13 (0), 11 (0), 8 (1), 7 (1), 8 (1), 8 (1), 9 (2), 10 (0), 10 (0), 9 (0), 9 (1), 10 (2).

Für die Lösung von Preisaufgaben wurde an Studirende der katholischen Theologie zweimal der volle Preis, zweimal das sogenannte Accessit ertheilt. Auf Antrag der katholisch-theologischen Fakultät wurden bisher (eingerechnet die Promotionen am Hochschuljubiläum) fünf Doktoren der Theologie honoris causa creirt; ferner promovirte die Fakultät auf Grund bestandener Examina zwei Licentiaten der Theologie (gemäss Reglement über die Ertheilung der akademischen Würden an der katholisch-theologischen Fakultät der Hochschule Bern vom 26. Juli 1876).

---

*) Die Zahlen in Klammern bezeichnen die Nichtschweizer.

Zur Anlage einer Spezialbibliothek wurde in den Jahren 1875 und 1876 ein Anfang gemacht durch Ankauf einiger älteren und neueren theologischen Werke; mit denselben wurden Werke theologischen und kanonistischen Inhalts vereinigt, welche die ehemalige Kollegiumsbibliothek zu Pruntrut leihweise der hohen Erziehungsdirektion überliess.

Die Anstrengungen zur Hebung der Hochschule waren mit Erfolg gekrönt. Es zeigt sich dies schon deutlich in der Zunahme der Frequenz. *) Zwar nur allmälig trat eine Zunahme der Studirenden ein; den niedrigsten Stand finden wir 1847/48 mit 156, 1853 mit 157; sodann steigt allmälig wenn auch langsam und unter kleinen Schwankungen von 1865/66 die Zahl auf 235, ohne die Veterinärabtheilung auf 221, 1869 auf 300, mit der Thierarzneischule 319; 1680/81 360, mit der Thierarzneischule und den Auskultanten 477; 1883/84 400 immatrikulirte Studirende, mit den Auskultanten 524, mit der Thierarzneischule 565; 1884 — 409 immatrikulirte Studirende, 17 Auskultanten, 44 Schüler der Thierarzneischule: 470. Die grösste Frequenz und Zunahme weist die medizinische Fakultät auf, die Zahl steigt von 38 im Semester 1853/54 auf 53 im Sommer 1854, 64 im Winter 1863/64 auf 104 im Sommer 1867, 154 im Sommer 1873, 163 im Sommer 1880 und hat sich auf dieser Höhe erhalten, 161 im Sommer 1884. Die juristische Fakultät steigt von 47 im Sommer 1854, 41 im Sommer 1862, 33 im Sommer 1863 auf 60 im Winter 1866/67; 93 im Winter 1876 77, 103 im Winter 1879/80, 139 im Winter 1881/82, und beträgt im Sommer 1884 — 131. Die Frequenz der evangelisch-theologischen Fakultät nimmt ab, wie anderswo, und sinkt auf 13 im Sommer 1878 und Winter 1878/79, und steigt wieder wie an andern Hochschulen und aus bekannten Gründen in den Semestern von 1880 an auf 27, 35, 36, 38, 40. Die philosophische Fakultät steigt von 11, 15, 17, 21 in den Jahren 54—58, auf 31, 44, 52 und unter Schwankungen und Rückgängen auf 62, 70 und zählt seit drei Semestern 67.

Die Zusammenstellung der statistischen Tabellen weist nach, dass an der Berner Hochschule seit Gründung derselben immatrikulirt wurden: Berner 2444, aus andern Kantonen 1532, Ausländer 513, zusammen 4489. Von diesen waren 458 evangelische, 51 katholische Theologen (seit der Stiftung der Fakultät 1874), 1427 Juristen, 1589 Mediziner, 658 Philosophen, 297 Veterinäre (bis zur Trennung der Thierarzneischule von der Hoch-

---

*) Vergl. die statistischen Tabellen, Anhang Nr. I. A und B

chule 1869). Dabei ist jeder Student nur einmal gezählt, die laufende
;ummer des Albums weist gegenwärtig 4789 *immatrikulirte* Studirende auf.
Allein nicht nur die Quantität, sondern auch die Qualität der Stu-
lirenden hatte zugenommen. Theologen, Mediziner, Philosophen und ein
»eträchtliches Contingent Juristen traten mit gediegener wissenschaftlicher
;orbildung ein, der grössere Theil der übrigen hatte wenigstens die Vor-
»ildung einer gehobenen Sekundarschule genossen. Die Forderungen für
lie Staatsexamen waren bedeutend verschärft, die Prüfungen strenger, die
:rgebnisse im Ganzen erfreulicher.

Die Doktorpromotionen stiegen von 8 auf 12 bis 23 im Jahr; die grosse
Iehrzahl derselben fiel auf die medizinische Fakultät, doch auch in der
»hilosophischen und juristischen Fakultät werden jedes Jahr in der Regel
nehrere vollzogen. Ueber das Ergebniss der wissenschaftlichen Prüfungen
:heilen wir die im Bericht der Erziehungs-Direktion über das Schuljahr
1883/84 veröffentlichten Data mit:

	Examinan-den.	Promovirt oder patentirt.
Propädeutische Prüfungen für das Predigtamt . .	10	10
Praktische Prüfungen » » » . .	5	5
Prüfungen für die katholischen Geistlichen . .	3	3
Theoretische Fürsprecherprüfungen	13	6
Praktische »	12	10
Notariatsprüfungen	45	32
Propädeutische medizinische Prüfungen . . .	26	15
Praktische » » . . .	25	17
Pharmazeutische propädeutische » . .	8	7
» praktische » . .	6	6
Thierärztlich-propädeutische » . . .	9	7
» praktische » . . .	8	6
Patentprüfungen für Sekundarlehrer . .	14	8
Fachprüfungen	14	10
Total	198	142

In Beziehung auf das sittliche Verhalten der Studirenden wird der
Fleiss und das anständige Betragen der weitaus grossen Mehrzahl ge-
rühmt. Die Strafe der Relegation musste selten verhängt werden. Konflikte mit der Polizei führten 1863 zu der Einführung von Ausweiskarten.
Einzelne Studentenverbindungen rieben und rauften und duellirten sich in
aufgeregten Zeiten und hin und wieder kamen Provokationen und Skandale
vor, selten Rohheit und Gemeinheit. Die Aufregung wich ruhigerer Be-

trachtung und den Ermahnungen und Rathschlägen wohlmeinender Lehrer und älterer Freunde. Es siegte in der Regel das Bewusstsein, Söhne derselben Alma mater zu sein, die Anerkennung des Rechtes freier Ueberzeugung und Richtung und das akademische Ehr- und Anstandsgefühl. Auch das Verhältniss zu den Lehrern ist meist das der Pietät und der Verkehr ein ungezwungener, anregender und fördernder. Wie der sorgfältig ausgearbeitete Studienplan für die Bernische Hochschule vom 25. April 1866 über den Studiengang in allen Fakultäten eingehende Rathschläge ertheilt, so sind auch die akademischen Lehrer jederzeit bereit gewesen, Rath und Förderung einem jeden der Commilitonen zukommen zu lassen, der ihnen Vertrauen schenkte. Es ist diese Thätigkeit der Lehrer zwar eine nicht in die Augen fallende und lässt sich auch nicht in Berichten statistisch in Zahlen ausdrücken, aber sie ist um so intensiver und lohnender und ist öfter schon für die Laufbahn und das Lebensglück eines jungen Mannes entscheidend gewesen. Die akademische Jugend hat denn auch — namentlich bei Anlässen der Freude und der Trauer — ihre Anhänglichkeit an ihre Lehrer bewiesen, und die oft glänzenden Fackelzüge, welche den Scheidenden oder am Grabe den Verstorbenen gebracht wurden, galten uns stets als ein Zeichen, dass die Gefeierten und die Beklagten das heilige Feuer in der Brust dieser Jünglinge mit dem Besten, was sie bieten konnten, genährt hatten.

Wenn wir nun noch die *Hochschullehrer* erwähnen, welche in diesem Zeitraum, die einen länger, die andern kürzer, hier gewirkt haben, so gedenken wir besonders derer, die heimgegangen sind oder in Ruhestand getreten; es war uns nicht möglich, all die gediegenen wissenschaftlichen Werke und Abhandlungen aufzuzählen, welche, zum Theil von grossem Ruf, von unserer Hochschule ausgegangen sind; es erschien uns unbillig und unbescheiden, die einen — wenn auch wider Willen — vor den andern zu bevorzugen, und zudem sind die Namen der noch in Wirksamkeit Stehenden der wissenschaftlichen Welt, und insbesondere den Fachmännern, bekannt.

In der *evangelisch-theologischen* Fakultät setzten ihre Lehrthätigkeit fort Prof. *Gelpke* bis zu seinem Tode 1871; Prof. *Immer* bis er 1881 in Ruhestand trat; Prof. *G. Studer*, 1878 in Ruhestand tretend, aber als Professor honorarius der Fakultät bis heute erhalten; Prof. *Wyss* bis er 1863 in Ruhestand trat. Der Regierungsrath munterte, auf Antrag der Erziehungsdirektion, im Frühling 1859, Pfarrer Dr. *Ed. Güder* an der Nydeckkirche und Pfarrer *Ed. Müller* an der Heil. Geistkirche auf, als honorirte Docenten an der Hochschule theologische Vorlesungen zu halten. Leider sah sich Dr. *Güder* durch die Last seiner Amtsgeschäfte und seiner kirchlichen Thätigkeit veranlasst, bereits 1863 seine Lehrthätigkeit an der Fakultät aufzugeben. Auch die Freude, ihn 1878 als Professor honorarius wieder zu besitzen, währte nicht lange, da er, allgemein betrauert, bereits im Jahr 1881 der Kirche und Theologie entrissen wurde. Hochverdient um die bernische und schweizerische reformirte Kirche, zu deren hervorragenden Leitern er gehörte, ein milder und irenischer Vertreter der kirchlichen Rechte, hat sich Güder wissenschaftlich auf allen Gebieten der Theologie bethätigt. Seine Monographie über die Lehre von der Erscheinung Jesu Christi unter den Todten (1853), seine Herausgabe der vergleichenden Darstellung des lutherischen und reformirten Lehrbegriffs, seine zahlreichen Abhandlungen aus dem Gebiete der Ethik, der schweizerischen Kirchengeschichte, der praktischen Theologie, insbesondere sein Artikel über Zwingli in der Real-Encyklopädie von Herzog, zeugen von gediegenem wissenschaftlichem Geist, gründlicher Gelehrsamkeit und einer ebenso ausdauernden als elastischen und allseitigen Arbeitskraft, besonders wenn man die grosse Arbeitslast in Betracht zieht, welche er als Seelsorger und als Mitglied vieler kirchlichen und bürgerlichen Behörden und Comités rüstig und gewissenhaft bewältigte. — Er war Doktor der Theologie, honoris causa, von Königsberg.

Als Nachfolger von *Wyss* wurde 1863 zum ordentlichen Professor der praktischen Theologie Pfarrer *Eduard Müller* (Doctor theologiae, h. c., von Bern), gewählt, welcher neben den ihm zugewiesenen Fächern seit Beginn seiner Lehrthätigkeit die *theologische Ethik* und bis zur Erstellung eines Lehrstuhls für Pädagogik auch diese Disziplin vorgetragen hat. 1869 trat in die Fakultät Professor Dr. *Holsten* (Doctor theologiae, h. c., von Jena) ein, eine ausgezeichnete Lehrkraft für neutestamentliche Exegese, namentlich paulinische Schriften. Durch hervorragenden kritischen Scharfsinn, gründliche sprachwissenschaftliche Methode, philosophisch und theologisch fein und allseitig gebildeten Geist, durch konsequentes Dringen auf ernste Wissenschaftlichkeit und besonders auch durch die formvollendete sprachliche Darstellung hat sich Holsten um die theologische Fakultät und die Hochschule grosse Verdienste erworben, und sein Weggang nach Heidelberg (1876) wurde auch in weitern Kreisen schmerzlich empfunden. 1870 sodann hatte die Fakultät das Glück, an Professor Dr. *Fr. Nippold*, Professor extraord. in Heidelberg, eine ebenso ausgezeichnete Lehrkraft für die kirchengeschichtlichen Fächer zu gewinnen. In seltener Weise hat der berühmte Bearbeiter der neuern Kirchengeschichte auf die Studirenden und die jungen Pfarrer anregend eingewirkt durch persönlichen Umgang, freundliche Hingabe, aufmunternde Anerkennung auch des verborgenen und bescheidenen Talentes, erfolgreiche Anregung zu schriftstellerischer Thätigkeit, und insbesondere auch durch die licht- und geistvolle Darstellung des geschichtlichen Stoffes in zündender Rede. Welch hohe Anerkennung dem treuen Freund der Jugend und dem verdienstvollen akademischen Lehrer und Gelehrten allgemein zu Theil wurde, zeigte der glänzende Fackelzug, welchen ihm die gesammte akademische Jugend brachte und die vielen Beweise der Dankbarkeit seiner frühern Schüler und Freunde bei seinem Wegzug nach Jena (Frühling 1884).

Einen dritten schweren Verlust erlitt die Fakultät durch den am 16. April 1880 erfolgten Tod von Professor Dr. *Fr. Langhans*, geb. den 2. Mai 1829, Doctor theologiae, h. c., von Zürich. Einer der Hauptführer der kirchlichen Reformbewegung im Kanton Bern und in der Schweiz, grundsätzlich und unbeugsam wo es sich um Grundsätze handelte, hochbegabt, geistvoll und allseitig gebildet, ein gründlicher wissenschaftlicher Forscher von eisernem Fleiss und mächtigem Wahrheitstrieb, in der Hitze des Kampfes oft im Innersten aufgeregt, ein schneidiger Redner, half er, nachdem durch das Kirchengesetz von 1874 die hochgehenden Wogen des Kampfes sich gelegt hatten, in der Synode am Werk des Aufbaues der Kirche in friedlichem Geist, und hat sich insbesondere als Präsident der liturgischen Kommission um die Erstellung einer neuen Liturgie, deren alle Richtungen sich freuen, grosse Verdienste erworben. Bekannt ist sein Werk über die äussere Mission, welches seiner Zeit so grosses Aufsehen erregte, — und sein zweites grösseres Werk: « das Christenthum und seine Mission im Lichte der Weltgeschichte ». 1871 zum ausserordentlichen und 1876 zum ordentlichen Professor berufen, hat er mit besonderem Eifer und Erfolg die noch junge Wissenschaft der Religionsgeschichte gepflegt und Dogmatik und Symbolik vorgetragen.*)

An seine Stelle wurde 1880 sein Bruder, Prof. Dr. *Eduard Langhans*, (Doctor theol. h. c. von Zürich 1883) für systematische Theologie gewählt (Privatdocent seit 1877). Die Fakultät hat ferner einen von ihr längst gehegten Wunsch, dass nämlich eine gediegene wissenschaftliche Kraft der kirchlichen Rechten ihr zugetheilt werde, erfüllt gesehen durch die Wahl der Herrn *S. Oettli* zum Professor für das Alte Testament und durch die Habilitirung des Herrn Lic. theol. *Ad. Schlatter* (1881) als Privatdocent. Für die 1859 durch Resignation erledigte Professur für praktische Theologie in französischer Sprache wurde als honorirter Docent Herr Pfarrer

---

*) Vergl. Zur Erinnerung an Dr. Ernst Friedrich Langhans, Reden von Stauffer, Müller, Nippold und Bitzius. Bern 1880.

Delhorbe gewählt, welcher aber bereits nach zwei Jahren starb; auch sein Nachfolger, Dr. A. Schaffter, trat bald in die philosophische Fakultät über. Als Privatdocent habilitirte sich ferner Dr. Ed. v. Muralt (1864—69). Für *Kirchengesang und Hymnologie* habilitirte sich 1859 Dr. J. *Mendel*, Organist am Münster, welcher 1875 als Honorarprofessor in die philosophische Fakultät trat. Mendel hat sich als hervorragender Orgelvirtuose und Komponist, als gründlich gebildeter Kenner der Kirchenmusik, als eifriger, anregender Gesanglehrer, als Redaktor des musikalischen Theiles des Kirchengesangbuches, so wie auch durch seine Schriften über Kirchengesang bedeutende, allgemein anerkannte Verdienste erworben. Schliesslich habilitirte sich Lic. theol. *R. Rud. Rüetschi*, der Sohn eines Schülers und Lehrers der Hochschule, 1863 als Privatdocent.

Ueber den Bestand des Lehrerpersonals der *katholisch-theologischen Fakultät* s. pag. 113.

In der *juristischen Fakultät* setzten ihre Lehrthätigkeit fort: die Professoren DDr. *R. Schmied* bis zu seiner Pensionirung, *J. Leuenberger* bis zu seinem Tode, *Ed. Pfotenhauer* bis zum Eintritt in den Ruhestand; — 1855 wurde zum ordentlichen Professor der Staatswissenschaften berufen Professor Dr. *B. Hildebrand*, welcher aber schon 1861 einem Rufe nach Jena folgte. Bereits 1854 hatte sich Dr. *W. Munzinger* als Privatdocent für französisches Recht habilitirt.

Walther Munzinger wurde den 13. September 1830 zu Olten geboren, kam im Jahre 1848 mit seinem zum Bundesrath gewählten Vater nach Bern, studirte hier und sodann in Paris Jurisprudenz, machte im Jahre 1854 in Bern das Staatsexamen und begab sich zu seiner weiteren wissenschaftlichen Ausbildung nach Berlin. Der Tod seines Vaters rief ihn in die Heimat zurück. In Bern erwarb er bald nachher die juristische Doktorwürde (Gegenstand seiner Doktor-Dissertation war die causa cariana) und habilitirte sich 1854 als Privatdozent für französisches und Kirchenrecht, griff jedoch bald weiter und las namentlich auch über Institutionen des römischen Rechts. Bereits im Jahr 1857 wurde er zum ausserordentlichen, 1863 zum ordentlichen Professor ernannt. Neben den bereits genannten Vorlesungen hielt Munzinger auch solche über Handels- und Wechselrecht, deutsches Privatrecht, Encyklopädie und schweizerisches Bundesrecht. «Mit grosser Leichtigkeit arbeitete er sich in die verschiedensten Fächer ein und wusste überall das Vorhandene trefflich zu verarbeiten, zu beherrschen und für weitere Kreise zu verwerthen und nutzbar zu machen.» Prof. König hat seinem Freunde und Kollegen einen warmen Nachruf gewidmet, dem wir Folgendes zur Würdigung der Persönlichkeit und wissenschaftlichen Bedeutung Munzinger's entnehmen: « Sein Vortrag als Dozent war klar, lebendig, geistvoll, oft hinreissend, immer fesselnd. Den Studirenden stund er als theilnehmender Freund und Berather zur Seite, er bekümmerte sich wie ein Vater um den Einzelnen und hatte zu Jedem ein freundliches Wort ».

« Seinen Kollegen war er ein treuer Freund, hingebend und aufopfernd in wahrhaft beschämendem Masse. Nicht sein Wissen und seine Stellung als Gelehrter allein war es, die ihm die Achtung Aller gewann und erhielt, sondern sein lauterer, biederer Charakter, seine tiefe innige Gemüthlichkeit und Herzensgüte, sein Wesen ohne Falsch. »

Was Munzinger's wissenschaftlichen Ruf begründete, waren ein im Jahr 1862 ausgearbeitetes Gutachten über die Frage eines schweizerischen Handelsgesetzbuches und der im Jahre 1865 im Druck erschienene Entwurf eines Handelsgesetzbuches mit einem Band sorgfältig gearbeiteter «Motive». Der Vertrauensstellung, die er durch diese Arbeiten sich errang, entsprach es, dass ihm durch das eidgenössische Justizdepartement auch die Ausarbeitung des weitergehenden Entwurfes eines schweizerischen Obligationenrechts übertragen wurde. Die Arbeit erschien im Druck, wurde in einer Kommission durchberathen, aber Munzinger war es nicht beschieden, an das Werk die letzte Hand zu legen.

Ausserdem verfasste er auch in amtlichem Auftrage ein Gutachten betreffend die Gewähr der Viehhauptmängel und ein anderes, betreffend die französischen Moratorien.

In zweifelhaften und schwierigen Fragen suchten aber nicht bloss die Behörden seinen Rath, sondern auch der Handelsstand, und eine Menge gedruckter und ungedruckter Gutachten legen in dieser Beziehung ehrendes Zeugniss für ihn ab.

« Wie Munzinger als Jurist Theorie und Praxis in so glücklicher Weise verband, so verfolgte er auch als Staatsmann stets bestimmte praktische Zwecke. Dieser Tendenz verdankt seine kirchenrechtliche Studie über Papstthum und Nationalkirche (1860) ihre Entstehung. Er bekämpft darin mit Wärme die Nothwendigkeit der weltlichen Macht des Papstthums und noch mehr die Unnatur der päpstlichen Allgewalt ». Damals war Schulte sein Hauptgegner. « In der Hauptsache hatte Munzinger Recht, Schulte selbst hat mit der grössten Freimüthigkeit anerkannt, « in einer tiefen Täuschung gelebt zu haben. » Das vatikanische Concil einigte auch diese Männer und glich ihre kleinern Differenzen aus, denn seither sahen wir sie beide Hand in Hand als Vorkämpfer der Opposition gegen die päpstliche Allgewalt. »

Für die Schweiz wünschte Munzinger eine Einigung der zerstückelten schweizerischen katholischen Kirche, Aufhebung der Nuntiatur, Organisation eines Nationalconcils und von Diöcesansynoden u. s. w.

«In dem Kampfe, der nach dem Jahre 1870 in der katholischen Kirche ausbrach, musste er einer Sache, die er als die wahre ansah, seine Thätigkeit und seine reichen Mittel zur Verfügung stellen.»

« Er nahm mit Augustin Keller an dem bekannten Katholikenkongress in München theil und veröffentlichte dann ein aufklärendes Wort über Personen und Sachen.» « Die Schrift ist mit seltener Wärme und Innigkeit geschrieben; jedes Wort verräth seine innere Bewegung und seine Ueberzeugung, der Wahrheit zu dienen. Mit wahrer Seelenfreude wiegt er sich in dem Gedanken einer allgemeinen christlichen Gemeinde und einer Annäherung und Vereinigung von Katholiken und Protestanten.» « Die Frage nach dem endlichen Resultat fiel ihm zusammen mit der Frage, ob es überhaupt in der Geschichte ein Siegen der Wahrheit, einen Fortschritt der Menschheit auf dem Gebiete des Geistes gäbe.»

« Munzinger gehörte bald zu den entschiedensten, intelligentesten und geachtetsten Führern der altkatholischen Partei, und noch seine letzte Arbeit war dieser Sache gewidmet.»

« Einem andern praktischen Zweck verdankt seine schöne Studie über Bundesrecht und Bundesgerichtsbarkeit (1871) ihre Entstehung.»

Bei der Gründung eines schweizerischen Juristenvereins wirkte er thätig mit, war im Jahr 1865 dessen Präsident, und übernahm mehrmals Referate für die Versammlungen desselben.

Bei Neuconstituirung unserer Gemeindsbehörden berief das Vertrauen seiner Mitbürger Munzinger in den grossen Stadtrath, und im Jahre 1871 sandten ihn die Wähler des Oberaargaues als ihren Vertreter in den Nationalrath.

Munzinger erkrankte im Frühjahr 1871 an einem Halsübel und starb in der Nacht vom 28./29. April; sein Leichenbegängniss war das grossartigste und feierlichste, an das jetzt lebende Menschen sich in Bern zu erinnern vermögen.*)

---

*) S. Zeitschrift des Bernischen Juristenvereins, herausgegeben von Prof. König. Bd. VIII, S. 321 ff.

Zum ordentlichen Professor des Staatsrechtes wurde 1862 berufen und folgte 1870 einem Ruf nach Zürich Prof. Dr. *Gustav Vogt*. Die durch den Rücktritt von R. Schmied erledigte Professur für römisches Recht übernahm 1869 Dr. *Emil Vogt*, geb. den 3. August 1820, gest. 28. April 1883. In seinen Schriften zeigt sich Vogt als einen in der alten und neuen Fachliteratur bewanderten, seinen Stoff allseitig beherrschenden Schriftsteller, der den Kern der Dinge herauszuschälen sucht und überall selbständige Ansichten entwickelt. Seine Darstellung und sein akademischer Vortrag waren wie sein ganzes Wesen, originell, eigenartig, alle Schablone und alles Schulmässige verachtend. Er genoss in den Reihen der Bern. Juristen grosse Popularität und hat sich um die Hochschule und die Pflege des bernischen und schweizerischen Rechtes allgemein anerkannte Verdienste erworben. Er ragte auch hervor durch seine humane Gesinnung und seine hohe musikalische Begabung und Bildung. An seiner mit grosser akademischer Ehrenbezeugung begangenen Bestattung, ward der Trauer um ihn u. A. in den Worten Ausdruck gegeben: « Wir betrauern in dem Dahingeschiedenen den unvergesslichen Lehrer, den väterlichen Freund und Berather, den Menschen von Herz und Charakter. » *)

Eine Anzahl vorzüglicher jüngerer Lehrkräfte gehörte der Fakultät nur kürzere Zeit an. Professor Dr. *Karl Gareis* (1873—75) und nach ihm Professor Dr. *Ph. Zorn* (1875—76) hatten die schwere Aufgabe, den allverehrten Munzinger auf dem germanischen und kirchenrechtlichen Lehrstuhl zu ersetzen. Ihrer vereinten Thätigkeit verdanken wir das Werk: « Staat und Kirche in der Schweiz» (2 Bde., 1877). Dr. *Adolf Samuely*, 1871 zum ordentlichen Professor des öffentlichen Rechts berufen, übernahm später auch die Vorlesungen über Kriminalrecht, Straf- und Civilprozess. Er verband mit gründlichem und vielseitigem Wissen eine Lehrgabe von seltenem Glanze und fesselnder Kraft. Er starb in vollster Jugendkraft den 30. August 1881, nachdem er kurz vorher zum Rektor der Hochschule gewählt worden war. Dr. jur. und philos. Freiherr *Hans von Scheel* wurde 1871 auf den Lehrstuhl für Nationalökonomie berufen. Er lehrte vom Standpunkt des Katheder-Socialismus aus mit grossem Erfolg bis 1878, in welchem Jahre er als Regierungsrath nach Berlin berufen wurde. Dr. *Emil Rott* habilitirte sich 1876 als Privatdocent, wurde 1877 Professor extraordinarius für deutsches Privatrecht, Wechsel- und Handelsrecht, und 1880 zum ersten Sekretär des Bundesgerichtes in Lausanne gewählt.

---

*) Vergl. Zeitschrift des Bern. Juristenvereins. Jahrg. 1883, pag. 388 ff.

Sodann finden wir eine Anzahl hervorragender Rechtslehrer, welche in französischer Sprache dociren. So Professor Dr. *Alph. Rivier* (1863—1868), jetzt in Brüssel, für römisches und französisches Recht; Professor Dr. *Anatole Dunoyer* (1864—1870), jetzt in Paris, für Geschichte und National-ökonomie; Professor Dr. *Ed. Carlin* (1868 bis zu seinem Tode 1870); Professor Dr. *Em. Acollas* (1870—1872); Professor Dr. *Karl Appleton* (1872—1876); Professor Dr. *Edm. Guillard* (1876—1880); Professor Dr. *J. B. Brissaud* (1870—1883), sämmtlich für französisches Civilrecht; als Privat-docenten Oberrichter *Garnier* (1861—1870), Dr. *Gobat* (1867).

Der gegenwärtige Personal-Bestand der juristischen Fakultät ist folgender:

Dr. jur. und philos. *Gustav König*, für bernisches Recht und ver-gleichendes schweizerisches Privatrecht, seit 1871; Professor Dr. *Karl Hilty*, für allgemeines schweizerisches und kantonales Staatsrecht und Völkerrecht, seit 1874; Professor Dr. *August Oncken*, für Nationalökonomie, seit 1878; Professor Dr. *Alb. Zeerleder*, für deutsches Privatrecht, Handels-und Wechselrecht, Kirchenrecht und Encyklopädie, seit 1880; Professor Dr. *Karl Stooss*, für Strafrecht, Strafprozess und Civilprozess, seit 1882; Professor Dr. *Julius Baron*, früher in Greifswalde, für römisches Recht, seit 1883; Dr. *Virgile Rossel*, ausserordentlicher Professor für französisches Recht.

Als *Privatdocenten:* Dr. *Vincenz John*, für Staatswissenschaften, seit 1880; Dr. *Waldemar Marcusen*, für römisches Recht, seit 1880; Dr. *Xaver Gretener*, für Strafrecht, seit 1883.

In der *medizinischen Fakultät* finden wir ebenfalls eine Reihe aus-gezeichneter Lehrkräfte, welchen dieselbe nebst der Erstellung neuer Lehr-stühle ihre Prosperität und ihren grossen Ruf verdankt.

Nach dem Tode des Professors *Vogt* wurde 1861 für spezielle Noso-logie und Therapie Professor Dr. *Biermer* berufen, der bereits 1865 einem Ruf nach Zürich folgte, später nach Würzburg und dann nach Breslau berufen wurde; auf ihn folgte 1865 als medizinischer Kliniker Professor Dr. *Munk*, der, als genialer Arzt und Lehrer wie als liebenswürdiger Mensch allgemein betrauert, 1871 früh verstarb; dann 1871 Professor Dr. *Naunyn*, welcher nach kurzer Wirksamkeit 1873 an die Universität Königsberg übersiedelte; 1873 Professor Dr. *Quincke*, der 1878 einem Rufe nach Kiel folgte und zu seinem Nachfolger Professor Dr. *Lichtheim* erhielt. Für die Professur der Chirurgie und der chirurgischen Klinik

war nach dem Rücktritt von Professor *Demme* Professor Dr. *Lücke* gewonnen worden, der 1872 einem Rufe an die neu gegründete Universität
Strassburg folgte und zu seinem Nachfolger Professor Dr. *Theodor Kocher*
erhielt.

Für Anatomie des Menschen und vergleichende Anatomie wurde 1863
Prof. Dr. *Christoph Aeby* berufen, welcher auf Anfang des nächsten Wintersemesters einem Rufe nach Prag folgt; Prof. Dr. *Moritz Schiff* lehrte von
1856 bis 1862 vergleichende Anatomie. An der Stelle des erkrankten und
dann verstorbenen Prof. *G. Valentin*, übernahm 1882 Prof. Dr. *Paul
Grützner* den Lehrstuhl für Physiologie und gedenkt bereits mit kommendem
Wintersemester einem Rufe nach Tübingen zu folgen. Prof. Dr. *Klebs*,
später in Würzburg, Prag, jetzt in Zürich, bekleidete den vom ihm in's
Leben gerufenen Lehrstuhl für pathologische Anatomie von 1866 bis 1872,
und erhielt zu seinem Nachfolger Prof. Dr. *Theodor Langhans*. Für
Geburtshülfe und Gynäkologie wurde nach dem Tode des Vaters 1861
Prof. Dr. *Theodor Hermann* gewählt, der aber ebenfalls allgemein betrauert
im besten Mannesalter 1867 starb. An seine Stelle trat Prof. Dr. *August
Breisky*, welcher 1874 einem Ruf nach Prag folgte. Sein Nachfolger ist
Prof. Dr. *Peter Müller*.

Nach dem Tode von Prof. Dr. *Rau* wurde 1862 die Professur der
Augenheilkunde Prof. Dr. *Zehender* übertragen, und als dieser 1866 wieder
nach Rostock übersiedelte, 1867 Prof. Dr. *Dor* an seine Stelle berufen. Als
dieser sodann 1876 nach Lyon zog, wurde Prof. Dr. *Ernst Pflüger* 1876
zum ausserordentlichen, 1879 zum ordentlichen Professor der Augenheilkunde gewählt.

In ungeschwächter Lehrthätigkeit finden wir seit 1835 Prof. Dr. *Karl
Emmert*, sowohl auf dem Lehrstuhl für Staatsmedizin, als in den Gerichts-
sälen, der wissenschaftlichen Thätigkeit und der ärztlichen Praxis. An
theilweise neu errichteten Lehrstühlen finden wir Prof. Dr. *Adolf Vogt*,
seit 1877, für Gesundheitspflege und Sanitätsstatistik; Prof. Dr. *Marcellus
von Nencki* für medizinische Chemie, Privatdocent 1872, ausserordentlicher
Professor 1876, ordentlicher Professor 1877; Prof. Dr. *Balthasar Luchsinger*
für experimentelle Pharmakologie und Toxikologie, Prof. Dr. *R. Schärer*,
für Psychiatrie seit 1863; Prof. Dr. *Rudolf Demme* für Kinderkrankheiten.
Prof. Dr. *Jonquière* übernahm seit Reorganisation der Poliklinik 1866 als
Honorarprofessor den Lehrstuhl für Materia medica.

Zahlreich sind die Privatdocenten, welche sich im Lauf der letzten
Jahre an der medizinischen Fakultät habilitirt haben, unter ihnen Männer

von wissenschaftlichem Ruf und grossen Verdiensten. Wir erwähnen aus frühern Jahren besonders Apotheker Dr. *Christian Müller* (geb. 23. April 1816, gest. den 16. Juni 1881) an der Hochschule thätig von 1854—1860 als honorirter Docent für Pharmacie und Toxikologie, um die Wissenschaft und das engere und weitere Gemeinwesen hochverdient. Sodann hatten wir das Glück unsern Mitbürger, Prof. Dr. *Flückiger* in Strassburg von 1861—73 zuerst als Docent, dann als Professor der Pharmacie und Pharmagnosie an unserer Hochschule zu besitzen.

Der gegenwärtige Personalbestand der Privatdocenten an der medizinischen Fakultät ist folgender:

Privat-Docenten:

Herren Dr. *Karl v. Erlach*, für syphilitische und Hautkrankheiten, seit 1855; Dr. *Eugen Dutoit*, für pathologische Anatomie, seit 1865; Dr. *Emil Emmert*, für Augenheilkunde, seit 1870; Dr. *Adolf Valentin*, für innere Medizin, seit 1871; Dr. *Friedrich Conrad*, für Geburtshülfe und Gynäkologie, seit 1874; Dr. *Karl Girard*, für Chirurgie, seit 1875; Dr. *Paul Dubois*, für physikalische Diagnostik, seit 1876; Dr. *Hermann Albrecht*, für Kinderkrankheiten, seit 1877; Dr. *Rudolf Dick*, für Geburtshülfe und Gynäkologie, seit 1879; Dr. *Adolf v. Ins*, Vorsteher des äussern Krankenhauses, für Dermatologie und Syphilis, seit 1880; Dr. *Heinrich Bircher*, für Chirurgie, seit 1881; Dr. *Max Flesch*, für Anatomie, seit 1883; Dr. *Georg Jonquière*, für Kehlkopf- und Ohrenkrankheiten, seit 1883; Dr. *Hermann Sahli*, für innere Medizin, seit 1884.

Die *philosophische Fakultät* erfreute sich bis 1881 der Lehrthätigkeit ihres erprobten Veteranen Professor Dr. *Fr. Ris*; neben ihm lehrten Professor Dr. *Karl Hebler* (Privatdocent 1855, ausserordentlicher Professor 1863, ordentlicher Professor 1872) und Professor Dr. *G. Trächsel* (Privatdocent 1859, ausserordentlicher Professor 1871, ordentlicher Professor 1878) Philosophie in all ihren Disziplinen, letzterer namentlich auch Kunstgeschichte.

Zudem lehrte mit grossem Erfolge von 1860 bis 1866, zuerst als Honorar-, dann als ordentlicher Professor der Philosophie — Professor Dr. *Moritz Lazarus*, von Berlin, als Lehrer besonders durch seine psychologischen Vorlesungen wirksam, — ein Virtuose der Rede und Gesprächsführung, in der Literatur bekannt durch sein « Leben der Seele » und die mit *Steinthal* begründete und herausgegebene « Zeitschrift für Völkerpsychologie und Sprachwissenschaft », in Bern sowohl durch seine geselligen Tugenden als durch die Stiftung des « Lazarus-Preises » in dankbarer Erinnerung.

Herr Professor *Hans Rüegg* (ausserordentlicher Professor seit 1870), gewesener Seminardirektor in Münchenbuchsee, trägt die pädagogischen Fächer vor und leitet die praktischen Uebungen. Klassische Philologie und die einschlagenden Disziplinen lehrte Professor Dr. *Rettig* bis zu seinem Eintritt in den Ruhestand. Von 1856 bis 1861 erfreute sich die Hochschule der Lehrthätigkeit von Professor Dr. *Otto Ribbeck*, später in Kiel und Heidelberg und nunmehr als Nachfolger *Ritschl's* in Leipzig. Sein Nachfolger (1860—1863) war Professor Dr. *Hermann Usener*, gegenwärtig in Bonn. Auf ihn folgte Dr. *Johann Melchior Knaus* von 1863 bis 1878; sodann seit 1878 als ordentlicher Professor Dr. *Hermann Hagen* (Privatdocent seit 1865), — neben letzterem seit 1878 Gymnasialrektor Professor Dr. *Hitzig*. Als Professor für deutsche Sprache und Litteratur entfaltete schon seit 1855 seine glänzende und anregende Lehrthätigkeit Professor Dr. *Karl Pabst*. Durch seine allseitige Bildung, seine hohe Begabung, seinen idealen Schwung und seine klare, lichtvolle Darstellung des Stoffes war er wie Wenige zum Lehrer der auf das Ideale gerichteten Jugend berufen, welche ihm begeistert anhing und ihm ein dankbares Andenken bewahrt hat.

Karl Pabst[*]) wurde geboren am 10. Juli 1809 zu Elberfeld, bezog 1827 die Universität Halle, studirte anfangs Theologie und ging später zur Philologie über, wurde sodann ein Schüler *Passow's* in Breslau, nahm an der Burschenschaftsbewegung Theil, wurde verhaftet, zwei Jahre in vorläufiger Haft gehalten, im Jahre 1836 zu fünfzehn Jahren Festung verurtheilt, aber im Jahre 1838 begnadigt. Im Jahre 1838 noch verliess er Deutschland und kam nach Bern, um eine Lehrerstelle in dem Bouterweck'schen Institut in Wabern zu übernehmen. Nach Jahresfrist gab er diese Stellung auf und wurde am Progymnasium in Biel angestellt, 1841 erhielt er die Leitung dieser Anstalt, 1847 wurde er an's Gymnasium in Bern berufen, 1855 übernahm er das Rektorat des Gymnasiums, legte dasselbe 1862 nieder, wurde aber der Anstalt, die ihm eine glänzende Zeit des Aufschwunges und der Blüthe mitverdankte, bis zum Jahre 1871 als Lehrer erhalten. — 1871 erhielt er die ordentliche Professur der deutschen Sprache und Literatur an der Hochschule, an welcher er als Professor extraordinarius schon seit 1855 gewirkt hatte. — Er starb den 26. April 1873.

---

[*]) Vgl. den ausführlichen Nekrolog von Schöni in den « Alpenrosen », Jahrgang 1873, Nr. 24 ff.

Ihm folgte als ordentlicher Professor der deutschen Sprache seit 1874 Professor Dr. *Ludwig Hirzel*. Als ausserordentlicher Professor für deutsche Sprache und Literatur wirkte von 1861 bis 1873 Professor Dr. *Ludwig Tobler*, gegenwärtig in Zürich. Germanische Philologie lehrt Professor Dr. *Ferdinand Vetter* seit 1876. Romanische Sprachen und Literaturen lehrte Professor Dr. *A. Schafter* (1863 ausserordentlicher, 1873 ordentlicher Professor). Er nahm 1875 seine Entlassung, um sich nach Amerika zu begeben. Seine Lehrfächer wurden vertreten durch den Docenten Gymnasiallehrer *Alexander Favrot*, jetzt Regierungsstatthalter in Pruntrut. Für den Lehrstuhl für romanische Sprachen und Litteraturen wurde sodann 1879 gewählt Professor Dr. *Heinrich Morf*. Als Honorar-Professor für orientalische Sprachen und Litteratur hatte sich seit 1853 bis 1883 Professor Dr. *Alois Sprenger* bei uns angesiedelt, der berühmte Verfasser des Lebens und der Lehre Mohammed's, der alten Geographie Arabiens etc. etc.

Schweizergeschichte lehrt seit 1861 Prof. Dr. *Basilius Hidber* (1868 ausserordentlicher, 1870 ordentlicher Professor). An Prof. Dr. *Henne's* Stelle wurde 1855 als Professor der allgemeinen Geschichte berufen Prof. Dr. *Karl Hagen*, geb. 1810, gest. in Bern den 24. Januar 1868. Zuerst Privatdocent der Geschichte in Erlangen, dann Professor in Heidelberg, wurde er wegen Theilnahme am Frankfurter Parlament abgesetzt. Als akademischer Lehrer fesselte und förderte er seine Schüler durch seine neue Gesichtspunkte eröffnende Behandlung namentlich der Burgunderkriege und der Reformationsgeschichte, durch die lichtvolle Gruppirung des Stoffes und die klare, anregende, geistvolle Darstellung. Seine Hauptwerke sind : 1. Deutschland im Reformationszeitalter, 3 Bde ; 2. Fortsetzung von Eduard Duller's *Deutscher Geschichte*, 5 Bde. (wovon Duller die beiden ersten schrieb). 3. Geschichte Deutschlands seit den Karlsbader Beschlüssen, 2 Bde. Ausserdem eine grosse Zahl von meist politisch-historischen Aufsätzen, sowie mehrere kleinere Werke, worunter : Das Leben des Malers J. Voltz von Nürnberg, und Leitfaden der allgemeinen Geschichte für höhere Schulen in 3 Abtheilungen (Alterthum, Mittelalter, Neuere Zeit). Eine die wichtigsten literarischen Produktionen beleuchtende Biographie erschien wenige Wochen nach seinem Tode im Feuilleton des Bund (3 Nummern) 1868. Seine Nachfolger waren Prof. Dr. *Eduard Winkelmann* (von 1869—1873) jetzt in Heidelberg, und seit 1873 Prof. Dr. *Adolf Stern*, ordentlicher Professor seit 1878. Als Professor honorarius für Musik lehrte von 1859 bis 1867 Dr. *Eduard Frank*, jetzt in Berlin, und in gleicher Stellung Prof. Dr. *Mendel* (geb. 1809, gest. 1881) seit 1875. (S. o. evang.-

theol. Fakultät). Als honorirter Privatdocent für Zeichnen und Malen lehrt seit 1866 *Paul Volmar*.

Auch unter den zahlreichen Privatdocenten der Abtheilung für Philosophie, Philologie und Geschichte finden wir Lehrer von hervorragender Bedeutung. Wir nennen aus frühern Zeiten Dr. *Albert Jahn*, seit 1834, Dr. *Charlesson Hahn*, Dr. *Menz*, Dr. *Ulrich Vogel*, Dr. *Ed. Pfander*, Dr. *Wilhelm Gisi*, Dr. *R. Schöni*, Dr. *A. Rohr*; Dr. *Bäbler* für Pädagogik und Dr. *Ed. Müller* für Sanskrit. Gegenwärtig lehren: Dr. *Heinrich Dübi*, Organist *Karl Hess*, für Musik und Musikgeschichte; Dr. *Emil Kurz*.

In der Abtheilung für Mathematik und Naturwissenschaften sind in Ruhestand getreten Prof. Dr. *B. Studer* und Prof. Dr. *Maximilian Perty*, in ungeschwächter Kraft wirken Prof. Dr. *L. Schläfli*, Dr. *Ludw. Fischer*, Professor der Botanik, (P. D. seit 1853, a. Prof. 1860, ord. Prof. 1863). Den Lehrstuhl für Chemie bekleidet seit 1862 als ord. Professor, Dr. med. und philos. *Val. Schwarzenbach*. Auf den Lehrstuhl für Physik und Astronomie wurde 1856 berufen Prof. Dr. *Wilhelm von Beetz*, jetzt in München; 1858 Prof. Dr. *H. Wild*, jetzt Direktor der Sternwarte in Petersburg; 1869 Prof. Dr. *Aimé Forster*. Den Lehrstuhl für Zoologie und allgemeine Naturgeschichte bekleidet seit 1879 als Prof. ord. Dr. *Theophil Studer* (P. D. 1873); Astronomie lehrt als Prof. extraord seit 1880 Prof. Dr. *Georg Sidler* (P. D. 1856, Prof. honorarius 1866); Pharmacie und Pharmakognosie Prof. extraord., Staatsapotheker Dr. *P. Perrenoud* (P. D. 1874). Schwere Verluste erlitt die Fakultät durch den im Jahr 1884 erfolgten Tod der hochgeschätzten Lehrer Prof. J. J. Schönholzer und Prof. Dr. J. Bachmann.

J. J. Schönholzer, (geb. 22. April 1844, gest. 8. Jan. 1884) Lehrer der Mathematik am obern Gymnasium besass ein seltenes Lehrtalent. Ein warmer Nachruf im Berner Schulblatt vom 2. Februar 1884 sagt von ihm: «Ruhig und gemüthlich entwickelte er die mathematischen Formeln und Sätze und doch schaute am Ende der Vorlesung der Zuhörer erstaunt zurück auf das grosse Gebiet, durch das ihn der Führer geleitet. Klar und geistvoll war sein Vortrag, musterhaft seine Ausdrucksweise, meisterhaft seine Methode.» P. D. seit 1877, wurde er 1878 zum ausserordentlichen Professor gewählt. Sein früher Tod entriss den allgemein geehrten Lehrer seinen zahlreichen ihm dankbar ergebenen Schülern und der Wissenschaft.

Prof. Dr. *Bachmann*, geboren 4. April 1837, gestorben 2. April 1884, verlebte seine Jugend bei seinen Eltern in seinem Geburtsorte Wynikon,

:t. Luzern. Später besuchte er das Gymnasium in Luzern, und studirte
1 Basel und Zürich Naturwissenschaften. 1863 kam er als Lehrer der
1aturgeschichte an die Kantonsschule in Bern und 1868 habilitirte er sich
ls Privatdozent. 1873 wurde er an Stelle des Herrn Professor B. Studer
um ord. Professor der Mineralogie und Geologie an der Hochschule in
lern ernannt. Er besass alle Tugenden eines gründlichen und gewissen-
aften Lehrers und hat seine Schüler zu wissenschaftlicher Erforschung
ier geologischen Verhältnisse der Schweiz und speziell des Kantons Bern
1ächtig angeregt. Von seinen Schriften sind mir besonders bekannt: Der
Boden von Bern. Die Kander. Ferner mannigfaltige Untersuchungen
oineralogischer und geologischer Art.

An seine Stelle wurde für Mineralogie und Geologie berufen Prof. Dr.
Armin Baltzer aus Zürich.

Auch die Abtheilung für Mathematik und Naturwissenschaften hat
1nter ihren früheren und gegenwärtigen Privatdozenten bedeutende Lehr-
aäfte aufzuweisen. — Wir nennen aus früherer Zeit: Dr. *Hugo Schiff*.
Dr. *Schinz*, Dr. *Simmler*, Dr. *Gerster*. Dr. *Cherbuliez*, *E. Jenzer*, Dr. *Buri*,
R. Walther, Dr. *Arnold Lang*, Dr. *Gräfe*; gegenwärtig sind habilitirt:
K. Gabriel Rud. Blaser, für Mathematik, seit 1867; *Albert Benteli*, für
descriptive und praktische Geometrie; Dr. *Johann Rudolf Graf*, für
Mathematik und mathematische Physik, seit 1878; Dr. *Friedrich Schaffer*,
für Chemie, seit 1879; Dr. *Arnold v. Wurstemberger*, für Elektrotechnik,
seit 1882; *Eduard Petri*, für Geographie, seit 1883; *Albert Leuch*, für
Mathematik, seit 1883; Dr. *Gottlieb Huber*, für Physik und Mathematik,
seit 1883; Gymnasiallehrer *Johann Jakob Künzler*, Lehrer der englischen
Sprache seit 1879.

Fügen wir schliesslich noch bei, dass das kollegialische Verhältniss
meist ein ungetrübtes war, und dass man sich anstrengte, den gerecht-
fertigten Wünschen der Behörden in Beziehung auf frühern Anfang und
spätern Schluss der Semester, soweit es möglich war, bereitwillig nachzu-
kommen.

Der wissenschaftliche Austausch mit den auswärtigen Universitäten
war stets ein reger und reicher, obgleich wir mehr empfingen, als wir zu
geben vermochten; — auch erwiderte der Senat die Einladungen an die
Jubiläen verschwisterter Anstalten durch Deputationen, Gratulationen und
Festschriften und in ähnlicher Weise die Fakultäten die Jubiläen hervorragender Fachgenossen. — So war unsere Universität vertreten bei den
grossen Gedenktagen der Universitäten Jena, Breslau, Wien, Würzburg,
Tübingen, Upsala, Leyden, Edinburgh, Basel, Zürich u. a.

Wir haben auch da als bescheidenes Glied des grossen wissenscl lichen Organismus wie im Zusammenleben der Fakultäten unter einai und in unserm Verhältniss zu Schule, Staat, Kirche und dem gesamu Volks- und Kulturleben die Wahrheit des Wortes erfahren : « W¬ Glied leidet, da leiden die andern mit, und wo ein Glied wird herrlich halten, da freuen sich die andern mit. »

Dritter Abschnitt.

— —

Die Stiftungen, Anstalten und Vereine, welche mit der Hochschule in Verbindung stehen.

I.

Die Stipendienfonds der Hochschule.

1. Die Mueshafenstiftung *)

rde mit Einführung der Reformation im Jahr 1528 von der Berner
gierung gegründet; in einem Mandat gab sie dem Lande die Zusicherung,
ss sie den Ueberschuss der Klostergutseinkünfte so verwenden werde,
ass es gegen Gott und die Welt zu verantworten sei», worunter die Er-
htung von Armen-, Kranken- und andern Wohlthätigkeitsanstalten ver-
nden war.   Ausser dem obern und untern Spitale, wurde durch Raths-
schluss vom 16. und 20. November 1528 ein Mueshafen, d. h. eine Sup-
nanstalt für die Hausarmen der Stadt, die durchwandernden Bettler und
irenden Schüler errichtet.   Es wurden Mues, Brod, Korn, Fleisch, Klei-
ngsstücke und Geldspenden vertheilt.   Nach und nach vermehrten sich
ι Einkünfte noch, aber auch die Verwendung erlitt mancherlei Verände-
ngen, insbesondere wegen der Missbräuche, die sich bei der Natural-
stung einschlichen.   Das Bestreben der Vennerkammer, welcher die Ver-
iltung oblag, ging mehr und mehr dahin, die Schüler und Studenten zu
günstigen und die Unterstützungen der Armen und Bettler, ursprünglich
ι Hauptsache, abzuschütteln und dem oberen Spital zuzuweisen.   Durch

---

*) Es existirt weder eine geschriebene noch eine gedruckte Stiftungsurkunde; das
iche gilt vom Schulseckelfond.

die Beschlüsse und Reglemente, welche der Rath am 19. Mai 1643 un
16. März 1652 erliess, wurde der Mueshafen zur reinen Schulstiftung. Nebe
den Schülern und Studenten waren auch die Lehrer genussberechtigt. I
Jahr 1776 wurde die Naturalvertheilung grösstentheils aufgehoben und i
Gelduuterstützungen verwandelt. Die letzte vor 1798 abgelegte Rechnun
des Mueshafens zeigte ein Einnehmen:

an Geld . . . von 1002 Kronen 23¹/₂ Batzen,
» Dinkel . . » 2265 Mütt 11¹/₂ Mäss,
» Haber . . » 186 » 4¹/₂ »
» Roggen . . » 18 » 3 »

und ein Ausgeben:

an Geld . . . von 2885 Kronen 13¹/₄ Batzen,
» Dinkel . . » 1096 Mütt 7¹/₂ Mäss,
» Haber . . » 90 » 2¹/₂ »
» Roggen . » 10 » 6⁸/₁₆ »

Nach der französischen Invasion wurde der Mueshafen als einstige
Klostergut zum helvetischen Staatsgut geschlagen, im Jahr 1803 aber de
Verwaltung des Stadtrathes von Bern unterstellt; er sollte wie bisher zu
Unterstützung der studirenden Jugend verwendet werden. Die Verwendung
selbst wurde der akademischen Curatel übertragen, welche am 31. März
1806 ein neues Reglement erliess. In einem Alumneum erhielten 16 Päda
gogianer, d. h. studiosi theol. freie Wohnung auf der Schule, nebst Fr. 10(
alte Währung in baar und 10 Mütt Dinkel oder deren Geldersatz; 20 Col-
legianer, d. h. candidati theol. erhielten Stipendien von Fr. 200 a. W., seier
sie in Bern oder auf einem Vikariat; endlich wurde eine unbestimmte Zal'
(vorläufig 20) von Mueshafenbeneficien zu je Fr. 100 a. W. in baar für
andere Schüler ausgesetzt. Im Jahr 1831 ging die Verwaltung an das Erziehungs-Departement über. Die sich zwischen Staat und Stadt Bern erhebenden Streitigkeiten über das Eigenthumsrecht wurden durch den bekannten Dotationsvergleich vom 17. und 26. Juni 1841 beigelegt. Beide
Theile leisteten Verzicht auf das Eigenthum des Mueshafen- und Schulseckelfonds; dagegen übernahm die Regierung die Verwaltung und Verwendung beider Stiftungen, über welche von der Staatsrechnung gesonderte
Rechnung geführt werden soll. Das Vermögen des Mueshafenfonds belief
sich damals auf Fr. 404,955. 71 alte oder Fr. 586,935. 67 neue Währung
und wurde später der Hypothekarkasse zur Verwaltung übergeben, welche
an steuerfreiem Zins 4 %, dann 4¹/₄ % und in neuester Zeit wieder 4 °,
bezahlte.

Unter'm 7. Juni 1855 erliess der Regierungsrath ein neues Stipendienreglement, welches die Verwendung des Stiftungsertrages, wie folgt, festsetzte:

16 Stipendien für Studirende der Theologie à Fr. 400 jährlich Fr. 6,400

20 » » Kandidaten » » (Vikarien) à Fr. 300 jährlich . . . . » 6,000

30 kleine Stipendien à Fr. 150 jährlich für Studirende aller Fakultäten jährlich . . . . » 4,500

20 kleine Stipendien à Fr. 150 jährlich für Schüler der zwei obersten Klassen der Kantonsschule jährlich . . . » 3,000

21 Stipendien à Fr. 60 jährlich für Freistellen an den sechs untern Klassen der Kantonsschule . . . . . . » 1,440

Beitrag an die Kosten des Schulfestes und der Schülerreisen höchstens . . . . » 2,000

Preise nach genanntem Reglement, höchstens . . . Fr. 500—900

Am 17. Dezember 1877 erliess der Regierungsrath infolge einer im Grossen Rathe wiederholt gestellten Motion und gestützt auf gründliche Untersuchungen und Begutachtungen ein wesentlich verändertes Reglement über die Verwendung des Ertrages der Mueshafenstiftung und des Schulseckelfonds. Der Mueshafenfond war unterdessen auf die Summe von Fr. 779,705. 55 angewachsen. Das Maximum der Mueshafenstipendien wurde der Veränderung des Geldwerthes Rechnung tragend auf Fr. 500 erhöht; die Studirenden aller Fakultäten wurden einander gleichgestellt, doch soll für die Theologen in allen Fällen eine Summe von Fr. 6400 reservirt bleiben; Studirende, deren Eltern ihren Wohnsitz in der Stadt Bern haben, sollen in der Regel nur halbe Stipendien erhalten; für Stipendien und Freiplätze an die Schüler der Kantonsschule (seit 1880 des städtischen Gymnasiums) werden Fr. 4400 ausgesetzt; die Preise und Beiträge an die Schülerreisen sollen nicht mehr dem Mueshafen-, sondern dem Schulseckelfond entnommen werden. 5 % des Ertrages sind zu kapitalisiren.

Im Jahre 1883 wurden folgende Stipendienbeträge ausgerichtet:

1) An Studirende der Theologie . . . . Fr. 8,837. 50

2) » » des Rechts . . . . » 2,987. 50

3) » » der Medizin . . . . » 6,500. —

4) » » der Philosophie . . . . . . » 6,775. —

5) » Schüler des städtischen Gymnasiums (für Stipendien und Freiplätze) . . . . » 4,372. 50

Total: Fr. 29,472. 50

Die Verwaltungskosten betrugen Fr. 17. 80. Das Kapitalvermögen belief sich am 31. Dezember 1883 auf die Summe von Fr. 803,567. 65.

2. Der Schulseckelfond

wurde wahrscheinlich 1529 gegründet, zunächst durch Private ausdrücklich zur Unterstützung armer Schüler; er erhielt aber auch Zuschüsse des Staates aus den Klosterlandvogteien Frienisberg, Interlaken, Königsfelden und Zofingen. Im Laufe der Zeit erlitt die Verwaltung und Verwendung ebenfalls die mannigfaltigsten Modifikationen. Es wurden aus dem Fond Schulprämien verabfolgt, Lehrmittel angeschafft, verfolgte Protestanten unterstützt, Zehrpfennige an reisende Studenten und Gelehrte abgegeben, dazu kamen die Kosten der Solennität, der Schulverwaltung und Zulagen an Lehrer etc. Laut Rechnung vom Jahr 1794 betrug das Vermögen des Schulseckels 25,390 Kronen 8 Batzen oder Fr. 91,994. 02 n. W. Während der Helvetik und Mediation theilte der Schulseckel das gleiche Loos, wie der Mueshafen. Wie oben bemerkt, wurde im Dotationsvergleich über die beiden Fonds in gleicher Weise verfügt. Doch musste der Schulseckel von seinem Kapital von Fr. 82,005. 43 alte oder Fr. 118,848. 43 neue Währung. nach Uebereinkunft vom 22. Mai 1843, Fr. 12,500 alte Währung der Stadt Bern als Beitrag an die Primarschulen herausgeben.

Das angeführte Reglement vom 7. Juni 1855 betimmte, dass der Ertrag des Schulseckelfonds verwendet werde:

Für Prämien und Preise an der Kantons- und Hochschule;

für Leistung eines Beitrages (Fr. 10. 86) an das Fädmingerstipendium und zur Unterstützung fremder Glaubensgenossen;

für Reisestipendien.

Statt der Prämien und Schulpfennige wurden später an der Kantonsschule die Schülerreisen eingeführt.

Das Reglement vom 27. Dezember 1877 liess die Verwendung des Schulseckelfondertrages ziemlich unverändert. Es werden nun vorab Fr. 2250 dem Gymnasium der Stadt Bern als Beitrag an die Schülerreisen verabfolgt. dazu kommen die Hochschulpreise. Für Reisestipendien bleibt ein höchst bescheidener Betrag, so dass den vielen Anforderungen und Bedürfnissen in dieser Richtung nur in ungenügender Weise entsprochen werden kann. Der Fond hat sich desshalb auch nicht geäufnet wie der Mueshafenfond und belief sich am 31. Dezember 1883 auf Fr. 108,747. 50.

3. Die Haller'sche Preismedaille.

Durch Stiftungsbrief vom 1. Januar 1809 verfügte Herr *Ludwig Zeer-leder*, Mitglied des Kleinen Rathes, zu Ehren des Herrn *Albrecht v. Haller*, seines mütterlichen Grossvaters, dass je alle fünf Jahre eine Denkmünze, 25 Dukaten schwer, von der akademischen Curatel oder jedesmaligen obersten bernischen Behörde der hiesigen Akademie und Schulen, nach eingeholten Zeugnissen der Lehrer und nach bestem Wissen und Gewissen demjenigen jungen Manne nach Vollendung hiesiger Studien ertheilt werden solle, der sich, er sei geistlichen oder weltlichen Standes, in Durchgehung der bernischen Schulen und Akademie, durch Aufführung, Fleiss und Talente am meisten wird ausgezeichnet haben. Gleichzeitig übergab Herr Zeerleder den Behörden eine bereits geschlagene Medaille und die Stempel derselben, schon 1754 verfertigt, nebst Fr. 1200 a. W.

Die Medaille (1 Dukaten gleich Fr. 11. 40) hatte einen Werth von Fr. 285. In neuerer Zeit gab man ihr aber einen Gehalt von Fr. 330 bis 350 Goldwerth. Der Kapitalstand des Fonds belief sich am 31. Dezember 1883 auf Fr. 4202. 10. Bei nächster Hochschulfeier sollen zwei Medaillen zur Vertheilung gelangen, weil seit 10 Jahren keine vertheilt wurde.

4. Der Lazaruspreis,

gestiftet durch Schenkungsakt vom 13. November 1865 von Herrn Dr. *Moritz Lazarus* aus Berlin, Professor der Philosophie an der Hochschule Bern, gegenwärtig Professor in Berlin. Die Schenkung betrug Fr. 1500; ihr Zweck soll sein unter den Studirenden selbständig wissenschaftliche Arbeiten zu fördern. Für eine von der philosophischen Fakultät aus dem Kreise aller philosophischen Studien, jedoch mit Bevorzugung der Ethik, Pädagogik und Philosophie ausgewählte und richtig gelöste Preisfrage solle jeweilen ein Preis («Lazaruspreis») von wenigstens Fr. 100 entrichtet werden. Die Lösung der Preisfragen und die Zuerkennung des Preises fand nicht regelmässig statt, so dass der Fond bis 31. Dezember 1883 auf Fr. 3107. 80 angewachsen ist.

5. Das Lückestipendium.

Durch Stiftungsurkunde vom 9. März 1869 gegründet von den drei Geschwistern, Herrn *Gustav Lücke* zu Magdeburg, Frau *Emilie Türke*, geb. *Lücke* zu Schönberg (Preussen) und Herrn Dr. *Albert Lücke*, Professor der Chirurgie an der Hochschule Bern, nunmehr Professor der

Chirurgie an der Universität Strassburg, zum Gedächtniss ihrer am
9. Dezember 1868 in Magdeburg verstorbenen Mutter, Frau Caroline
Schwieger, verwittwet gewesene Lücke, geb. Coqui. Die Schenkung betrug
Fr. 3750 und hat den Zweck, einen unbemittelten, zu Bern immatrikulirten
Studirenden der Medizin während seiner Studienzeit zu unterstützen, oder
einem solchen die Anschaffung für die Praxis nothwendiger chirurgischer
Instrumente zu erleichtern. Vom Zins sollen aber jedes Jahr vorab Fr. 20
kapitalisirt werden. Die höchst wohlthätige Unterstützung gelangte ziemlich
regelmässig zur Vertheilung. Der Fond betrug auf 31. Dezember 1883
Fr. 4418. 25.

6. Die Hallerstiftung.

Am 12. Dezember 1877 wurde der 100jährige Todestag des grossen
Gelehrten und Dichters, Albrecht Haller, nicht nur in der Stadt, sondern
im ganzen Kanton Bern in würdiger Weise gefeiert. Um das Andenken
des grossen Berners am besten zu ehren, wurde die Gründung einer Hallerstiftung beschlossen, bestehend in einem Fond, der aus Sammlungen im
ganzen Kanton, aus freiwilligen Beiträgen, allfälligen Schenkungen und
Legaten gebildet wird. Der Ertrag dieses Fonds soll verwendet werden zur
Verabreichung von Stipendien an Söhne von Kantonsbürgern oder im Kanton
Bern niedergelassenen Schweizerbürgern, welche sich dem Studium der
Naturwissenschaften widmen, in erster Linie solchen, die sich dem Lehramte zuwenden. Die Ausrichtung von Stipendien darf jedoch erst statt-
finden, wenn der Fond auf wenigstens Fr. 20,000 angestiegen sein wird.
Die Verwaltung besorgt eine Kommission von sechs Mitgliedern. Präsident
ist der jeweilige Erziehungsdirektor; die fünf Mitglieder werden von der
philosophischen Fakultät, der Direktion des naturhistorischen Museums der
Stadt Bern und den Vorständen der naturforschenden, ökonomischen und
medizinisch-chirurgischen Gesellschaft des Kantons Bern gewählt. Die erste
Sammlung ergab Fr. 5735. 16; bis 31. Dezember 1883 ist der Fond auf
Fr. 9007. 13 angewachsen.

7. Zinsertrag des Linderlegates.

Bekanntlich erhielt das Bisthum Basel seiner Zeit von Fräulein Linder
ein Legat, dessen Ertrag zur Beförderung der Heranbildung erleuchteter
und würdiger Priester verwendet werden sollte; auf 1. Januar 1878 hatte
der bezügliche Fond einen Kapitalbestand von Fr. 285,714. 28. Gemäss
Beschluss der Diöcesankonferenz vom 26. Januar 1878 soll der Zins davon
unter die sieben Diöcesanstände (Solothurn, Luzern, Aargau, Zug, Basel-

ınd, Thurgau und Bern) im Verhältniss ihrer katholischen Bevölkerung ertheilt werden. In der Folge wurden aus dem Zinsantheil, welcher dem ʿanton Bern zufiel, Studirenden der christkatholischen Theologie an er Hochschule Bern Stipendien von Fr. 500 ausgerichtet. Doch wurde der ʿrtrag nicht vollständig aufgezehrt, so dass sich ein Kapital gebildet hat, ʿelches sich am 31. Dezember 1883 auf Fr. 8945. 20 belief.

Stand der Stipendienfonds

auf Ende Dezember 1883.

1) Mueshafenfond   . . . . . Fr. 803,567. 65
2) Schulseckelfond   . . . . . » 108,747. 50
3) Haller'sche Preismedaille . . . » 4,202. 10
4) Lazaruspreis . . . . » 3,107. 80
5) Lückestipendium . . . . . » 4,418. 25
6) Hallerstiftung . . . . . . » 9,007. 10
7) Zinsertrag des Linderlegates . . » 8,945. 20

Total: Fr. 941,995. 60

8. Das Müslin-Stipendium

gestiftet durch den grossen Kanzelredner *David Müslin*, Pfarrer am Münster in Bern, laut Testaments-Urkunde vom 28. Januar 1816. Der hochherzige Stifter bezeichnet dasselbe als vom ihm gestiftet zum Andenken seines besten Freundes und Amtsgenossen, des am 10. Januar 1813 als oberster Helfer am Münster verstorbenen Herrn *Ludwig Stephani*, als Denkmal seiner Verdienste um Kirche und Vaterland, « damit sein Name nicht untergehe in den Fluthen der Zeit ». Aus den Zinsen des Legates von 5000 Bernpfund oder 1500 Bernkronen sollen jeweilen ein homiletischer und ein katechetischer Preis von je 4 und, wenn das Kapital sich vermehrt, von je 5 Berner-Duplonen bei der Konsekration der Predigtamtskandidaten an diejenigen Kandidaten verabreicht werden, welche nach Urtheil der Prüfungs-Behörde die beste Probe-Predigt und Katechisation gehalten, vorausgesetzt, dass diese überhaupt als preiswürdig erklärt werden können. Die Preise sind längere Zeit wegen Verhandlungen des Erziehungs-Departements mit den Erben des Testators über die von diesem gewünschte Form der Vertheilung, welche nunmehr geordnet ist, nicht ausgerichtet worden, so dass sich das Kapital vermehrte und nunmehr laut Rechnung auf den 31. Dezember 1883 Fr. 23,883. 50 beträgt.

Unter Verwaltung besonderer Curatorien stehen foldende Stipendien:

9. Das Fädminger Stipendium.

Dasselbe beruht auf einem « testamentlichen Verkommniss » des Dekans Joseph Fädminger (von Thun gebürtig) und seiner Hausfrau, vom Rath bestätigt den 19. Oktober 1586, laut welchem 5000 ℔ dem Schulseckel mit der Bestimmung übergeben wurden, dass der Ertrag zu 6 grössern und 6 kleinern Stipendien — jetzt von 40 und 30 Franken per Jahr — an empfehlenswerthe dem Kirchen- und Schuldienste sich widmende Schüler dienen, die Auswahl und Ausrichtung durch gemeinsamen Rath der « Prädikanten, Helfer, Professoren und Schulmeister » geschehen und der Rest von Zeit zu Zeit zu einer Mahlzeit für diese verwendet werden sollte. Doch seien vorzüglich die Söhne verstorbener oder unvermöglicher Geistlicher und vor Allem die Bürger von Thun zu berücksichtigen. Als Entgelt für das der Wittwe auszurichtende Leibgeding vermachte Fädminger zugleich der Regierung mit seiner Bibliothek sein Haus — das unterste — an der Herren-Aegertengasse. Diese Vorschriften sind wesentlich in Kraft und Uebung geblieben. Der jetzige Kapitalbestand beträgt Fr. 10,401. 12.

10. Das Tillier-Stipendium.

Das Tillier-Stipendium wurde 1562 durch testamentarische Verfügung des Seckelmeisters Herrn Anton Tillier mit 1200 B. Kronen (Stiftungs-Urkunde datirt den 30. März 1562, siehe v. Tillier, Geschichte Bern's III. 599), gestiftet und von seinem gleichnamigen Sohne vermehrt. Zweck war die Unterhaltung von Theologiestudirenden auf auswärtigen hohen Schulen mit nachheriger Verpflichtung zum einheimischen Kirchendienste. Die Curatel und ein unverbindliches Vorschlagsrecht stand den drei Pfarrern am Münster. die Collatur dem jeweiligen Senior der Familie Tillier zu, ging aber, nach dem Aussterben derselben in der Person des Landammanns Anton v. Tillier. ebenfalls an die Curatoren über. Durch ein neues Reglement von 1876, wurde sowohl dies Kollegium durch Beiziehung sämmtlicher Pfarrgeistlichen der Stadt erweitert als auch die Verwaltung und Stipendienertheilung sorgfältig geordnet. Das zinstragende Kapital beträgt jetzt Fr. 89,423. 02.

11. Das Frisching-Stipendium,

1762 durch Schultheiss Samuel v. Frisching gestiftet, hat den Zweck, diejenigen vorzugsweise aus dem Kanton Bern gebürtigen Kandidaten und Studirenden. welche ihre Studien auf auswärtigen Hochschulen fortzusetzen wünschen, mit Reisestipendien zu unterstützen; Anspruch auf dasselbe haben in erster Linie die Kandidaten der Theologie, in zweiter Linie die Studirenden und Kandidaten der übrigen Fakultäten. Ein jährliches Stipendium beträgt Fr. 1200. Das Curatorium besteht aus vier Mitgliedern, nämlich aus 1. dem Collator, d. h. dem ältesten Nachkommen der Familie des Herrn Schultheissen Samuel v. Frisching; 2. einem Professor der theologischen Fakultät in Bern; 3. einem Pfarrer der Münsterkirche in Bern: 4. einem der übrigen ständigen Pfarrer in Bern. Das Curatorium ergänzt sich selbst. Die Summe der angelegten Kapitalien des Stiftungsgutes ist auf Fr. 40,000 festgesetzt. Das zinstragende Kapital betrug auf 1. Januar 1862 Fr. 60,685. 23.

12. Legat des Herrn Apotheker Dr. Guthnik,

gew. Mitglied des Erziehungs-Departements und der Kommission des botanischen Gartens. Herr Guthnik testirte 1879 ein Kapital von 4000 Fr. mit der Bestimmung, aus den Zinsen eine geeignete Arbeitskraft zur Aushülfe bei der Instandhaltung der Sammlung des botanischen Gartens zu besolden; ein allfälliger Ueberschuss soll zur Vermehrung der Sammlung verwendet werden.

13. Die Preise für die akademischen Preisfragen

werden dem Schulseckelfond entnommen. Ebenso die Preise für tüchtige Arbeiten in den einzelnen Seminarien, welche 40—80 Franken betragen. Die Erziehungs-Direktion genehmigte den Antrag des akademischen Senats vom 10. Mai 1879, es sei von derselben Fakultät nur alle zwei Jahre eine Preisfrage auszuschreiben, für die Bearbeitung zwei Jahre Zeit zu bestimmen; dabei habe ein Wechsel zwischen den Fakultäten stattzufinden, so dass das eine Jahr die evangelisch-theologische, die juristische und die erste Abtheilung der philosophischen, das andere Jahr die katholisch-theologische, die medizinische und die zweite Abtheilung der philosophischen Fakultät an die Reihe kommen. Die Preise sollen verdoppelt werden.

II.

Die Anstalten.

A. Die Bibliotheken.

Wie wir bereits erwähnten (pag. 18), wurde bei der Berathung des Hochschulgesetzes der Antrag auf Gründung einer Universitäts-Bibliothek bis zur Erledigung des Dotationsvergleichs verschoben. Nachdem sodann die « grosse Stadtbibliothek » der Burgergemeinde Bern als Eigenthum zugetheilt worden war, tauchte wohl von Zeit zu Zeit der Vorschlag zur Gründung einer Universitäts-Bibliothek wieder auf, insbesondere suchte der verstorbene Erziehungsdirektor *A. Bitzius* eine Vereinigung der hiesigen öffentlichen Bibliotheken zu erstreben, auch wurde zu diesem Zweck eine besondere Senatskommission gebildet (1881), es ist bis dahin aber nicht viel mehr erreicht worden, als dass die Nothwendigkeit der endlichen und baldigen Lösung dieser Frage im Interesse der Hochschule ziemlich allgemein und tiefer empfunden wird. Immerhin bieten die vorhandenen Bibliotheken ein ziemlich reiches Material dar.

1. Die Berner Stadtbibliothek.

Bericht des Herrn Oberbibliothekar Dr. Blösch.

Die Stadtbibliothek wurde bei der Reformation durch die Vereinigung sämmtlicher in den aufgehobenen Klöstern vorhandenen Bücher begründet, in einem Zimmer der neu errichteten Schule aufgestellt und vom Schulrathe — seit 1623 von einer eigenen, durch den Rath bezeichneten Kommission — verwaltet. Ihre bedeutendste Bereicherung erhielt sie durch die Bibliothek des französischen Gelehrten Jakob Bongars, welche Jakob von Graviseth von Bern, Herr zu Liebegg, ihr im Jahr 1632 schenkte. Es umfasst diese Sammlung eine grosse Zahl zum Theil sehr werthvoller und seltener Druckwerke, namentlich aber circa 900 Manuskripte, worunter solche von erstem Range. (Vergl. Hagen, Catalogus libr. Manuscr. mit einer Geschichte der Schenkung und einer Biographie des Sammlers Bongars).

1698 wurde durch den Bibliothekar Marquard Wild ein grosser Katalog angefertigt. Die Regierung gab damals eine jährliche Subvention von 4000 Bernpfund. In den Jahren 1787-92 wurde das nun speziell für diesen Zweck errichtete Gebäude an der Kesslergasse bezogen, welches 1861 eine beträchtliche Erweiterung durch Anbau eines neuen Flügels an der Schulgasse erhielt.

Während der französischen Occupation im Jahr 1798 war die Bibliothek in Gefahr als Staatsgut betrachtet und von den Franzosen behändigt zu werden; dem Minister Stapfer gelang es, dieses Geschick abzuwenden; sie wurde der Berner Munizipalität unterstellt und fiel durch den Liquidationsbeschluss von 1803 — Trennung von Staat und Stadt — als Eigenthum der letztern zu.

Bei Errichtung der neuen Akademie im Jahre 1805 wurde die Bibliothek in der Weise mit der Lehranstalt in Verbindung gesetzt, dass neben einer von der Stadt selbst geleisteten jährlichen Unterhaltungssumme, auch der Staat eine solche vertragsmässig festsetzte, von 1600 alten Schweizerfranken, wogegen den Studenten und Professoren der Akademie unentgeltliche Benützung eingeräumt und den Professoren das Recht auf Vorschläge zu Bücheranschaffungen bis auf die Höhe des Beitrags zugestanden wurde. Ebenso wurde von dieser Zeit an die Bibliothek alle Tage zur Benützung geöffnet. Diese Uebereinkunft wurde bei Gründung der Hochschule 1834 erneuert und blieb seither fortwährend in Geltung ohne wesentliche Veränderungen. Seit Abschluss des Ausscheidungsvertrags von 1853, durch welchen die Bibliothek der Burgergemeinde als Eigenthum zugesprochen wurde, giebt auch die Einwohnergemeinde einen jährlichen Beitrag von Fr. 3000. Der Beitrag der Burgergemeinde steigerte sich während dieser Zeit auf Fr. 4000, dann auf 5000, 5500 und seit 1883 auf Fr. 8500; die Staatssubvention stieg in mehreren Schwankungen von 2500 auf 3000, fiel aber für 1884 — im Jahr des Hochschuljubiläums — auf Fr. 2400.

Nach Abzug sämmtlicher Verwaltungs- und Buchbinderkosten und dergl. können nunmehr ungefähr 7500—8000 Fr. auf Bücheranschaffung verwendet werden. Ein sogenannter Lagerfond, herrührend aus grössern Schenkungen und Vermächtnissen, wird besonders verwaltet und dient zur Erwerbung solcher Werke, welche aus dem Jahresbüdget nicht bestritten werden könnten.

Die Stadtbibliothek besteht — nachdem zuerst die naturhistorischen Gegenstände von derselben abgelöst wurden, dann auch die Münzsammlung unter die Verwaltung des antiquarischen Museums kam — aus einer Sammlung von ungefähr 60,000 Bänden (eine genaue Angabe der Bändezahl ist zur Zeit noch nicht möglich), dazu kommen 942 Handschriften der Bongarsischen Sammlung und circa 2000 Manuskripte zur Schweizergeschichte in einer eigenen Abtheilung. Einen werthvollen Bestandtheil bildet die Broschürensammlung von Grossrath Lauterburg. Die sog. Helvetica-Druckwerke aus allen Fächern der die Schweiz betreffenden Literatur bilden eine Sammlung für sich.

Die Bibliothek ist je 2 Stunden des Tages geöffnet, mit Ausnahme der Hochschulferien, während welcher Zeit die Oeffnung auf 2 Tage der Woche beschränkt ist. Die Benützer theilen sich — neben denjenigen welchen das Recht unentgeltlich zusteht, und diese bilden weitaus den grössten Theil — in Mitglieder, welche durch Zahlung von Fr. 25 sich lebenslänglich das Benützungsrecht erworben haben, und Abonnenten, welche gegen Entrichtung von Fr. 5 sich auf die Dauer eines Jahres die Berechtigung verschaffen.

Die meisten Bücher werden im Lesezimmer benützt, ausgeliehen werden durchschnittlich 2—300 Bände im Monat. Die Handschriften werden, bei Beobachtung der gebotenen Vorsicht, grundsätzlich mit der grössten Liberalität zur Verfügung gestellt, sehr häufig auch auf Verlangen an die Bibliotheken des In- und Auslands eingesendet.

2. Die Studenten-Bibliothek.

Bericht des Herrn Bibliothekars stud. theol. Blattner.

« Diu plurimorum erat in votis, studiosos, quippe in iisdem musarum castris commilitones, arctiori paululum consociationis vinculo constringi. »

So beginnt das erste Protokoll, das uns das Entstehen der Bibliotheks-Gesellschaft schildert. Es stammt allerdings erst aus dem Jahre 1742, während die Gründung bereits 1730 erfolgte. « Ex omnibus studiosorum ordinibus » wurden damals Abgeordnete gewählt, deren Aufgabe es sein sollte, die Form dieser Vereinigung zu berathen. *Den 19. September 1730* beschlossen sie : ut unumquodque membrum per anni spatium quinque batzenos, promotus ad Philosophiam et Theologiam quinque alteros batzenos, ad S. S. ministerium vero promotus quindecim et in societatem hanc receptus septem et dimidie batzenos in commune conferat aerarium, ex quo deinde *bibliotheca* studiosis communis institui, studiosi exteri, praesertim reform. Helvetii, grato hospitio excipi aliique peregrini aliquo modo juvari possint.

Dies wurde genehmigt und sofort ein « *Curatorium* » von 21 Mann erwählt, an dessen Spitze ein Comité von 4 Mann sich befand, bestehend aus 2 *Consuln*, *Quaestor und Actuar.* Die Ersten, welche diese Würde bekleideten, waren : *Em. Schönweitz, Abr. Graaff*, consules ; *Sam. Kaufmann*, quaestor ; *Rod. ab Arnay*, actuarius

Etwas länger liess die Errichtung der Bibliothek auf sich warten. Die Gesellschaft bestand bereits seit fünf Jahren und noch immer schien die Idee einer Bibliothek nur « in cerebro somnantium » zu existiren. Zum Theil war die Nachlässigkeit der Leute daran Schuld, zum Theil aber auch der Umstand, dass das « aerarium » durch « epulis gratuitis et viaticis in peregrinos » erschöpft war.

Endlich aber trat eine Wendung zum Bessern ein, die unterstützt wurde durch äussere Umstände. So flossen der Gesellschaft in dieser Zeit verschiedene Schenkungen zu. Der Consul *Gabriel Hürner* nahm sich dieser Angelegenheit mit rühmenswerthem Eifer an. Er brachte es dazu, dass ein Ausschuss ernannt wurde, der speziell mit der Sammlung einer Bibliothek sich zu befassen hatte. 1736 wurde beschlossen, dem Senat die Oberaufsicht über die Bibliothek anzutragen, aber erst 1738 kam der Beschluss zur Ausführung. Der Senat willigte ein und bezeichnete zwei seiner Mitglieder — die Herren *G. Altmann*, damals Rector magnificus, und Professor *Salchli* — als seine Vertreter. 1739 wurde die erste Bibliothekkommission bestellt und *den 14. September 1741* bestätigte der Senat die Statuten. So war also der Bestand der Bibliothek gesichert. Gloriae hoc cedat — bemerkt das Protokoll — amplissimis, spectatissimis Maecenatibus nostris, academiae curatoribus.

Die Gesellschaft trat in Verbindung mit den Angehörigen der Akademie von Lausanne. Es flossen ihr eine Reihe von Schenkungen zu. « Die hochgeacht Gnädigen Herren des tägl. Rathes » der Stadt Bern schenkten der Bibliothekgesellschaft 280 Kronen. Ebenso werden Schenkungen angeführt von den Städten Thun, Brugg, Lenzburg, Zofingen, Murten, Aarau, Nidau, Erlach, Burgdorf; ferner solche von Privaten. So schritt die neue Gründung vorwärts, nicht ohne zeitweilige Störungen, wie die Lücken zeigen, die das Protokoll aufweist. Eine Lücke, die allerdings sehr begreiflich erscheinen muss, umfasst die Zeit vom November 1797 bis zum Mai 1798. Von all den grossartigen Ereignissen, die damals sich vollzogen, wird in den Protokollen nichts bemerkt; es sei denn, dass man den Beschluss vom 8. Mai 1798 als ein Zeichen der Zeit betrachten will. Damals nämlich machte « dominus » Trechsel den Vorschlag, « ut a nunc verbum « dominus » in societatem usurpatum abolitum et contra eius loco sistatur nomen civis ». Dies wurde einstimmig angenommen, addita batzeni multa, si qui violaret. Bisher hatte an den halbjährlich stattfindenden Hauptversammlungen ein dazu erwählter « orator » auftreten müssen. Im November 1803 wurde nun beschlossen, neben diesen halbjährlichen noch monatliche Sitzungen einzuführen, in denen wissenschaftliche Themata zur Behandlung kommen sollten. Jedes Mitglied sollte verpflichtet sein, ein solches, frei zu wählendes Thema zu bearbeiten.

Diese Institution dauerte bis Ostern 1814. Damals beschlossen die Mitglieder der Gesellschaft, es sei die Bibliothekgesellschaft getrennt von dieser wissenschaftlichen zu constituiren, um so die Interessen der Bibliothek besser wahren zu können.

Die so modifizirte Gesellschaft bestand bis zur Gründung der bernischen Hochschule. Damals nun wurde der theologischen, philologischen und philosophischen Abtheilung noch die juristische beigefügt und neue Statuten berathen und von der Erziehungsdirektion genehmigt, die von jetzt an der Bibliothek auch einen jährlichen Staatsbeitrag zusicherte, gegenwärtig 500 Franken. Bestand 12—13,000 Bände.

Der *Zweck* der Studentenbibliothek besteht darin, den Mitgliedern der Bibliothekgesellschaft zur Förderung ihrer wissenschaftlichen Arbeiten und Studien die nöthigen Hülfsmittel darzubieten.

Was die *Organisation* betrifft, so ist dieselbe seit der Gründung der Bibliothek so ziemlich dieselbe geblieben. Eine bedeutende Veränderung ist eingetreten in Bezug auf die Bestimmung der Verwendung der Einkünfte der Bibliothek. Nach den im Jahre 1875 neu berathenen Statuten dürfen die Gelder der Bibliothek nicht anders als zur Erhaltung und Vermehrung des Bücherbestandes sowie zur Deckung der Verwaltungskosten verwendet werden.

Die jetzt in Kraft bestehenden *Statuten (5. Mär: 1875)* bestimmen, dass jedes eintretende Mitglied ein *Eintrittsgeld von 1 Franken* und ein *Semestergeld von Franken 2. 50* zu bezahlen hat. Diese letzte Bestimmung ist nun durch die Hauptversammlung vom 7. Juni 1884 dahin abgeändert, dass vom nächsten Semester an das *Semestergeld* nur *Franken 1. 50* betragen soll.

Ausserordentliche Mitglieder, Nichtstudirende, können sich das Recht der Benutzung erwerben gegen eine einmalige Entrichtung von 25 Franken. Zu den ausserordentlichen Mitgliedern gehören auch diejenigen, die, nachdem sie aufgehört haben, ordentliche Mitglieder zu sein, sich durch eine Austrittsgebühr das Recht der weitern Benutzung der Bibliothek erworben haben. Die Austrittsgebühr beträgt 15 Franken, es wird jedoch für jedes Semester, während dessen Dauer der Austretende der Gesellschaft angehört hat, 1 Franken in Abzug gebracht.

Jeder Berechtigte kann 4 Werke (nicht mehr als 6 Bände) nach Hause nehmen auf 6 resp. 8 Wochen. Nach Ablauf dieses Termins müssen die Bücher zurückgebracht oder die Einschreibung erneuert werden.

Jährlich wird, wenn nicht die Kommission weitere Versammlungen an-
ordnet, *eine Hauptversammlung* abgehalten. Ihr ist das Recht vorbehalten,
gesetzliche Vorschriften zu erlassen, die Kommission zu wählen, die Jahres-
rechnung zu prüfen.

Die *Kommission* besteht aus neun Mitgliedern : dem Präsidenten, dem
Bibliothekar, dem Aktuar und sechs Beisitzern. Unter den Kommissions-
mitgliedern sollen sich mindestens drei Theologen und drei Juristen befinden. Die Uebrigen werden frei gewählt, immerhin sollen womöglich
alle Fakultäten repräsentirt sein. Die Kommission, die alle zwei Jahre
gewählt wird, ist für ihre Amtsführung verantwortlich. Sie hat über Anschaffung und Aussonderung der Bücher zu berathen und zu entscheiden.
Sie hat die Verwaltung des Bibliothekars zu prüfen und zu überwachen.

Die Bibliothekgesellschaft hat grosse Schwankungen in ihrem Bestande
aufzuweisen. Namentlich in den letzten Jahren ist die Zahl der Mitglieder
ganz bedeutend gesunken, so dass z. B. im Jahre 1883 die Bibliothekgesellschaft aus 11 Mitgliedern bestand. Natürlich konnte das nicht ohne
Einfluss auf den Bestand der Bibliothek bleiben, so dass derselbe eben
nicht in der wünschenswerthen Weise vermehrt werden konnte, da die
Mittel fehlten. Die Erziehungsdirektion hat nun im letzten Semester den
Jahresbeitrag in verdankenswerther Weise erhöht, die Mitgliederzahl ist
auf circa 30 gestiegen, so dass Aussicht vorhanden ist, dass die Bibliothek
in erfreulicher Weise zunehmen werde. Dann wird auch, wie schon der
Aktuar von 1742 bemerkte, diesem Institute nicht fehlen : intentus et ex-
optatus finis.

3. Die medizinische Bibliothek

ist hervorgegangen aus der früheren «Medizinischen Communalbibliothek».
Diese wurde 1797 durch die Naturforschende Gesellschaft unter Wyttenbach gegründet. Sie enthält einige Tausend Bände medizinischen und
naturwissenschaftlichen Inhalts ; doch sind viele Werke alt, zum Theil aus
dem vorigen Jahrhundert stammend. Da nämlich der jährliche Credit viel
zu klein ist, so können nur die wichtigsten medizinischen Zeitschriften angeschafft werden, neue Werke jedoch nur sehr wenige. Desshalb wird auch
die Bibliothek, obwohl ihre Benutzung unentgeltlich ist, von den Studirenden wenig frequentirt.

Jahresbeitrag des Staates : 600 Franken.

4. Die Prediger-Communal-Bibliothek

verdankt ihr Entstehen einer Anzahl Geistlicher, welche sich den 7. Dezember 1796 zur gemeinschaftlichen Anschaffung der Hülfsmittel zum Fortstudium vereinigten. Sie wurde von jeher häuptsächlich aus den Beiträgen der Mitglieder nebst Zuschüssen der Regierung und einigen Geschenken von Privaten unterhalten und vermehrt. Eine festere Organisation erhielt sie den 11. April 1809. Die Hauptversammlung findet jährlich zweimal statt; die laufenden Geschäfte besorgt eine Kommission und ein Bibliothekar mit einem Studiosus theologiae als Unter-Bibliothekar. Die Bibliothek ist Eigenthum der Gesellschaft; das Benutzungsrecht haben ausser den beitretenden Mitgliedern des bernischen reformirten Ministeriums auch die Studirenden der Theologie, fremden Geistlichen kann es von der Hauptversammlung gestattet werden. Sie steht wöchentlich zweimal eine Stunde offen. Die letzten Statuten sind von 1842. Der Druck eines neuen Bücherkatalogs (circa 8000 Bände) ist beschlossen.

5. Die Senatsbibliothek

besteht aus den eingegangenen Universitätsschriften.

6. Die Bibliotheken
des historischen und philologisch-pädagogischen Seminars.

7. Zur Gründung einer
Bibliothek der katholisch-theologischen Fakultät
wurde der Grund gelegt.

8. Die Bibliothek der Thierarzneischule.

Fügen wir noch bei, dass auch die Bemühungen zur Gründung einer *akademischen Leseanstalt* bisher nicht den gewünschten Erfolg hatten. Bereits 1834 hatte das Erziehungs-Departement eine solche Anstalt in Aussicht genommen und wollte dieselbe mit einer bedeutenden Summe subventioniren; auch suchte die Lesegesellschaft des von *Munzinger* gegründeten *Museums* dem öfter ausgesprochenen akademischen Bedürfniss zu entsprechen; allein ohne bleibenden Erfolg.

B. Thierarzneischule.

Bericht des Herrn Prof. Dr. Guillebeau.

Als im Jahre 1805 durch Erweiterung der obern Schule zu einer Akademie den mannigfaltigen Bedürfnissen der damaligen Zeit Rechnung getragen wurde, schien es den Behörden angezeigt, auch den Unterricht in der für eine ackerbautreibende Bevölkerung so wichtigen Veterinärmedizin einzurichten. Im folgenden Jahre erhielt daher Dr. Heinrich Friedrich Emmert die Ermächtigung, ein Thierarznei-Institut zu gründen und Vorlesungen über Thierheilkunde zu halten. Bald folgte die Ernennung von noch zwei weiteren thierärztlichen Lehrern, während die Ausbildung in den Naturwissenschaften an der Akademie zu geschehen hatte Die Frequenz stieg in kurzer Zeit auf 25 bis 30 Zuhörer, eine für die Verhältnisse befriedigende Zahl. Als dann vor fünfzig Jahren die Akademie zu einer Hochschule erhoben wurde, theilte man das Veterinär-Institut der medizinischen Fakultät als Subsidiar-Anstalt zu.

Um diese Zeit war die Schule eine so blühende, dass zum Beispiel im Jahre 1841 die Zahl der Studirenden 41 betrug. Sie vermochte sich indessen nicht dauernd auf dieser Höhe zu halten; der Besuch nahm allmälig ab und sank bis auf 6 Zuhörer, so dass fünfundzwanzig Jahre später an eine Reorganisation gedacht werden musste. Im Frühjahr 1869 wurden die drei damals seit 35 Jahren im Amte sich befindenden Lehrer pensionirt und Neuwahlen getroffen. Diesen Aenderungen im Personal war im Jahre vorher der Erlass eines Gesetzes vorausgegangen, dessen wesentliche Neuerungen in der Einsetzung einer fünfgliedrigen Aufsichtskommission und eines vom Regierungsrathe ernannten. dem Lehrerkollegium vorgesetzten Direktors bestehen. Die Aufsichtskommission ist gegenwärtig aus zwei praktizirenden Thierärzten, zwei Professoren der medizinischen Fakultät und einem Regierungsrathe zusammengesetzt, nämlich den Herren Grossrath Trachsel, Thierarzt in Niederbütschel, Schneeberger, Thierarzt in Langenthal, Prof. Dr. Adolf Vogt, Prof. Rudolf Schärer, Regierungsrath Rüz. Ein zweiter Regierungsrath, der Erziehungsdirektor und der Direktor der Thierarzneischule wohnen den Sitzungen der Kommission bei.

Der erste, 1869 ernannte Direktor war Prof. Dr. Pütz (1869—1877); ihm folgten Prof. von Niederhäusern (1877—1882), dann der gegenwärtige Inhaber der Stelle, Prof. H. Berdez.

Seit Gründung des Thierarznei-Institutes sind folgende Männer zu Lehrern desselben ernannt worden:

Dr. Heinrich Friedrich Emmert, 1806—1834; Dr. Emmert senior, 1808 —1812; M. Anker, 1816—1863; Schilt, 1816—1819; Friedrich Gerber, 1821—1869; Heinrich Koller, 1834—1869; Johann Jakob Rychner, 1834 —1869; Dr. Hermann Pütz, 1869—1877; Richard Metzdorf, 1869—1876; Dr. Karl Philipp Leonhardt, 1869—1872; David von Niederhäusern, 1869 —1882; Franz Hartmann, 1872—1882; Dr. Hermann Anacker, 1872— 1876; Dr. Ed. Bugnion, 1876—1878; Dr. Alfred Guillebeau, 1876; Heinrich Berdez, 1877; Dr. Balthasar Luchsinger, 1878; Dr. Max Flesch, 1882; Ernst Hess, 1882; Emil Noyer, 1882.

Die sechs Letztgenannten bilden das gegenwärtige Lehrerkollegium der Anstalt, welche folgende mit Sammlungen und Instituten versehene Lehrstühle umfasst:

1. Anatomie . . . . Prof. Dr. Flesch.
2. Physiologie . . . . » » Luchsinger
3. Allgemeine Pathologie, Arzneimittellehre, theoretische Geburtskunde . . . . . » » Guillebeau.
4. Innere Krankheiten und Spitalklinik . . » Berdez.
5. Chirurgie und auswärtige Behandlung kranker Thiere . . . . » Hess.
6. Beurtheilungslehre, Racenlehre, Veterinärpolizei . . . . Docent Noyer.

Unterricht in den Naturwissenschaften wird am Institute nicht ertheilt.

Die für die propädeutische Staatsprüfung unentbehrlichen Kenntnisse in diesen Fächern erwerben sich die Kandidaten an der philosophischen Fakultät. Zur Förderung der Studien besitzt die Anstalt eine veterinärmedizinische Bibliothek von 870 Werken und 1500 Bänden.

Die Hörsäle und Institute für Anatomie und Physiologie befinden sich in der Anatomie, Anatomiegässchen Nr. 6, für die andern Fächer dagegen im Thierspital, Schlachthausweg Nr. 4, 6, 8.

Der Besuch der Schule ist in der Neuzeit wiederum ein verhältnissmässig grosser. Diesen Sommer betrug die Zahl der Studirenden 44, wovon die Hälfte aus dem Kanton Bern, 21 aus andern Theilen der Schweiz und 1 aus Deutschland. Der Eintritt findet nach zurückgelegtem 17. Altersjahre statt. Bedingung dazu ist eine Vorbildung entsprechend derjenigen, welche zum Eintritte in die Tertia eines bernischen Gymnasiums nothwendig ist. Den Ausweis über diese Kenntnisse ertheilt eine besondere, aus Schulmännern zusammengesetzte kantonale Prüfungsbehörde, welcher kein Lehrer der Thierarzneischule angehört.

Nach drei Semestern können die Studirenden zur eidgenössischen propädeutischen, nach sieben Semestern zur Fachprüfung zugelassen werden. Die examinirende Behörde wird vom Bundesrath ernannt und besteht aus Lehrern der Universität, Lehrern der Thierarzneischule und praktischen Veterinär-Medizinern.

Die im Auslande ganz oder theilweise gemachten Studien berechtigen ebenso zur Ablegung des eidgenössischen Examens, wie die an der kantonalen bernischen Anstalt zugebrachten Semester.

Diese Verhältnisse, sowie der Umstand, dass manche Disciplinen an der philosophischen Fakultät gehört werden, bedingen auch für den Studirenden der Thiermedizin volle akademische Lernfreiheit, denn zur Durchführung eines Zwanges entbehrt die Anstalt der hiezu nothwendigen Kompetenzen. Ist in dieser Beziehung das Verhältniss der Lernenden zu den Lehrern dasselbe wie an der Hochschule, so ist auch das Stipendienwesen ähnlich geordnet und die gewährten Beträge werden denselben Fonds entnommen. Durchgehen wir zum Schlusse das Verzeichniss der Zuhörer früherer Jahre, so finden wir die Namen mancher, in ihren Kreisen hochgeachteter Männer, die dem Lande als tüchtige Thierärzte und Beamte sich nützlich gemacht haben.

C. Kunstanstalten.

Bericht des Herrn Prof. Dr. Trächsel.

Nachdem im alten Bern die durch Geschenk oder Kauf in den Besitz der Staatsbehörde übergegangenen Kunstgegenstände theils der Stadtbibliothek übergeben, theils in anderen Gebäuden untergebracht worden, theils, wie die Kauw'schen Korynen des Todtentanzes von Niklaus Manuel auf nicht bekannte Weise in Privatbesitz übergegangen waren, wurde im Anfang dieses Jahrhunderts die erste staatliche Kunstsammlung im eigentlichen Sinne angelegt durch den Kanzler Mutach. Es war die Sammlung von Abgüssen nach den damals bekannten bedeutendsten antiken Skulpturwerken. Diese Sammlung hat vor anderen ähnlichen den Vorzug, dass sie von noch frischen, unausgenutzten Formen abgegossen ist. Zur Unterbringung derselben wurde der Antikensaal, die jetzige Aula der Hochschule, errichtet, ein Lokal weit und breit bekannt durch die ausgezeichnet günstige

Oberlichtbeleuchtung. Die wenigen Malereien, welche anfänglich in den Staatsbesitz übergingen, wurden mit der Sammlung der Künstlergesellschaft (1813) im Erlacherhof, später im Chor der französischen Kirche, dann mit der Antikensammlung im Jahr 1864 im Bundesrathhaus untergebracht. Im Jahr 1879 sodann bezogen die Sammlungen des Staats, der Künstlergesellschaft und des Kunstvereins zusammen das mittlerweile erbaute neue Kunstmuseum. Ungefähr ein halbes Jahrhundert hindurch blieb sich der Bestand an Gypsabgüssen nach Antiken so zu sagen gleich. Von Zeit zu Zeit, namentlich seit 1862 wurden Gemälde aus Staatsmitteln angeschafft, in den Sechszigerjahren eine Anzahl bedeutender Kupferstiche von der Stadtbibliothek angekauft. Einen bedeutenden Zuwachs erlangte die Kupferstichsammlung durch das Vermächtniss des Herrn Tscharner vom Lohn (des Künstlers der Zähringerstatue auf der Plattform und der Pietà im Münster) von mehreren hundert Blättern. Seit der Uebersiedlung in's neue Kunstmuseum hat nun die Sammlung in kurzer Zeit zugenommen, namentlich durch eine Anzahl werthvoller Schenkungen von Gypsabgüssen, Kupferstichen, Photographien, Miniaturen, illustrirten Werken u. dgl. In neuester Zeit ist die Staatsbehörde in höchst verdienstlicher Weise bemüht, was in Staatsgebäuden und Kirchenchören von künstlerisch und kunstgewerblich interessanten Gegenständen noch vorhanden ist, sorgfältig zu unterhalten und unter Umständen der akademischen Sammlung einzuverleiben. So sind u. a. Glasmalereien, zwei prachtvolle eingelegte Wanduhren aus der Mitte des letzten Jahrhunderts, spätgothische Holzfriese von Münchenbuchsee, Alterthümer von St. Johannsen u. dgl. in die Sammlung gekommen. Für die aus den Kirchenchören im Interesse ihrer Erhaltung hieher geschafften Glasmalereien soll jeweilen Ersatz durch neuere geleistet werden.

Der Bestand der akademischen Sammlung*) stellt sich gegenwärtig, wie folgt:

Gypsabgüsse, d. h. Statuen, Büsten und grössere Reliefs. Daneben noch eine hübsche Sammlung von Abgüssen nach Gemmen und Medaillons, sowie eine Anzahl von Abgüssen im Gebrauch der Kunstschule; nach Antiken circa 100 Stück.

Oelgemälde ebenfalls circa 100 Stück.

Aquarellen circa 150, Handzeichnungen circa 350.

Kupferstiche circa 1700. Holzschnitte circa 400.

Photographien circa 200 Blätter.

---

*) Abgesehen von den werthvollen Sammlungen der Künstlergesellschaft, des Kunstvereins und der Burgergemeinde.

Glasmalereien 28 Stück.

Bücher und Prachtwerke circa 270.

Verschiedenes (zwei Wanduhren, gothischer Taufstein, zwei Büsten in terra cotta etc.).

Der Inhalt der Mappen an guten Kupferstichen wird successive dem Publikum ausgestellt.

Für das akademische Kunstcomite (die Verwaltungsbehörde der akademischen Kunstsammlung des Staates) und für die Sammlung selbst ist unter'm 26. März und 17. April 1878 ein neues Reglement aufgestellt worden, das u. a. bestimmt, dass das akademische Kunstcomite ausser seiner Stellung als Verwaltungsbehörde der Sammlung auch noch einen Bestandtheil der Direktion der Kunstschule bilden soll.

Schon im letzten Jahrhundert sorgte der Staat für Kunstunterricht. Hier wirkten Valentin Sonnenschein, ein Bekannter Göthe's und Hegel's als dieser Hauslehrer in Tschugg und Bern war, ferner die Volmar. Im Hochschulgesetz von 1834 wurde ebenfalls Kunstunterricht vorgesehen. Während Jahrzehnten versah ihn Joseph Volmar, der Künstler der Erlachstatue. Daneben hatte im Jahr 1870 die bernische Künstlergesellschaft auf Anregung ihres damaligen Präsidenten, Prof. Dr. Ed. Müller, eine Kunstschule gegründet, welche sich bald eines schönen Gedeihens erfreute. Um nun diesen Dualismus aufhören zu lassen, wurde unter'm 12./22. März 1878 zwischen der Erziehungsdirektion und der Künstlergesellschaft ein Vertrag vereinbart, welcher bestimmt:

« § 1. Der Unterricht im Zeichnen und Malen, welchen der Staat bis- « her auf der Hochschule hat ertheilen lassen und der Kunstunterricht, « welcher in der von der bernischen Künstlergesellschaft gegründeten Kunst- « schule ist ertheilt worden, wird vom Frühjahr 1878 hinweg in einer ein- « zigen Anstalt ertheilt, welche den Namen bernische Kunstschule führt.

« § 2. Die bernische Kunstschule hat den Zweck, Zöglingen beiderlei « Geschlechts eine höhere künstlerische Ausbildung zu gewähren und sie « dadurch zur Ausübung theils einer der bildenden Künste, theils des künst- « lerischen Lehrfaches, theils eines Kunsthandwerkes zu befähigen. »

Seit dieser Uebereinkunft und namentlich seit der Uebersiedlung der Schule aus vier verschiedenen, weit aus einandergelegenen Lokalitäten in das neue Kunstmuseum nahm die Kunstschule einen sehr erfreulichen Aufschwung. Sie erfreut sich jährlicher Beiträge auch des Burgerrathes und mehrerer Zünfte. Sie hat eine Anzahl Künstler, von welchen sich einige schon einen Namen erworben haben, Zeichnenlehrer und Kunsthandwerker herangebildet. Sie gewährt theils durch Herabsetzung des Schulgeldes, theils durch Freistellen Erleichterung in liberalster Weise. Unentgeltlichen Zutritt haben nach dem erwähnten Vertrag die Lehramtskandidaten, nach Beschluss der Direktion das Lehrpersonal der öffentlichen Schulen. Seit einigen Jahren sind Preisaufgaben gestellt und auch von Privaten den Schülern Aufträge zur Konkurrenz gegeben worden. Auch hat sich die Schule zu einer Art Auskunft- und Zeichnenbüreau konstituirt. In neuester Zeit ist auch eine Klasse für praktische, kunstgewerbliche Verwerthung der an der Kunstschule erworbenen Kenntnisse errichtet.

D. Die Seminare.

In jeder Fakultät finden Repetitorien und praktische Uebungen statt, welch' letztere meist die Organisation freier Seminare haben. Mit besonderm Seminarcharakter bekleidete und durch Subventionen unterstützte Seminare hat die Hochschule Bern folgende aufzuweisen:

1. Das Seminar für neutestamentliche Exegese.

Mittheilung von Herrn Prof. Steck.

Das Seminar für neutestamentliche Exegese an der evang. theologischen Fakultät der Hochschule Bern wurde mittels Reglement vom 3. März 1876 in's Leben gerufen, auf Antrag von Prof. Holsten. Zweck desselben ist, « die Studirenden der Theologie in selbständiger Erklärung der neutestamentlichen Schriften zu üben und dadurch zu selbständiger wissenschaftlicher Arbeit heranzubilden ». Es wurden ausgewählte Stellen oder ganze Schriften des Neuen Testaments theils mündlich, theils schriftlich erklärt. Die Leitung des Seminars steht dem ordentlichen Professor der neutestamentlichen Exegese zu. Die tüchtigsten Arbeiten können prämirt werden. wozu die Erziehungsdirektion aus dem Mueshafenfonds einen Kredit von 160 Franken bewilligt hat. Gegenwärtig sind die Uebungen nicht mündliche.

2. Das nationalökonomische Seminar.

Mittheilung von Herrn Prof. Dr. Oncken.

Das nationalökonomische Seminar, im Vorlesungskatalog angezeigt unter dem Namen: *Volkswirthschaftliches Praktikum*, besteht seit Herbst 1878.

Leiter: Prof. Dr. A. Oncken.

Zweck: Anleitung zu ökonomisch-wissenschaftlichen Arbeiten; Conversatorium über wirthschaftliche und sociale Zeitfragen.

Zahl der Mitglieder durchschnittlich 15.

Es besteht eine Seminar-Bibliothek, für welche ein Jahreskredit bis gegen 200 Franken ausgesetzt ist.

3. Das philologisch-pädagogische Seminar.

Bericht des Herrn Prof. Dr. Hermann Hagen.

Das philologisch-pädagogische Seminar wurde durch ein vom 18. Februar 1859 datirtes Reglement, besonders auf Verwenden des damaligen Hauptvertreters der klassischen Philologie an der Hochschule, Herrn Prof. Otto Ribbeck, später in Kiel und Heidelberg, gegenwärtig Nachfolger von Friedrich Ritschel in Leipzig, eingerichtet und zwar mit Zugrundelegung der für ähnliche Institute deutscher Universitäten vorliegenden Bestimmungen. Der Zweck dieser bis dahin in Bern noch nicht gekannten Einrichtung war der, die für unsere höheren Lehranstalten der Stadt Bern und des Kantons nothwendigen Lehrkräfte auf dem Gebiet der alt-klassischen Sprachen heranzubilden, in dem Sinne, dass die einschlagenden Lehrstellen an den Sekundarschulen, Progymnasien und Gymnasien des alten und neuen Kantonstheils künftig womöglich nicht, wie bis dahin fast immer geschah, durch fremde, sondern durch einheimische, in Bern selbst herangezogene Kräfte besetzt werden könnten. Dabei war auch die Sorge für Erzielung eines für die Universitätskörperschaft selbst bestimmten Nachwuchses von Privatdocenten und künftigen Professoren der Alterthumswissenschaft in's Auge gefasst. Dieses Institut wurde der Leitung der beiden Professoren dieses Faches unterstellt: Es waren dies in der ersten Zeit Prof. Dr. Ribbeck und Prof. Dr. Rettig; dann nach Ribbeck's Abgang nach Kiel, da der neugewählte zweite Professor, Herr Prof. Knaus, von vorneherein die Betheiligung am philologischen Seminar ablehnte, Prof. Dr. Rettig und der Berichterstatter, zuerst als besoldeter Privatdocent (seit 1868), dann als Extraordinarius, und endlich, seit dem Jahre 1878, in welchem Herr Prof. Dr. Rettig pensionirt wurde, als Ordinarius thätig, und Herr Prof. Dr. Hitzig, Rektor des städtischen Gymnasiums, als Extraordinarius. Dazu wirkte seit Ende 1882 Herr Gymnasiallehrer und Privatdocent Dr. Dübi, ehemaliger Zögling des Seminars, als Lehrer für die vorbereitenden Studien der Anstalt, mit einer zu diesem Behuf von der hohen Erziehungsdirektion ausgeworfenen Privatdocentenbesoldung.

Die Uebungen des Seminars bestanden theils in krit scher und exegetischer Behandlung von bestimmten, jeweilen abwechselnden Autoren des Alterthums, theils in der Abfassung von schriftlichen grösseren Arbeiten, welche, falls dieselben gut ausfielen, auf Antrag der Direktion von der hohen Erziehungsdirektion mit einem Preise von 100 Franken prämirt wurden. Zur Unterstützung der Studien war von der hohen Regierung die Erstellung einer ad hoc zu gründenden Seminarbibliothek verfügt, wofür dieselbe eine jährliche Summe von 200 Franken bewilligt. Diese Seminarbibliothek erscheint als ein selbständig auftretender Bestandtheil der allgemeinen Studentenbibliothek, steht jedoch unter der Verwaltung der Seminardirektion, welche die Anschaffung der Bücher besorgt und sich bezüglich der Kontrolle des Ausleihens, etc. der Hülfe des Seniors des Seminars bedient.

Die Seminaristen zerfallen in ausserordentliche und ordentliche Mitglieder. Die letzteren haben eine gewisse Zahl von Obliegenheiten zu erfüllen und werden erst nach längerem Besuch der Uebungen aus der Zahl der ersteren gewählt. An der Spitze steht ein Senior, den die Direktion aus der Zahl der ältesten und erfahrensten Mitglieder bestimmt.

Der Besuch des Seminars war in den ersten Jahren des Bestehens ziemlich mangelhaft ; immerhin wurden die Uebungen nie ausgesetzt, beschränkten sich jedoch nur auf 2—3 Arbeiten. Von Ende der sechziger Jahre weg nahm die Zahl in erfreulicher Weise zu, hielt sich meist auf der Höhe von 5—6 Mitgliedern, und ist schliesslich in den letzten 4 Jahren bis auf 8—10 angewachsen. Augenblicklich haben wir 10 Theilnehmer worunter mehrere Theologiestudirende.

Diese erfreuliche Theilnahme Seitens der akademischen Jugend machte nun im Laufe der Zeit die Abänderung einiger Reglementsbestimmungen wünschbar; namentlich musste gegenüber dem früheren Usus, höchstens zwei Arbeiten pro Jahr prämiren zu lassen, dafür gesorgt werden, dass die nun grössere Zahl der Theilnehmer gleichmässig berücksichtigt wurde. Desshalb wurde unter dem 1. April 1883 (datirt vom 20. Februar 1882) ein neues durch die beiden Direktoren vorberathenes Reglement durch die h. Erziehungsdirektion erlassen, dessen wichtigste Bestimmungen folgende sind :

« I. *Zweck*. Das philologische Seminar hat den Zweck: 1. Studirende der klassischen Philologie und Kandidaten des höhern Lehramts, sowie auch solche, welche für die von ihnen gewählten Wissenschaften die klassischen Studien als Hülfsdisciplin nöthig haben (Studirende der Theologie, Geschichte, Sprachvergleichung u. s. w.) in das Verständniss des Alterthums einzuführen und zu diesem Behuf dieselben: *a.* im Gebrauch der lateinischen und griechischen Sprache zu üben und mit dem hauptsächlichen Inhalt der verschiedenen Zweige der Alterthumswissenschaft vertraut zu machen; *b.* zu selbständiger Arbeit auf dem Gebiet der Philologie zu befähigen; 2. die praktische Vorbildung künftiger Lehrer der alten Sprachen zu fördern. »

Ferner wurde das Seminar mit einem *Unterseminar* versehen; das erstere, nunmehr *Oberseminar* genannt, sollte, wie bisher, sich in *vier* wöchentlichen Stunden (je zwei von einem der beiden Direktoren geleitet) versammeln; das Unterseminar sollte *zwei* Stunden in Anspruch nehmen und die vorbereitenden Disciplinen behandeln, nämlich: 1. Mündliche und schriftliche Uebersetzungen aus den alten Sprachen in die Muttersprache und umgekehrt; 2. Repetitorien (Grammatik, Metrik, Alterthümer, Geschichte und Literaturgeschichte), diess Alles unter Leitung eines Privat-Docenten (gegenwärtig des Herrn Dr. Dübi).

Die Uebungen des Oberseminars sind die bisherigen; ausserdem kommen noch *Disputationen* (lateinisch) und *Lehrversuche an Schülern* hinzu.

Ueber die Bedingungen zum Eintritt in das Seminar und das Verhältniss der Mitglieder beider Abtheilungen zu einander hat das neue Reglement folgende Bestimmungen aufgestellt:

« Abschnitt IV. *Mitglieder.* § 5. Mitglied des Unterseminars kann jeder immatrikulirte Student der Universität auf persönliche Anmeldung werden. Die Mitglieder des Oberseminars sind verpflichtet, an den Uebungen des Unterseminars Theil zu nehmen; doch können unter Umständen die ordentlichen Mitglieder des ersteren dispensirt werden.

§ 6. Die Angehörigen des Oberseminars zerfallen in ausserordentliche und ordentliche Mitglieder. 1. *Ausserordentliches* Mitglied ist derjenige immatrikulirte Studirende, der sich verpflichtet, für das betreffende Semester im Turnus die Interpretation zu übernehmen oder sich sonst in irgend einer Weise an den übrigen Uebungen thätig zu betheiligen, z. B. durch Uebernahme einer Kritik (nämlich einer durch einen Seminaristen eingereichten schriftlichen Arbeit), einer Disputation u. s. w. 2. Als *ordentliche* Mitglieder werden in der Regel aus der Zahl der ausserordentlichen Mitglieder diejenigen Studirenden aufgenommen, welche, mit dem Zeugniss der Reife versehen, wenigstens ein Semester mehrere philologische Kollegien angehört haben; dem Aufnahmsgesuch ist ein Curriculum vitæ und eine kleinere lateinische Abhandlung beizufügen. Jedes *ordentliche* Mitglied muss im Semester eine schriftliche Arbeit einreichen und wenigstens ein Mal als Interpret, Opponent (bei der Interpretation eines Andern) und Re-zensent (einer schriftlichen Arbeit) auftreten. »

Ueber die Zahl der Mitglieder bestimmt das Reglement, dass da: Maximum der *ordentlichen* Mitglieder auf *acht* festgesetzt sei; die Zah der *ausserordentlichen* Seminaristen ist dagegen nicht limitirt.

Die den Seminaristen gewährten Vortheile bestehen zunächst in der *Prämirung ihrer schriftlichen Arbeiten*, welche auf Empfehlung der leitenden Professoren erfolgt; diese beträgt pro Semester 50 Franken für jedes or dentliche Mitglied und 75 Franken für den Senior. Die Kosten trägt der Schulseckelfundus.

Ausserdem werden die Mitglieder des Seminars, welche sowohl den Vorschriften des Reglements über die Stipendien wie den Anforderungen des Seminars entsprechen, *bei Vertheilung der Stipendien (namentlich Reise-stipendien) möglichst berücksichtigt.*

Die Nothwendigkeit und Brauchbarkeit unseres Instituts ist durch viele sprechende Beweise zu belegen. Die Lehrstellen für alte Sprachen am höheren Gymnasium zu Bern und in Burgdorf, an den Progymnasien und Sekundarschulen in Biel, Thun, Interlaken, St. Immer, Delsberg, an der Kantonsschule in Pruntrut, sowie an mehreren sonstigen Sekundarschulen sind bereits *zur Hälfte* durch ehemalige Schüler unserer Anstalt besetzt; ferner sind aus derselben unsere beiden Privatdocenten für alte Sprachen, die Herren Dr. *Kurz* in Burgdorf und Dr. *Dübi* in Bern, hervorgegangen. Ein weiterer Zögling, Herr Dr. *Frei*, ist Gymnasiallehrer in Aarau; eine Schülerin, Fräulein Dr. Lina *Beger* (jetzige Frau Dr. Frei) wirkte mehrere Jahre an dem für studirende Mädchen eingerichteten *Victoriagymnasium* in Berlin. In Siebenbürgen endlich wirken ebenfalls mehrere von unseren ehemaligen Seminaristen, namentlich die beiden Herren *Seraphin* als Lehrer der alten Sprachen an höheren Lehranstalten.

Wir schliessen diesen kurzen Ueberblick über den Zweck, die Ge-schichte und das Gedeihen unserer Anstalt mit der Hoffnung, dass dieselbe auch fürderhin das für die höheren Schulen und Anstalten unseres Kan-tons nöthige Material an Lehrkräften in möglichst gediegener Weise zu liefern im Stande sein werde, wobei wir noch namentlich auf die entgegen-kommende Liberalität der gegenwärtigen h. Erziehungsdirektion hinweisen, deren umsichtigen Verfügungen zum grössten Theil die gegenwärtige Blüthe des Instituts zu verdanken ist.

4. Das romanische Seminar.

Bericht des Herrn Professor Dr. Morf.

Das romanische Seminar der Hochschule Bern ist im Herbst 1881 gegründet worden zu dem in § 1 der Statuten gegebenen Zwecke. Es haben seither jedes Semester regelmässig vier Stunden wöchentlicher Uebungen stattgefunden, in welchen bislang neufranzösische, mittelfranzösische — XVI. Jahrhundert —, altfranzösische, altprovençalische und altspanische Sprache und Literatur traktirt wurde, und zwar so, dass im Sommersemester vorzüglich literarhistorische Themata, im Wintersemester sprachgeschichtlich interessante Texte behandelt wurden.

Der Besuch der Uebungen ist ein befriedigender; die Zahl der ordentlichen und ausserordentlichen Seminarmitglieder beläuft sich im Semester durchschnittlich auf zehn.

Bis jetzt ist erst *eine* schriftliche Preisarbeit von einem Mitgliede des Seminars geliefert und mit einem Preise, und zwar mit einem zweiten von 75 Franken (§ 6 der Statuten), ausgezeichnet worden. Mehrere solcher Arbeiten sind gegenwärtig in Ausführung.

Das Seminar besitzt eine bescheidene Institutsbibliothek von etwa 200 Nummern.

5. Das historische Seminar.

Bericht des Herrn Prof. Dr. Hidber.

Im Jahre 1849 reichten etwa 40 Studirende an unserer Hochschule bei der Erziehungs-Direktion das Gesuch ein, mich zur Abhaltung von Vorlesungen über Geschichte, besonders der Schweiz, an der Hochschule zu veranlassen.

Ich richtete sogleich mein Hauptaugenmerk dahin, die Studirenden zum Quellenstudium anzuleiten. Allein ich konnte erst nach und nach zur Ausführung meines Planes gelangen. In meinen Vorlesungen über Schweizergeschichte, mit besonderer Berücksichtigung des Kantons Bern, machte ich meine Zuhörer stets auf das Studium der Quellen aufmerksam.

Endlich wagte ich es, für das Sommersemester *1862* anzukündigen: Diplomatik und Quellenkunde der Schweizergeschichte, mit praktischen Uebungen, also Beschäftigung mit Urkunden, Chroniken etc.

Da sich hierfür Zuhörer fanden, kündigte ich dies auch die folgenden Semester an, indem ich noch zu « Diplomatik » fügte: « und andere historische Hülfswissenschaften ».

Zu den Uebungen wurden Originalurkunden verwendet und im Sommersemester 1865 zur Ankündigung hinzugefügt: « unter Benutzung des bernischen Staatsarchivs », wie dies noch jetzt der Fall ist.

Im Jahre 1868 entwarf ich dann, als ich zum ausserordentlichen Professor gewählt wurde, den Plan zum historischen Seminar und gewann hierfür dann auch den im Winter 1868/69 zum Professor der Geschichte erwählten Kollegen *Winkelmann*, nach dessen Wegzug von Bern seinen Nachfolger, Professor Dr. *Stern*.

Im Wintersemester 1869/70 fand die erste Ankündigung statt. (Reglement vom 22. Februar 1871, modifizirt im Jahre 1876.)

Ich verwende gegenwärtig wöchentlich 4—6 Stunden für Theorie und praktische Uebungen. Ich habe seit einigen Semestern ein besonderes Zimmer, Nr. 15, in der Hochschule mit besonderen Tischen und Schubfächern und eine Bibliothek angelegt, Hülfswerke enthaltend. Ich habe dazu von mir aus Originalurkunden etc. erworben und Photographien vom IV. bis zum XVI. Jahrhundert machen lassen. Endlich habe ich dazu als Mitglied der « Palaeographical Society » des « Britischen Museums » in London die sämmtlichen 13 Lieferungen; es sind in der Schweiz nur noch 2 Exemplare dieses prachtvollen und kostbaren Werkes von Photographien alter Dokumente aus ganz Europa. — Ein so bedeutendes Material zu den diplomatischen Uebungen für das historische Seminar findet sich selten bei einer Universität.

Die Herren *Winkelmann* und *Stern* beschäftigten sich in ihrer Abtheilung hauptsächlich mit der Behandlung streitiger Punkte in der Geschichte, Methode der Geschichtschreibung etc.

Die Uebungen im Vortrage habe ich nach Aufhebung der Kantonsschule in mein Repertorium für Schweizergeschichte — mit besonderer Rücksicht auf die allgemeine Geschichte — verlegt; es findet nach der Weise, wie es instructiv eigenthümlich gehalten wird, stets grossen Zuspruch; dermalen sind 16 Theilnehmer.

Noch muss ich bemerken, dass die Qualität der Theilnehmer des historischen Seminars in Bezug auf die Vorbildung sich bedeutend verbessert hat und nichts zu wünschen übrig lässt.

Gegenwärtig sind 10 Mitglieder. Sie haben jeweilen Freitag Nachmittags von 2 bis 4 Uhr im Hörsaal Nr. 15 Theorie und Samstag Nachmittags im hiesigen Staatsarchiv praktische Uebungen.

6. Ueber die Einrichtung des Lehramtsstudiums an der philosophischen Fakultät.

(Mitgetheilt von Prof. Rüegg.)

Das Bedürfniss nach besondern Einrichtungen für das Lehramtsstudium ging aus der raschen Vermehrung der Sekundarschulen hervor. Nach dem ersten Sekundarschulgesetz vom Jahre 1839, das 60 Sekundarschulen möglich machte, stieg die Zahl derselben nur auf 17. In Folge des Gesetzes über die Sekundarschulen vom 26. Juni 1856 vermehrte sich die Zahl dieser Schulen (Progymnasien und Realschulen) bald auf das Doppelte. Heute zählen wir im Kanton neben 4 Progymnasien 61 Realschulen (Sekundarschulen).

Wohl sorgte der Staat durch seine Lehrer- und Lehrerinnenseminarien für die Heranbildung tüchtiger Lehrkräfte der Primarschule, wie auch für das höhere Lehramt stets geeignete Lehrkräfte aus dem akademischen Studium hervorgingen; aber für theoretisch und praktisch wohl ausgerüstete Lehrer der Sekundarschulstufe war in keiner Weise gesorgt.

Diesen Mangel empfanden die Schulbehörden und die Lehrer aufs lebhafteste. In seiner Jahresversammlung von 1864 beschloss der kantonale Sekundarlehrerverein, sich in einer Petition an die Erziehungs-Direktion zu wenden mit dem Gesuche, es möchten an der Hochschule die erforderlichen Einrichtungen für die Ausbildung zum Sekundarlehramte getroffen werden.

Die Erziehungs-Direktion untersuchte die Frage; da aber die von verschiedenen Seiten eingeholten Gutachten in ihren Anschauungen und Anforderungen weit auseinander gingen, so beschränkte sich die Behörde für einmal auf die Anordnung, dass die für Lehramtskandidaten besonders geeigneten Vorlesungen jeweilen im Lektionsverzeichniss der Hochschule besonders hervorgehoben werden sollten.

Die Ausführung blieb indess lediglich Sache der einzelnen Docenten und entbehrte eines festen Planes und rechten Zusammenhangs. Dem lebhaften vorhandenen und durch die stetig wachsende Zahl von Sekundarschulen sich steigernden Bedürfniss wurde dadurch nicht entsprochen.

Als daher das Gesetz über die Lehrerbildungsanstalten einer Revision unterstellt wurde, zog man auch die Frage der Sekundarlehrerbildung neuerdings in ernstliche Erwägung. Die Erziehungs-Direktion setzte zur

Prüfung derselben und zur Einreichung von bestimmten Vorschlägen eine Spezialkommission nieder, bestehend aus 3 Professoren der philosophischen Fakultät und 2 Gymnasiallehrern.

Das gedruckte Gutachten, welches sich einlässlich über den Zweck, die Organisation und die finanzielle Tragweite der Sekundarlehrerbildung ausspricht, schliesst dahin, es sei die Einrichtung des Lehramtsstudiums mit der Hochschule zu verbinden.

Gestützt auf dieses Gutachten, nahm der Grosse Rath in § 14 des Gesetzes über die Lehrerbildungsanstalten folgende Bestimmung auf: « Für Heranbildung von Mittelschullehrern wird an der Hochschule eine Lehramtsschule errichtet. Die weitere Ausführung bleibt einem Dekret des Grossen Rathes vorbehalten. Es wird für sie ein jährlicher Kredit von 25,000 Fr. bewilligt. »

Durch die Abstimmung vom 18. Juli 1875 wurde das Gesetz vom Volke angenommen. Das vorgesehene Grossrathsdekret wurde aber wegen der Gespanntheit der Staatsfinanzen seither nicht erlassen. Dagegen trat mit dem Sommersemester 1878 unter Genehmigung des Regierungsrathes, in Ausführung der Artikel 25 und 53 des Gesetzes über die Hochschule vom 14. März 1834, ein Reglement in Kraft, welches einen « Studienplan für die Studirenden des Lehramtes an der Hochschule Bern » aufstellt und in § 2 festsetzt: « Die Erziehungs - Direktion sorgt dafür, dass die im Studienplan enthaltenen Fächer regelmässig in der dort aufgeführten Reihenfolge und mit der dort angegebenen Stundenzahl gehalten werden. Sie sorgt im Ferneren dafür, dass die Lehramtskandidaten sich durch Uebungen mit Schülern im Unterrichten für die praktische Seite des Lehramtes heranbilden können. »

Der Studienplan ist auf vier Semester berechnet. Er schreibt die Pädagogik für alle Studirenden des Lehramtes vor und unterscheidet im Uebrigen vier Sektionen: 1. Alte Sprachen, Muttersprache und Geschichte; 2. Neuere Sprachen, Muttersprache und Geschichte ; 3. Mathematik, Naturlehre und Zeichnen ; 4. Mathematik, Naturgeschichte und Zeichnen.

Im genauen Anschluss an den « Studienplan » erliess sodann der Regierungsrath unter dem 27. Mai 1878 ein neues, wesentlich verschärftes « Reglement für die Patent-Prüfungen von Sekundarlehrern (Lehrern an Realschulen und Progymnasien) », welches in § 11 hinsichtlich der obligatorischen Prüfungsfächer verlangt : « Ueber die Studien in diesen Fächern hat sich der Bewerber durch akademische Zeugnisse auszuweisen ».

Am 11. August 1883 wurde dieses Reglement vom Regierungsrath in
inzelnen untergeordneten Punkten modifizirt. Unter demselben Datum
rliess diese Behörde auch ein « Reglement für die Patent-Prüfungen von
iandidaten des höheren Lehramtes ».

« Diejenigen, welche diese Prüfung mit Erfolg bestanden haben, er-
ialten ein Diplom, in welchem ihre Befähigung zum Lehramt an den
ibern Klassen der Gymnasien (Literar- oder Realabtheilung), sowie an
ler Kantonsschule in Pruntrut unter Angabe der Prüfungsfächer beurkundet
rird. -- Die Prüfung erstreckt sich auf folgende Fächer: deutsche,
iteinische, griechische, französische, englische, italienische, hebräische
Sprache, Geschichte, Mathematik, Physik, Chemie, Mineralogie und Geo-
ogie, Botanik, Zoologie, Geographie, Pädagogik. » (§§ 2 und 3.)

Die Kandidaten haben sich darüber auszuweisen, dass sie « drei Jahre
iang akademische Studien gemacht haben ». (§ 9.)

« Die Wahl der Fächer steht dem Kandidaten frei; doch muss er
wenigstens in dreien sich der Prüfung unterziehen. Für das dritte
Neben-) Fach genügen die Leistungen, welche das Sekundarlehrerexamen
fordert. Ausserdem ist die Prüfung in der Pädagogik obligatorisch. » (§ 11.)

E. Die Subsidiar-Anstalten.

1. Das medizinische Klinikum

ist in seiner jetzigen Gestalt mit der Hochschule in's Leben getreten. Als
Lokal dient das grosse Kantonsspital, die Insel, in welchem die für den
klinischen Unterricht geeigneten Patienten ausgewählt werden. Die Insel-
korporation wird durch ihre eigenen Behörden verwaltet, der Staat leistet,
nachdem auch die ophthalmologische Klinik dem Inselspital zugetheilt
worden, einen Jahresbeitrag von Fr. 25,000.

Nach dem Tode von Prof. Vogt übernahm Herr Prof. *Biermer* die
Leitung der medizinischen Klinik (1862—1865); sein Nachfolger, Prof.
Munk, starb 1871, ihm folgten Prof. *Naunyn*, 1873 Prof. *Quincke*, 1878 Prof.
Lichtheim. In wenigen Wochen wird dieselbe in das neuerbaute Kantons-
spital und in grössere Räumlichkeiten übersiedeln.

(Nach Mittheilungen von Herrn Prof. Dr. Lichtheim.)

2. Die chirurgische Klinik

ist mit der Hochschule im Jahre 1834 in ihrer jetzigen Gestalt in's Leben
getreten. Sie wurde geleitet von Herrn Prof. Dr. *Demme* bis zum Jahre

1865, wo Professor Dr. *Lücke*, jetzt in Strassburg, dieselbe übernahm. Seither hat die Frequenz ihres Besuches ausserordentlich zugenommen, da im Zusammenhang mit dem allgemeinen Streben nach demonstrativem Unterricht in den Naturwissenschaften auch auf der Klinik viel mehr praktische Thätigkeit den Klinicisten ermöglicht wurde als vorher.

Als im Jahr 1872 Lücke einen ehrenvollen Ruf nach Strassburg erhielt, wurde Prof. Dr. *Kocher* an seine Stelle gewählt.

Gegenwärtig stehen wir vor einer neuen Periode, insofern als mit August dieses Jahres das neue Kantonsspital bezogen wird. Während bis zur Stunde die Klinik in einem durchaus ungenügenden kleinen Operationssaal abgehalten werden musste, zu welchem ausser einem kleinen Zimmer Dependenzen gar nicht vorhanden waren, stehen jetzt verschiedene Räume in Aussicht, wo den Klinicisten Gelegenheit zu selbständigen Untersuchungen geboten ist. Die Klinik wird mit Bezug der neuen Gebäude allen ähnlichen Anstalten völlig ebenbürtig eingerichtet sein. Sie dient zunächst dazu, am Krankenbett chirurgische Krankheiten kennen und behandeln zu lernen, anderseits das Studium der Chirurgie wissenschaftlich zu fördern.

Zu diesem Behuf soll allmälig eine chirurgische Bibliothek im Gebäude der Klinik angelegt werden, für eine schon jetzt werthvolle Sammlung von chirurgischen Präparaten ist im chemischen Laboratorium vorgesorgt.

Zur praktischen Ausbildung der Studirenden zu Operationen dient ein dem Leichengebäude angefügter Operationssaal, welcher ebenfalls bis jetzt nicht existirte, da dieser Theil chirurgischen Unterrichts auf der Anatomie ertheilt werden musste.

Im Allgemeinen schliesst sich die Einrichtung der chirurgischen Klinik durchaus den ähnlichen Anstalten Deutschlands an.

(Nach Mittheilungen von Herrn Prof. Dr. Kocher.)

3. Die ophthalmologische Klinik.

Infolge einer Konvention zwischen der Regierung des Kantons Bern und der Inselverwaltung vom 23. Mai 1867 wurde ein Augenspital gegründet, welches auch Universitätszwecken dienen sollte. Es wurde zuerst in den Räumlichkeiten der Staatsapotheke untergebracht, sodann durch Vertrag zwischen der Erziehungsdirektion des Kantons Bern und der Inseldirektion vom 15./22. Mai 1878 in grössere und geeignetere Räume des Seitengebäudes des Amthauses verlegt, mit dem Recht der Benutzung des Gartens. Auch die ophthalmologische Klinik wird in das neue Kantonsspital über-

iedeln und noch geeignetere Räumlichkeiten erhalten. Auch ist der Grund
u einer Bibliothek gelegt. Erster Direktor derselben war Professor Dr. *Dor*,
etzt in Lyon; auf ihn folgte Professor Dr. *Pflüger*.

4. Geburtshülflich-gynäkologische Klinik
in der kantonalen Entbindungs- und Frauen-Krankenanstalt.

Von Herrn Professor Dr. P. *Müller* sind uns folgende höchst interessante und verdankenswerthe Mittheilungen zugekommen :

Was die Pflege der Geburtshülfe in Praxis und Unterricht anlangt, so
wird es wohl damit in der Republik Bern in früheren Jahrhunderten gerade
so gut oder schlecht bestellt gewesen sein als zur gleichen Zeit in sonstigen
Städten und Ländern. Doch wissen wir, dass bereits im Jahre 1482 in der
Stadt Bern vier Hebammen gegen Besoldung in Geld, Kleidern und Naturalien förmlich angestellt waren, welches Einkommen einige Jahre später
erhöht wurde. Zu gleicher Zeit erscheint als ein Anfang zu einer Entbindungsanstalt die sogenannte « Elendherberge », in der eine besondere
Hebamme, wie aus Rechnungen vom Jahre 1502 hervorgeht, angestellt war.
Erst in späterer Zeit trat, wie die ähnliche Einrichtung im Burgerspital,
die Nothfallstube für Wöchnerinnen im Inselspital hinzu.

Geburtshülflicher Unterricht wurde damals, sowie auch in den nach-
folgenden Jahrhunderten, in Bern nicht ertheilt; wie die Hebammen herangebildet wurden, ist nicht bekannt; die Aerzte, oftmals durch Stipendien
des Staates unterstützt, machten ihre Studien auf fremden Universitäten,
da die höhere Lehranstalt, trotz öfterer Reorganisation, Naturwissenschaften
und Medizin keinen Raum gewährte.

Der erste geordnete Hebammenunterricht im Kanton Bern wurde in
Yverdon von Dr. Venel ertheilt. Voller Entrüstung über die Unwissenheit
der Hebammen und die Rohheit der damaligen Geburtshelfer, wusste er
1778 die Berner Regierung zur Gründung einer Hebammenschule für das
Waadtland in Yverdon zu bewegen, deren Leitung ihm übertragen wurde.
Der auch als Orthopäd weithin bekannte Mann schrieb auch ein Lehrbuch
für Hebammen. Der Unterrichtskurs dauerte zwar nur zwei Monate ; aber
der Lehrplan der Schule war ein ziemlich weitgehender, derselbe erstreckte
sich auch auf Untersuchungen am Kreissbette. — Der treffliche Erfolg
dieser Anstalt veranlasste die Regierung, durch Venel im Jahre 1782 auch
in Bern eine ähnliche Hebammenschule zu errichten. Die Unterrichtszeit
wurde auf drei Monate festgesetzt.

In dem im Jahre 1799 auf Anregung der medizinischen Gesellschaft gegründeten medizinischen Institute wurde die Geburtshülfe und zwar von dem hervorragenden Mitbegründer Dr. Schifferli vorgetragen; wahrscheinlich war jedoch der Unterricht ein rein theoretischer. Als im Jahre 1805 die neue Akademie mit einer medizinischen Fakultät gegründet wurde, in welch' letztere mehrere Lehrer des nun aufgelösten medizinischen Instituts übergingen, wurde die Entbindungskunst als Lehrgegenstand aufgenommen, aber mit der Professur für Chirurgie verbunden. Schifferli, später Karl Friedrich Emmert, nahmen diesen Lehrstuhl ein. Ob ein erspriesslicher praktischer Unterricht hier ertheilt wurde, ist sehr zu bezweifeln. Nur wenig geburtshülfliches Material, und dies meist poliklinisches, stand den Studirenden zur Verfügung. Erst die 1834 gegründete Universität brachte einen eigenen selbständigen Lehrstuhl für Geburtshülfe.

Die in Bern errichtete Hebammenanstalt, welche in einem Hause der Schauplatzgasse, dort wo jetzt das neue Museum steht, später in einem Gebäude der Speichergasse untergebracht war, scheint später nicht mehr wie im Anfange prosperirt zu haben; ihre Existenz war eine provisorische. Der Unterricht wurde nur unregelmässig ertheilt; Schifferli, Lindt und später Hermann, der ältere, wirkten an derselben als Lehrer. Sie wurde im Jahre 1825 einer Reorganisation durch Wyss unterworfen und definitif errichtet.

Mit der Errichtung der Hochschule beginnt ein weiterer Abschnitt in der Geschichte des geburtshülflichen Unterrichtes in Bern. Es wurde nicht bloss der seitherige Leiter und Lehrer der Hebammenschule zum Professor der Geburtshülfe ernannt, sondern auch die drei räumlich getrennten und nur lose mit einander zusammenhängenden Institute, Entbindungsanstalt, Nothfallstube des Inselspitals und geburtshülfliche Poliklinik mit einander vereinigt, sowie unter die Direktion des jeweiligen Professors der Geburtshülfe an der Hochschule gestellt und 1836 in das Gebäude an der Brunngasse, das früher als Salzmagazin gedient, verlegt. Volle 40 Jahre waren in diesem Hause geburtshülfliche Klinik und Hebammenanstalt untergebracht. Dasselbe erfuhr im Jahre 1853 durch Aufbau eines Stockwerkes eine Erweiterung. Als Lehrer wirkte hier von der Gründung der Universität an J. J. Hermann. Derselbe, 1790 in Vevey, als Sohn eines Bernischen Beamten geboren, studirte hier, in Erlangen und Würzburg. Im Jahr 1815 hieher zurückgekehrt, wurde er Prosektor und Docent der Anatomie, wendete sich jedoch bald auch der Geburtshülfe zu, welch' letzteres Fach ihm bei Eröffnung der Hochschule übertragen wurde. Er veröffentlichte eine Reihe von Arbeiten, die in das Gebiet der Geburtshülfe und Chirurgie

:inschlagen; er machte sich um Erforschung des Cretinismus und Verbesserung des Taubstummcnwesens verdient. Sein Name ist wesentlich an
lie Verbesserung eines geburtshülflichen Instrumentes (forceps Hermanni)
gebunden, welches freilich erst in der neuern Zeit zur Anerkennung und
Geltung kam. Er starb nach 43 Jahren akademischer Thätigkeit
davon 26 Jahre als Lehrer der Geburtshülfe) im Jahr 1861. Nach seinem
Tode wurde das Lehrfach der Geburtshülfe zu einer ordentlichen Professur
erhoben und dieselbe seinem Sohne Th. Herrmann übcrtragen. Derselbe
war lange Jahre ein emsiger und treuer Mitarbeiter seines Vaters, für den
er eine rührende Pietät in einem Nekrologe an den Tag legte. Seine
akademische Thätigkeit war jedoch nur eine sehr kurze, während deren er
eine Schrift « Zur Lehre vom Kaiserschnitt » heräusgab. Er starb bereits 1867,
worauf der aus der Prager Schule hervorgegangene A. Breisky aus Salz-
burg hieher berufen wurde. Unter letzterem erhielt die Anstalt abermals
eine Erweiterung. Wurden zwar auch früher schon gynäkologische Kranke
zum Zweck der Demonstration aufgenommen, so wurde doch erst auf
Anregung von Breisky eine eigene gynäkologische Klinik mit 12 Betten
1872 errichtet, dieselbe jedoch wegen der Beschränktheit der Räumlichkeiten des alten Hauses in ein Staatsgebäude der Herrengasse verlegt.
Auch dieses Institut ist mit dcm in dem alten Gebäude untergebrachten
jetzt in die neue Anstalt verlegt worden.

Die Thätigkeit A. Breisky's, unter dem das Studium der Geburtshülfe
hier einen neuen Aufschwung nahm, dauerte bis zum Jahre 1874, wo
derselbe einem Rufe an die Universität Prag folgte. An scine Stelle trat
P. Müller, früher Professor extraordinarius in Würzburg.

Die unleugbarc Verbcsserung des geburtshülflich-gynäkologischen Unterrichts ging im Verlauf der Zeit wesentlich mit der Vermehrung des klinischen
Materials Hand in Hand.

Die Frequenz der alten Anstalt und des damit verbundencn poliklinischen Institutes hat sich in den 40 Jahren ihres Bestandes stets
gehoben :

So betrug die jährliche Durchschnittszahl dcr Geburten in den Jahren
1836—1840 Anstalt 154, Poliklinik 46; 1840—1845 Anstalt 184, Poliklinik ·
53; 1845—1850 Anstalt 210, Poliklinik 88; 1850—1855 Anstalt 177, Poliklinik 107; 1855—1860 Anstalt 218, Poliklinik 106; 1860—1865 Anstalt
223, Poliklinik 122; 1865—1870 Anstalt 253, Poliklinik 123; 1870—1875
Anstalt 286, Poliklinik 114.

In den letzten Jahren ist eine noch grössere Steigerung der Frequenz eingetreten: auf der stationären Klinik wurden im Jahre 1883 376, in der Poliklinik 272 Geburten geleitet. In noch erfreulicherer Weise hat sich die mit der Entbindungsanstalt verbundene Abtheilung für Frauenkrankheiten aus den geringen Anfängen des Jahres 1872 entwickelt. So wurden im letzten Jahre 214 gynäkologische Kranke verpflegt und noch weiter 246 ambulant behandelt.

Die in der Anstalt untergebrachte Hebammenschule versorgte den Kanton Bern und theilweise auch die Nachbarkantone mit Hebammen jetzt dauert der Jahreskursus volle 9 Monate (vom 1. November bis 1. August ohne Unterbrechung; jeder 5. Cursus wird in französischer Sprache für die Schülerinnen des neuen Kantonstheils abgehalten. Die Anforderungen an die Schülerinnen sind gegenüber andern Schulen ziemlich strenge; die deutschen Kurse werden durchschnittlich von 10—20, die französischen von 8—12 Schülerinnen besucht.

Die Zahl der Zuhörer der geburtshülflichen Klinik stieg von Anfang an allmählig, um dann mit der Berufung Breisky's sehr rasch in die Höhe zu gehen; so betrug die Durchschnittszahl per Semester in den Jahren 1836—1840: 3 Zuhörer; 1840—1845: 7; 1845—1850: 7; 1850—1855: 6; 1855—1860: 7; 1860—1865: 8; 1865—1870: 28; 1870—1875: 55 Zuhörer.

Die in den letzten Jahren errichtete gynäkologische Klinik hatte durchschnittlich 30 Zuhörer. Die geburtshülfliche und gynäkologische Klinik, jetzt mit einander vereinigt, hat durchschnittlich 40—50 Auskultanten und Praktikanten.

Die ungeeignete Lage, die beschränkte Räumlichkeit, die traurigen sanitären Zustände überhaupt (es stieg die Mortalität in manchen Jahren über 6 °/₀, einmal sogar bis 10%) machte die Erstellung eines Neubaues nothwendig. Nach wiederholten Kundgebungen von Seiten der ärztlichen Vereine und mannigfachen Vorstudien wurde endlich am 19. Dezember 1872 durch einen Beschluss des Grossen Rathes die Aufführung eines Neubaues genehmigt. Die Ausführung desselben erforderte fast drei Jahre; fertig erstellt ist jetzt der Hauptbau; der Vollendung entgegen geht das Dependenzgebäude, wärend der Bau des Isolirhauses seinem Beginne noch entgegensieht.

Die Kosten der Ausführung betragen ungefähr:

1. Hauptbau . . . . . . Franken 435,000
2. Heizeinrichtung . . . . . » 50,000
3. Dependenzgebäude . . . . » 60,000
4. Cloaken . . . . . . » 35,000

Zusammen Franken 580,000

Die Kosten der zu erstellenden Barake dürften sich bis auf Fr. 27,000 belaufen.

Der Werth des Grund und Bodens, auf dem die Anstalt ruht, bereits früher schon Staatseigenthum, beträgt, wenn man den Preis des umliegenden Areals als Massstab gelten lässt, Franken 325,800.

Die innere Einrichtung des Hauptbaues kostete über Franken 50,000.

Die neue Anstalt ist in der unmittelbaren Nähe der alten Stadt auf einer die Letztere beherrschenden Höhe, der grossen Schanze, gelegen. Die Gebäude sind zum Theil auf den eingelegten Festungswerken erstellt. Das Areal derselben umfasst nicht weniger als 7330 ☐Meter, wovon bis jetzt 4142 ☐Meter überbaut sind. Wenn die projektirten Strassenzüge ausgeführt sein werden, wird die Anstalt auf einem nach allen Seiten hin freien Platz stehen.

Der Blick nach dem Süden von der Anstalt aus trifft die Alpen des Berner Oberlandes, der nach Norden die Kette des Schweizer Jura.

Die Anstalt besteht aus zwei getrennten Gebäuden, dem Hauptgebäude und dem kleineren Dependenzgebäude, woran sich später noch ein Isolirhaus in Barakenform anreihen soll.

Das *Hauptgebäude* zerfällt in einen Mittelbau mit zwei kurzen, rückwärtslaufenden Flügeln, welch letztere den kleineren Hof zwischen sich fassen; die Hauptfaçade ist fast gerade nach Süden gerichtet.

Vor dem Hause wird eine Gartenanlage hergestellt, die geziert ist mit einer aufgestellten Gruppe von erratischen, beim Bau ausgegrabenen Blöcken, jetzt Eigenthum der naturforschenden Gesellschaft.

Das neue Institut, in welchem die geburtshülflich-gynäkologische Schule und die Hebammenschule untergebracht ist, führt den Namen: « Kantonale Entbindungs- und Frauenkrankenanstalt ».

5. *Klinik für syphilitische und Hautkrankheiten.*

Seit Gründung der Hochschule wurden die Patienten des äusseren Krankenhauses zur syphilitischen Klinik benutzt; zuerst unter der Leitung des Prof. Dr. *Tribolet*, dann nach einiger Unterbrechung durch den Privatdocenten Assistenzarzt Dr. *Dietrich*. Fest organisirt wurde die dermatologische Klinik durch den Vorsteher des äusseren Krankenhauses, Docent Dr. *L. v. Erlach* (1855); nach ihm folgten die Herren Dr. *H. Weber* (1877—1880) und Dr. *von Ins* (1880).

6. *Die psychiatrische Klinik*

wurde durch den Direktor der Irrenanstalt Waldau, Prof. Dr. *R. Schärer*, 1861 gegründet und wird von demselben geleitet. Dieselbe wird auch von Studirenden anderer Fakultäten, namentlich Theologen, besucht.

7. *Die Poliklinik,*

mit der Hochschule gegründet, wurde subventionirt durch die früher der Anstalt für die Stadtarmen verabfolgte Summe von Fr. 1200 (n. W.) und Fr. 600 aus dem Hochschulkredite für Arzneien aus der Staatsapotheke. Dieselbe wurde durch den Armenfreund, Prof. Dr. *Fueter*, geleitet und nach seinem Tode seit 1835 in demselben humanen Geist durch den ausgezeichneten Arzt, Prof. Dr. *Jonquière*. Durch Reglement vom 21. November 1879 wurde dieselbe unter die Leitung der Direktoren der medizinischen und chirurgischen Klinik gestellt und durch zwei Assistenzärzte besorgt. Die Assistenten müssen das Staatsexamen absolvirt haben. Sie besorgen sämmtliche poliklinische Kranken vor der poliklinischen Unterrichtsstunde und reserviren für letztere die geeigneten Fälle, aus welchen der betreffende Professor seine Auswahl trifft. Sie leiten unter der Aufsicht der Professoren die Besorgung der Kranken zu Hause und überwachen die Praktikanten der Poliklinik bei ihren Hausbesuchen, — sie kontroliren die Rezepte der Praktikanten und haben täglich über ihre Thätigkeit Bericht zu erstatten und ein genaues Krankenjournal zu führen. Mögen folgende Mittheilungen des Assistenzarztes Dr. H. Sahli die für die Armen wie für die praktische Bildung der jüngern Mediziner erspriessliche Wirksamkeit der poliklinischen Anstalt darthun und dazu beitragen, ihre Erhaltung und Hebung zu sichern.

Ueber Zweck und Einrichtung der Poliklinik vgl.: « *Reglement* vom 21. November 1879 » erlassen von der Erziehungsdirektion.

Früher *eigener Professor* der Poliklinik. Jetzt steht die Poliklinik unter der Direktion der medizinischen und chirurgischen Klinik. Genauere Daten sind mir nicht bekannt.

Lokal der Poliklinik: Gebäude der Staatsapotheke, 1. Stock.

An *Frequenz* hat die Poliklinik in den letzten Jahren sehr zugenommen. Da Krankheitsstatistiken aus den früheren Jahren nicht mehr vorliegen, so verweisen wir in dieser Hinsicht auf folgende Zusammenstellung, die wir den alten Dispensationsbüchern der Staatsapotheke, soweit dieselben noch vorhanden sind, entnommen haben.

Die Zahl der ausgeführten poliklinischen Rezepte betrug im Jahr

1853	6592	1866	9440	1876	10337
1856	6408	1867	11912	1877	9008
1857	6184	1868	7660	1878	10678
1858	5388	1869	9573	1879	10003
1859	6724	1870	9352	1880	12592
1860	6185	1871	13211	1881	15719
1861	6052	1872	11020	1882	17470
1862	5609	1873	10244	1883	14302
1863	6155	1874	9551		
1864	7187	1875	9881		

Die Zahl der bis jetzt (3. Juli) ausgeführten Ordinationen des laufenden Jahres beträgt 8645. Diese Zahl übertrifft die letztjährige für denselben Zeitpunkt um mehr als 1000. Es ist demnach dieses Jahr wieder eine erhebliche Frequenzzunahme zu gewärtigen.

Es ist selbstverständlich, dass dieser Zahl von Ordinationen eine noch erheblich grössere Zahl von Besuchen, beziehungsweise Consultationen entspricht, da nicht jedesmal etwas neues verschrieben wird.

Aus diesen Zahlen geht wohl zur Evidenz hervor, dass die Poliklinik einem sehr grossen Bedürfnisse der hiesigen Bevölkerung entspricht, und dass die Ansicht derjenigen, welche aus Sparsamkeit dieses Institut reduziren und finanziell immer mehr beschränken möchten, auf völliger Unkenntniss der Verhältnisse beruht.

Die durch die Humanität gebotene unentgeltliche Besorgung von so vielen mehr oder weniger mittellosen Patienten liesse sich ohne die Poliklinik nur mit sehr erheblichen Mehrkosten durchführen und sie wäre weder im Interesse des Publikums noch in demjenigen der Universität.

Dass speziell auch die Hochschule ein grosses Interesse an dem neuerdings unbegreiflicher Weise in Frage gestellten Bestand der Poliklinik hat, geht aus den grossen Vortheilen hervor, die jeder fleissige poliklinische Praktikant als solcher aus dem reichen Material dieser Anstalt ziehen kann. Der poliklinische Unterricht kann durch die Kliniken nie ersetzt werden. Erstens ist schon das Material ein ganz verschiedenes. Die leichten und gewöhnlichen Fälle, wie sie nicht nur in der Poliklinik, sondern auch in jeder Praxis das tägliche Brod bilden, werden in die Spitäler sehr selten aufgenommen und *sie* lernt der Praktikant *nur* in der Poliklinik kennen und behandeln. Auch die Selbständigkeit und das Gefühl der Verantwortlichkeit für seine Handlungsweise erlangt der Praktikant nur in der Poliklinik und nur derjenige Mediziner, der dieselbe mit Eifer und Konsequenz mitgemacht hat, wird nachher, ohne sich von den Schwierigkeiten und Miseren des ärztlichen Standes überraschen zu lassen, schon am ersten Tage seiner Praxis im Stande sein, gestützt auf eine reiche Erfahrung sich leicht zurecht zu finden. Wir berufen uns hiebei auf die direkten Aussagen mehr als eines Arztes.

In Betreff der Krankheitsstatistik verweise ich auf den diesjährigen Bericht von Dr. Dumont und mir an die Direktion der Poliklinik zu Handen der Erziehungsdirektion.

8. Poliklinik und Klinik für Kinderkrankheiten.

Herr Prof. Dr. *Demme* gibt uns folgende Mittheilungen :

Die *Klinik und Poliklinik der Kinderkrankheiten* wurde im Jahre 1863 von Prof. Dr. R. Demme, dem vorstehenden Arzte des *Jenner'schen Kinderspitales* in Bern, als unabhängiges Institut gegründet. Die Direktion des Jenner'schen Kinderspitales gestattet zur Abhaltung dieser klinischen und poliklinischen Lehrstunden die Benutzung eines hiezu besonders eingerichteten Saales im Hintergebäude des Jenner'schen Kinderspitales. Die Poliklinik der Kinderkrankheiten besitzt ein eigenes, durch Vergabungen bis zu Fr. 8300 angewachsenes Vermögen. Die Zahl der von dieser Poliklinik behandelten Kinder ist in steter Zunahme begriffen. Sie erreichte beispielsweise im Jahre 1882 die Ziffer von 3287, im Jahre 1883 diejenige von 4037 Patienten. Die Studirenden der Hochschule nehmen an diesen klinischen und poliklinischen Lehrstunden als Praktikanten Theil.

9. Das anatomische Institut

umfasst die sämmtlichen Abtheilungen der anatomischen Wissenschaft und enthält daher nicht nur Räumlichkeiten, sondern auch Sammlungen für die menschliche und vergleichende Anatomie. Es verdankt seine ganze jetzige Organisation dem gegenwärtigen Direktor, Prof. Dr. *Aeby*, seit dessen Berufung im Jahre 1863 überhaupt erst seine Selbständigkeit geschaffen wurde. Erst von dieser Zeit an stammt auch die Gründung und systematische Vermehrung der Sammlungen und anderweitiger Unterrichtsmittel, die somit verhältnissmässig jungen Datums und daher weit davon entfernt sind, auf irgend welche Vollständigkeit Anspruch erheben zu können. Immerhin genügen sie schon jetzt dem Lehr- und Lernbedürfnisse in durchaus befriedigender Weise und es würde solches in noch viel höherem Grade der Fall sein, wenn es einmal gelingen sollte, einerseits dem schon oft, aber immer vergeblich, gestellten Begehren um Erhöhung des Jahreskredites gerecht zu werden, anderseits der immer drückender werdenden Platzüberfüllung durch Beschaffung grösserer Räumlichkeiten abzuhelfen. Möchte die nunmehr erfolgte Verlegung des Spitals auch in dieser Richtung einen kräftigen Anstoss geben!

(Nach Mittheilungen von Herrn Prof. Dr. Aeby.)

10. Physiologisches Institut.

Das hiesige physiologische Institut wurde mit der Gründung der Hochschule 1834 eröffnet. Es befindet sich noch jetzt in denselben Räumen wie damals. Leiter desselben war bis 1881 Prof. Dr. *G. Valentin*, von da ab Prof. Dr. *Grützner*. Mehrere Jahre hindurch wurde von Herrn Valentin auch die Anatomie neben der Physiologie vertreten. Das Institut umfasst 5 Zimmer, einschliesslich des Hörsaales, und seit Kurzem auch einen eigenen Kellerraum und bezweckt, einmal mit seinen Mitteln den Studirenden das Studium der praktischen, experimentellen Physiologie zu ermöglichen, also Unterrichtszwecken zu dienen, anderseits dem Leiter desselben die Mittel an die Hand zu geben, eigene Untersuchungen anzustellen, um dadurch unmittelbar die Wissenschaft der Physiologie in ihren verschiedenen Zweigen zu fördern.

(Nach Mittheilungen von Herrn Prof. Dr. Grützner.)

11. Das pathologische Institut.

Wir verdanken dem Direktor desselben, Herrn Prof. Dr. *Th. Langhans*, folgende Mittheilungen:

Die Arbeiten, welche auf dem pathologischen Institut ausgeführt werden, haben den Zweck, durch anatomische und experimentelle Untersuchungen Ursache und Verlauf der Krankheiten festzustellen. Das Institut wurde 1865 gegründet unter dem Direktorat des Herrn Prof. Klebs, der zuerst als Extraordinarius von Berlin berufen, 1866 Ordinarius wurde; als Grundstock der Sammlung fand er eine grössere Anzahl von Präparaten vor, die von Herrn Prof. Demme stammten. Ostern 1872 ward er nach Würzburg berufen. Herbst 1872 trat der jetzige Direktor, Prof. Dr. Langhans, sein Amt an. In Verbindung mit dem pathologischen Institut und zunächst von demselben abhängig ward von Klebs in Verbindung mit Naunyn im Winter 1871/72 das Laboratorium für medizinische Chemie geschaffen und Herr Dr. Nencki als Assistent zur Leitung desselben berufen. Derselbe wurde 1873 Honorarprofessor, ausserordentlicher Professor 1876, Ordinarius 1877 und mit letzterem Termin ward das Laboratorium abgetrennt und selbständig hingestellt.

Bisher befand sich das pathologische Institut in dem Gebäude der Staatsapotheke, 3. Stockwerk, in sehr beschränkten räumlichen Verhältnissen, das Sectionslokal davon abgetrennt in dem Hofe des Inselspitals. Jetzt ist dasselbe in Verbindung mit dem letzteren im Neubau begriffen und wird wohl hoffentlich noch vor Ende dieses Jahres in das neue Gebäude übersiedeln.

12. Das medizinisch-chemische Laboratorium.

Wir verdanken dem Director desselben, Herrn Prof. Dr. von Nencki, folgende Mittheilungen:

Das medizinisch-chemische Laboratorium wurde im Jahre 1872, auf Anregung der Herren *Klebs* und *Naunyn*, von der Regierung des Kantons errichtet. Zunächst als eine Erweiterung des pathologischen Institutes, das damals unter Leitung des Professors *Klebs* stand. Als Dirigent des Laboratoriums wurde, mit dem Titel eines « chemischen Assistenten am pathologischen Institute », Dr. med. *Marceli Nencki* berufen, welcher damals in Berlin, in *Bäger's* Laboratorium in der Gewerbe-Akademie, mit Untersuchungen über die Harnsäuregruppe beschäftigt war. Für die Ausgaben des Laboratoriums wurden ihm 1000 Fr. jährlich bewilligt.

Das Laboratorium ist zunächst aus dem Bedürfniss, chemische Untersuchungen für die Kliniken auszuführen, hervorgegangen. Aehnlich wie die anatomische Untersuchung der Leichen und krankhaften Gewebe die

Gründung einer besonderen Professur für pathologische Anatomie nöthig
machte, so auch die Untersuchung des Stoffwechsels in Krankheiten, Ana-
lysen pathologischer Secrete, Untersuchungen der Spaltpilze und ihrer
Lebensbedingungen, Prüfung und Auffindung neuer Arzeneistoffe und Des-
infectionsmittel können mit Erfolg nur von einem Mediziner betrieben
werden, der ausser einer medizinischen Ausbildung aufs Genaueste mit den
chemischen Untersuchungsmethoden vertraut ist.

Im Jahre 1876 wurde auf Antrag des damaligen Erziehungsdirektors,
Herrn *Ritschard*, das Laboratorium für medizinische Chemie als selb-
ständiges Institut creirt, Dr. *Nencki* zum Direktor desselben und ausserordentlichem Professor befördert und ihm ein vom Staate besoldeter Assistent
beigegeben.

Durch die Transferirung der bis dahin im zweiten Stock der Staatsapotheke befindlichen Augenklinik, wurden die frei gewordenen Räume für
das medizinisch-chemische Laboratorium adaptirt, und als Professor Nencki
im Jahre 1877 die Berufung an die Universität Krakau für den Lehrstuhl
der Pharmakologie ablehnte, wurde er zum ordentlichen Professor befördert
und auch später durch den Erziehungsdirektor, Herrn *Bitzius*, die Mittel
des Laboratoriums vergrössert. Das Wohlwollen, das die Regierung des
Kantons stets der jungen Anstalt bezeigte, war nicht umsonst. Ausser den
zahlreichen Arbeiten des Chefs des Laboratoriums, die namentlich in den
« Berichten der chemischen Gesellschaft » in Berlin, im « Journal für praktische Chemie » und in Pflüger's «Archiv für Physiologie » veröffentlicht worden
sind, sind seit dem zwölfjährigen Bestehen des Laboratoriums mehr als
vierzig von Praktikanten des Laboratoriums ausgeführte wissenschaftliche
Untersuchungen publizirt worden. Eine Anzahl der Schüler des Laboratoriums wirken als Lehrer und Forscher an anderen höheren Lehranstalten
So Dr. *Ernst Ziegler*, gegenwärtig Professor der pathologischen Anatomie
in Tübingen; Dr. *Ernst Bandrowski*, jetzt Professor der Chemie und
Vorstand der chemischen Abtheilung an der höheren Gewerbeschule in
Krakau; Dr. *Ludwig Brieger*, jetzt Professor der Medizin in Berlin;
Dr. *Constantin Kaufmann*, Privatdozent der Chirurgie in Zürich; Dr. *Joseph
Szpilmann*, Professor der Physiologie an der Thierarzeneischule in Lem-
berg; Dr. *Pierro Giacosa*, Professor der Pharmakologie und physiologischen
Chemie an der Universität in Turin; Dr. *Fr. Schaffer*, amtlicher Chemiker
des Kantons Bern u. a. m.

13. Das chemische Laboratorium und die pharmakognostische Sammlung in der Staatsapotheke.

Bericht des Herrn Prof. Dr. Perrenoud.

Unter der Leitung des Herrn Prof. Dr. Flückiger, welcher sich im Jahre 1862 an hiesiger Hochschule als Privatdocent der Pharmakognosie und Chemie habilitirte, wurden beide Institute gegründet.

1869 wurde, da im Laboratorium Platzmangel eingetreten war, ein Anbau aufgeführt, durch welchen einige Plätze gewonnen wurden, und später (1883) ein ferneres Zimmer, mit Arbeitsplätzen, sowie ein Waagezimmer eingerichtet. Die neue Hochdruckdampfeinrichtung mit langem Rohrnetz, sowie eine Centrifuge und eine hydraulische Presse erleichtern die Arbeit.

Die pharmakognostische Sammlung ist sehr reichhaltig und besitzt mehrere Cabinetstücke. Sie wurde voriges Jahr vollständig neu geordnet und dient als nothwendiges Demonstrationsmittel zum Unterrichte in der Pharmakognosie.

14. und 15. Physikalisches Kabinet und tellurisches Observatorium.

Herrn Prof. Dr. Forster, Direktor des physikalischen Kabinets und des tellurischen Observatoriums, verdanken wir folgende Mittheilungen:

Das tellurische Observatorium und das physikalische Institut der Universität Bern wurden unter Leitung des unterzeichneten Direktors durch die Architekten Eggimann und von Rodt in den Jahren 1876 und 1877 erbaut.

Das im Nordwesten der Stadt Bern (Münsterkirche) liegende Plateau, die sogen. «grosse Schanze», wird von einem kleinen Hügel überragt, auf welchem die alte kleine Sternwarte erbaut wurde. Die Zweifel, ob dieser Hügel in früheren Zeiten zu Fortifikationszwecken künstlich geschaffen oder ob er natürliches Terrain sei, wurden beim Bau des tellurischen Observatoriums endgültig entschieden. Das neue Gebäude, welches an den durch Abbruch der alten Sternwarte frei gewordenen Ort zu stehen kommen sollte, verlangte, seiner Grösse entsprechend, eine viel breitere Basis als letztere und so musste etwa $^1/_3$ der Höhe des Hügels abgetragen werden; bei den daherigen Erdarbeiten wurde eine ziemliche Anzahl erratischer Blöcke von theils beträchtlicher Grösse gefunden, wodurch evident bewiesen ist dass der ganze Hügel aus natürlichem Terrain, Moräne, besteht.

Die *Höhenbestimmungen* im tellurischen Observatorium wurden im Auftrage des kantonalen Vermessungsbüreau's unter Leitung des Herrn Kantonsgeometers Lindt durch Herrn Geometer Brönnimann mit grosser Genauigkeit ausgeführt. Als Ausgangspunkt diente der Fixpunkt N. F. 26 des Präzisionsnivellements auf dem Trottoir vor dem hiesigen Personenbahnhof, dessen Höhe über Repère de la Pierre du Niton 167,331ᵐ beträgt. In Bezug der Meereshöhe des Pierre du Niton theilt mir der Präsident der geodätischen Kommission, Herr Prof. Wolf, gefälligst mit, dass die definitive Bestimmung der Höhe dieses Nullpunktes über einem allgemeinen Nullpunkte der internationalen Kommission vorbehalten ist. Vorläufig werden wir also den, von den Franzosen angegebenen Niveauunterschied

Nepère de la Pierre du Niton — mittlere Meereshöhe im Hafen
zu Marseille = 374,052ᵐ
anzunehmen haben.

Nach den Messungen des Herrn Brönnimann ergeben sich folgende Höhen im tellurischen Observatorium:

	Höhe über Pierre du Niton	Meereshöhe über d. Hafen Marseille
Plateau der grossen Schanze	187,071ᵐ	561,123ᵐ
Plateau der Terrasse bei der Nachtmire	191,271ᵐ	565,323ᵐ
Plateau der Terrasse bei der Collimatorlinse	192,024ᵐ	566,076ᵐ
Schnittpunkt der optischen und der Drehaxe des Meridianinstrumentes	195,556ᵐ	569,608ᵐ
Höhe des Quecksilbergefässes des Stationsbarometers Nr. 1	198,583ᵐ	572,635ᵐ

Zur Reduktion des Barometerstandes auf Meeresniveau wenden wir daher die Höhe von 573ᵐ an.

Ein sehr günstiger Umstand für die Kontinuität unserer Barometerbeobachtung ist der, dass die Höhe des Quecksilbergefässes des Barometers in der alten Sternwarte derjenigen im tellurischen Observatorium sozusagen gleich ist.

	Alte Sternwarte	Tellur. Observatorium
Höhe des Quecksilbergefässes des Barometers Nr. 1	572,672	572,635

Die Differenz von 3,7ᶜᵐ, welche sich bei der Messung herausstellte, ist natürlich viel zu gering, um eine Veränderung des Aufhängepunktes des Barometers zu motiviren.

Breite, Länge und Intensität der Schwere der alten Sternwarte wurden 1869 und 1870 durch Herrn Prof. Plantamour mit grösster Sorgfalt und Genauigkeit bestimmt. Derselbe gibt folgende definitiven Werthe*):

Breite = 46° 57′ 8,66″

mittlere Fehler = ± 0,13

wahrscheinliche Fehler = ± 0,09

Länge. Die Längendifferenz der Meridianinstrumente von Bern und Neuenburg wurde bestimmt zu 1ᵐ 55ˢ, 806

mittlere Fehler = 0,012

wahrscheinliche Fehler = 0,008

um welchen Betrag Bern *östlich* von Neuenburg liegt. Diese Bestimmung wurde im Verein mit Herrn Prof. Hirsch auf telegraphischem Wege ausgeführt. Das Observatorium Bern liegt also 20ᵐ 25ˢ östlich von Paris.

Intensität der Schwere. Auf einem Steinpfeiler 7,70ᵐ nördlich und 6,30ᵐ westlich des Meridianinstrumentes der alten Sternwarte, in einer Höhe von 198,44ᵐ über der Repère de la Pierre du Niton oder 572,492ᵐ über Meer (Marseille) wurde gefunden: g = 9,8046675ᵐ

mittlere Fehler = 0,0000289

wahrscheinliche Fehler = 0,0000195

Wie man sieht, beziehen sich diese Werthe auf die alte Sternwarte, ersp. auf den Schnittpunkt der optischen und Drehaxe des Meridianinstrumentes derselben. Da dieser Punkt ebenfalls der Nullpunkt der schweizerischen Triangulation ist, so musste beim Abbruch der alten Sternwarte natürlich für Erhaltung dieses Punktes Sorge getragen werden. Ich behalte die ausführliche Mittheilung der Vorkehren, welche zu diesem Zwecke getroffen wurden, der früher erwähnten Beschreibung des tellurischen Observatoriums vor und will nur anführen, dass dieser Punkt durch einen mit Sorgfalt eingesetzten Stein im Keller erhalten worden ist. Dieser Stein befindet sich um 8,407ᵐ genau vertikal unter dem erwähnten Nullpunkte.

Die neue Meridianebene des tellurischen Observatoriums ist um 19,61ᵐ östlich der Meridianebene der alten Sternwarte gelegen.

Bezüglich der Einrichtungen will ich hieraus folgende mittheilen:

Das tellurische Observatorium stellt sich die Aufgabe, nach und nach möglichst zahlreiche und nach allen Richtungen sich ausdehnende Beobachtungen und Messungen bezüglich der *Physik der Erde* einzuführen.

---

*) Détermination télégraphique de la différence de longitude entre l'Observatoire de Berne et celui de Neuchâtel und Observations faites dans les stations astronomiques suisses.

Astronomische Beobachtungen sollen nur so weit angestellt werden, als sie für unsere Zwecke nöthig oder nützlich erscheinen; ich rechne dahin speziell die Zeitbestimmungen. Um hiefür ausgerüstet zu sein, wurde ein Ertel'sches Meridianinstrument unter der erprobten Leitung des Herrn Mechanikers Kern in Aarau zunächst in dessen Werkstätten sorgfältig repassirt und dann im grossen Meridiansaale neu montirt. Es wurden bei dieser Gelegenheit durch Herrn Kern einige werthvolle Verbesserungen der Aufstellung angebracht, so dass dasselbe nun den Ansprüchen, die man an ein mittleres Instrument stellt, genügt. Von der Anschaffung eines Aequatoreals haben wir vorläufig Abstand genommen, da die dazu erforderliche Summe auf der Anstalt näher liegende Zwecke verwendet werden musste. Um indessen eventuell später ein solches Instrument aufstellen zu können, wurde beim Bau auf die Erstellung einer gehörig massiven, vom Hause isolirten Steinsäule Bedacht genommen; dieselbe endet unter einem runden Thurme, der von einer drehbaren eisernen Kuppel überwölbt wird. Unter diesen Umständen schien es uns passend, die bisher geführte Bezeichnung «Sternwarte» fallen zu lassen; in Wirklichkeit hat auch die alte Sternwarte diesen Titel bezüglich ihrer instrumentalen Ausrüstung niemals verdient· Dem speziellen Zwecke der Anstalt entsprechend haben wir die Bezeichnung « tellurisches Observatorium » vorgeschlagen und ist dieselbe von den zuständigen Behörden acceptirt worden.

Im Gebäude des tellurischen Observatoriums ist auch das physikalische Institut untergebracht, was den grossen Vortheil hat, dass die Präzisionsinstrumente desselben stets zum Gebrauche im Dienst des ersteren bereit sind. Ebenso ist die im Interesse der Ueberwachung und der Regelmässigkeit des Dienstes unerlässliche Bedingung erfüllt, dass die Wohnung des Anstaltsdirektors, sowie des Abwartes und des einen Assistenten im Gebäude untergebracht ist.

Ein Theil der meteorologischen Instrumente (die verschiedenen Barometer, Thermometer, Hygrometer, Evaporometer) ist in einem grossen, im nordöstlichen Flügel gelegenen Saale und vor den Fenstern desselben aufgestellt; die Wind- und Niederschlagsinstrumente befinden sich über dem flachen Dache eines viereckigen Thurmes, welcher alle Punkte der näheren Umgebung Berns völlig dominirt. Man darf sagen, dass diese Aufstellungen nichts zu wünschen übrig lassen.

Für die Registririnstrumente haben wir das von dem höchst verdienten früheren Direktor der meteorologischen Station, dem jetzigen Direktor des physikalischen Zentralobservatoriums in Petersburg, H. Wild, eingeführte elektro-magnetische System behalten — ja viele Instrumente sind noch die-

selben, welche Prof. Wild vor nun etwa 15 Jahren angeschafft hat: be
gehöriger Ueberwachung funktioniren dieselben noch in vollkommen zu
friedenstellender Weise — ein Beleg für die solide Konstruktion, welche di
Telegraphenwerkstätte des Herrn Dr. Hasler denselben hat angedeihei
lassen.

Das seit einigen Jahren eingeführte System, zwei vollständige, voi
einander unabhängige Serien von Registrirapparaten neben einander ir
Funktion zu erhalten, die eine Serie im Stunden-, die andere im Zehn-
minutenschluss, wurde auch im neuen Gebäude adoptirt. Wir sichern uns
dadurch eine continuirliche Beobachtungsreihe, selbst wenn, wie das je
geschehen kann, plötzlich ein oder mehrere Instrumente momentan stocken.

Folgende Uebersicht enthält die Instrumente, welche im ersten Jahre
in regelmässiger Funktion erhalten wurden.

a. *Direkt abgelesene Instrumente:*

1) Zwei Thermometer von Geissler, genau verglichen.
2) Psychrometer mit Geissler'schen Thermometern.
3) Ein Metall-Maximum- und Minimum-Thermometer von Hermann & Pfister.
4) Ein Alkohol-Minimum-Thermometer von Baudin in Paris.
5) Ein englischer Thermometrograph.
6) Zwei Barometer.
7) Zwei Haarhygrometer von Hermann & Pfister in Bern.
8) Ein Haarhygrometer von Goldschmieds Nachfolger in Zürich.
9) Ein Waagevaporometer von Dr. Hasler.
10) Zwei Evaporometer Picher.
11) Ein Regenmesser auf der Zinne des viereckigen Thurmes.
12) Ein Regenmesser, 18 Meter tiefer als der vorhergehende auf der Terrasse
    des Observatoriums.
13) Eine Windfahne, im Bureau abzulesen.
14) Ein Anemometer, im Bureau abzulesen.
15) Ein Ozonometer Schönbein.

b. *Registrirapparate (elektromagnetisch).*

im Zehnminutenstrom	im Stundenstrom
16) Ein Metallthermometer.	22) Ein Metallthermometer.
17) Ein Waagbarometer.	23) Ein Waagbarometer
18) Ein Haarhygrometer.	24) Ein Haarhygrometer.
19) Eine Windfahne.	25) Eine Windfahne.
20) Ein Anemometer.	26) Ein Anemometer.
21) Ein Ombrometer.	27) Ein Ombrometer.

Nachdem, im August 1878, die Schweizerische Naturforschende Gesellschaft eine Kommission zur regelmässigen Beobachtung der Erdbeben niedergesetzt und das Observatorium zu Bern als seismologische Zentralstation erwählt hatte, wurden daselbst eine Reihe von Seismometern verschiedener Konstruktion montirt und regelmässig beobachtet.

Das tellurische Observatorium ist die einzige meteorologische Station erster Ordnung der Schweiz, d. h. die einzige Station, auf welcher alle meteorologischen Beobachtungen ununterbrochen durch selbstregistrirende Instrumente ausgeführt werden.

Das physikalische Institut befindet sich im Hochparterre des Gebäudes und enthält neben dem geräumigen Auditorium die Sammlungsräume, sowie Räume für physikalische Uebungen und Untersuchungen. Dasselbe ist entsprechend den Anforderungen der Neuzeit eingerichtet und mit Apparaten sowohl zu Demonstrations- als zu Messungszwecken gut ausgerüstet.

16. Das chemische Laboratorium

wurde als Subsidiar-Anstalt der Akademie 1819 von Professor Dr. *Karl Brunner* gegründet und, meist aus Privatmitteln des Direktors ausgestattet, 1834 mit der Gründung der Hochschule erweitert und jährlich vom Staat mit einem für die Anforderungen bescheidenen Beitrag unterhalten.

Den Bemühungen des gegenwärtigen Direktors, Professor Dr. *Schwarzenbach*, gelang es, durch offene Darlegung der vorhandenen Uebelstände (Bericht vom April 1872) die Staatsbehörden zu bestimmen, durch bauliche Veränderungen in der Kavallerie-Kaserne mit einem Kostenaufwand von 40,500 Franken für das chemische Laboratorium 11 weite und helle Räumlichkeiten erstellen zu lassen, welche mit Beginn des Wintersemesters 1874/75 bezogen werden konnten.

Professor Dr. *Schwarzenbach* schreibt uns:

Im Ganzen ist unsere Anstalt, besonders seit wir auch Dampf- und Wasserkraft zur Verfügung haben, sicher allen unseres Landes ebenbürtig. Seit dem Amtsantritt des gegenwärtigen Dirigenten haben 2548 Studirende praktischen und theoretischen Unterricht in derselben genossen. Doch ist diese Ziffer aus verschiedenen Gründen zwar die in den amtlichen Verzeichnissen konstatirte aber weit unter der thatsächlichen Höhe.

17. Das zoologische Kabinet,

durch Professor Dr. *Perty* angelegt und für Unterrichtszwecke bestimmt, befindet sich gegenwärtig im Gebäude des Städtischen Naturhistorischen Museums unter der Direktion des Herrn Professor Dr. *Th. Studer.* (Siehe unten.)

18. Das mineralogische Kabinet

verdankt seine Gründung und Bereicherung vorzugsweise Herrn Professo Dr. B. *Studer* und sodann seinem Nachfolger, Herrn Professor Dr. *J. Bach mann.*

Zu dem Bestande desselben gehören eine mineralogische, eine petro graphische und eine stratigraphische Lehrsammlung nebst artistischen Hülfs mitteln für den Unterricht.

Wegen ungenügender Lokalitäten konnten die Sammlungen nicht ge hörig aufgestellt, geordnet und konservirt werden. Diesen Uebelstände wird in der nächsten Zeit abgeholfen werden, indem eine vollständige Re organisation dieser Sammlungen beschlossen und durch Herrn Professor Dr. *Baltzer* in Angriff genommen ist.

19. Der botanische Garten.

Wir verdanken Herrn Professor Dr. *Fischer* folgende Mittheilungen:

Zur Zeit der Gründung der Hochschule bestand bereits ein kleiner, der Burgerschaft von Bern gehörender botanischer Garten, an dessen Kosten der Staat seit 1836 einen bescheidenen jährlichen Beitrag leistete.

Dieser Garten befand sich im Innern der Stadt, zwischen dem Hochschulgebäude und der Stadtbibliothek, in beengter und ungünstiger Lage. Eine Verlegung und Erweiterung desselben wurde bald zu einem dringenden Bedürfniss.

Nicht geringe Schwierigkeiten veranlasste die Wahl einer passenden und zu annehmbaren Bedingungen erhältlichen Lokalität, die allen direkten Erfordernissen entsprechen und zugleich durch ihre Lage eine Garantie für gesicherten Fortbestand bieten sollte.

Nach gründlicher Erwägung wurde endlich ein am rechten Aare-Ufer oberhalb der Eisenbahnbrücke gelegenes Grundstück gewählt, welches mit Einschluss der nachträglich angekauften Böschung des Eisenbahndammes einen Flächenraum von circa $2^7/_8$ Hectar einnimmt.

Der Ankauf dieses Areals und die Gründung eines neuen botanischen Gartens von Seiten des Staates wurde am 3. November 1859 vom Grossen Rathe beschlossen.

Die Ausführung wurde einer Organisationskommission übertragen, die ihre Aufgabe bis zum Spätjahre 1862 löste, worauf die im Reglement vorgesehene Gartenkommission gewählt wurde, bestehend aus 3 auf den Vor-

chlag der Erziehungs-Direktion und 2 auf einen doppelten Vorschlag des
Burgerraths von Bern vom Regierungsrath ernannten Mitgliedern. Das
Präsidium dieser Kommission führt der Erziehungs-Direktor.

Zum Direktor des Gartens und Professor der Botanik an der Hochschule wurde im Frühjahr 1860 Professor Dr. *Fischer* gewählt.

In verdankenswerther Weise war bei der Gründung des Gartens auch
der Burgerrath von Bern behülflich, zunächst durch Zusicherung eines jähr-
ichen Beitrages an die Unterhaltungskosten, ferner durch unentgeltliche
Abtretung der sämmtlichen Pflanzen und Geräthschaften des alten Gartens,
sowie auch der im naturhistorischen Museum befindlichen Herbarien und
andern botanischen Sammlungen.

Bei der Einrichtung des Gartens wurden die neueren Erfahrungen
möglichst zu Rathe gezogen. Die Pflanzungen — im Wesentlichen als
englische Anlagen behandelt — bringen zugleich, so weit thunlich, die
systematisch-wissenschaftliche Gruppirung zur Anschauung. Fünf grössere
und ein kleineres Gewächshaus enthalten eine Auswahl Pflanzen aus
wärmeren Regionen. Zur Vermehrung des Pflanzenvorraths dient neben
kleineren direkten Anschaffungen ein regelmässig geführter Tauschverkehr
mit auswärtigen botanischen Gärten.

Von den beiden durch das grosse Kalthaus (Orangerie) getrennten
Gebäuden dient das eine als Gärtnerwohnung, das andere enthält den Hörsaal, ein Arbeitszimmer mit den nöthigen Büchern, Mikroskopen etc. und
einen grössern Saal zur Aufstellung der Sammlungen, nebst einem kleinern
Bibliothekzimmer.

Die Sammlungen haben sich seit Gründung des Gartens in erfreulicher
Weise vermehrt, einerseits durch einen hierfür bestimmten bescheidenen
Kredit, andrerseits in weit höherem Grade durch eine Reihe von sehr ver-
dankenswerthen Schenkungen und Legaten.

In derselben Weise hat auch die Bibliothek von verschiedenen Seiten
bedeutenden Zuwachs erhalten.

Es dient dieses Material zunächst zur Förderung wissenschaftlicher
Interessen, zur Demonstration bei Vorlesungen und zur Benutzung von
Seiten der Studirenden, wird aber gern auch weiteren Kreisen, die dafür
ein Interesse haben, zugänglich gemacht.

Nähere Auskunft über die Einrichtungen und Sammlungen des Gartens
bis zum Jahre 1866 gibt die Druckschrift: Der botanische Garten in Bern
von *L. Fischer*, mit einem Situationsplane.

E. Die städtischen Museen.

1. Ueber das *historische* Museum, das Antiquarium und die ethnographische Sammlung gibt uns der Direktor desselben, Herr *Edmund von Fellenberg*, folgenden höchst interessanten Bericht:

Das Gebäude des jetzigen historischen Museums, bis 1881 naturhistorisches Museum, wurde sehr wahrscheinlich von Architekt Sprüngli in recht gelungenem Roccocostyl in den Jahren 1773—76 erbaut und sollte der grosse Saal theils als Gemäldegallerie und theils als Kuriositäten-Kammer, theils als Sitzungslokal für die Bibliothekkommission dienen. Die Stadtbibliothek war damals noch in der jetzigen Aula, daher der Anbau und namentlich der neue grosse Saal, die Bibliothekgallerie, in gleiches Niveau mit der Aula gebaut wurde. Eine Thüre führte von der neuen Bibliothekgallerie in den Gang, an dessen gegenüberliegender Wand der Eingang zur jetzigen Aula sich befindet. Diese Bibliothekgallerie enthielt in den ersten Jahren die jetzt auf der Stadtbibliothek befindlichen Porträts der bernischen Schultheissen, sowie mancherlei Merkwürdigkeiten, ethnographische und antiquarische Gegenstände. Erst im Jahr 1810 wurden sowohl der grosse Saal (Bibliothekgallerie) als 1813 die untern Räumlichkeiten zu ebener Erde, welche ursprünglich als Zeichnungssäle für eine zu gründende Kunstschule erbaut worden waren, zu Zwecken eines *naturhistorischen Museums* eingerichtet. Es wurde in demselben Jahre eine eigene Museumskommission, welche jedoch auch Sektion der Bibliothekkommission war, (siehe darüber: Ein Gang durch's städtische Antiquarium, pag. 8 ff.) erwählt. Die Stadtbibliothek war ursprünglich als Kornhaus gebaut 1782. Gegen die Kesslergasse, wo jetzt die Laube unter dem Bibliothekgebäude sich befindet, in der sogenannten Tuchlauben, waren einzelne Abtheilungen, Krämerbuden, worin vorzüglich Tuchwaaren verkauft wurden. Gegen Süden, d. h. gegen den alten Klosterkirchhof im Plainpied, waren die sogenannten Säumerstallungen, in den früheren Räumen der mineralogischgeognostischen Sammlungen, dem jetzigen Antiquarium. Erst im Jahr 1791 wurde das ursprünglich zum Kornhaus bestimmte Gebäude der Stadtbibliothek eingerichtet und da man damals mit dem Gedanken eines Neubaues des Rathhauses umging, wurde der jetzige schöne Bibliotheksaal eingerichtet, um im Nothfall als Sitzungssaal für die Behörden dienen zu können (Notizen von Herrn Kirchmeyer Howald).

Einrichtung der Stadtbibliothek im jetzigen Gebäude: 1791; Erbauung desselben zum Zweck eines Kornhauses, 1787—89. Anbau an die Stadtbibliothek und Abbruch der drei untersten Häuser, Schattseite an der Kesslergasse ob dem Schulgässchen, 1863 und 64.

Nachdem im Ausscheidungsvertrag von 1852 sowohl Stadtbibliothek wie naturhistorisches Museum an die Burgergemeinde übergegangen waren, wurden von Seite des Burgerraths zur Leitung dieser Institute eigene Kommissionen ernannt, deren jeweiliger Präsident Mitglied des Burgerrathes sein muss. Zugleich wurde bestimmt, es seien alle zehn Jahre von den burgerlichen Kommissionen eingehende Verwaltungsberichte über ihre Dikasterien an die obere Behörde einzuliefern. Auf diese Decennialberichte, deren erster von 1852 bis und mit 62 sich erstreckt, der zweite, um mit dem Decennium jeweilen fortzufahren, von 1863—70 geht, wird hierseits verwiesen. Von 1870 an, wo die antiquarische Sammlung vom naturhistorischen Museum getrennt verwaltet wird unter einer eigenen Sektion der Bibliothekkommission, erscheint auch ein burgerlicher Decennialbericht, ein eigener Rapport des Conservators der antiquarischen Sammlungen (siehe Separatabdruck des Berichtes über die archäologische Sammlung von E. von Fellenberg, Bern, 1881).

Bis zum Jahre 1864 waren sowohl die Antiquitäten (siehe Katalog des Herrn G. Studer vom Jahr 1846) als auch die ethnographischen Gegenstände auf dem naturhistorischen Museum aufbewahrt und zwar in den untern Plainpied-Räumlichkeiten, so vor Allem die ausserordentlich kostbaren ethnographischen Gegenstände, welche der Berner Wäber, Zeichner auf der 3. Expedition des Capitäns Cook, von den Inseln der Südsee zurückgebracht, dann die Antiquitäten von Muri, Avenches, etc., und die werthvolle Sammlung etrurischer Gefässe, welche 1830 und 31 durch Sammlungen des Offizierscorps des 4. Berner Regiments in Neapel erworben und der Vaterstadt geschenkt wurde. In diesem Jahre wurde die antiquarische Sammlung aus den Räumen des naturhistorischen Museums in den sog Hallersaal, westlich anstossend an den grossen Bibliotheksaal, verlegt und dort neu aufgestellt (siehe: Ein Gang durch's Antiquarium etc., pag. 14).

Im Jahre 1866 wurden auch die Burgunderteppiche, welche früher in der Sakristei des Münsters jeweilen im Sommer während 3 Monaten sichtbar waren, auf eigenem Gestelle im grossen Saale der Stadtbibliothek je vom 15. Juni bis 15. September dem Publikum zugänglich gemacht.

Nachdem 1864 alle Alterthümer aus den untern Räumlichkeiten des naturhistorischen Museums ausgezügelt waren, verblieben im mittleren untern Saal die ethnographischen Gegenstände beim naturhistorischen

Museum. Es wurden die untern Räume für die Zoologie eingerichtet un
zwar für die Abtheilung der wirbellosen Thiere und Amphibien. De
hinterste Saal wurde als Studierzimmer und Laboratorium des Conservator
der zoologischen Abtheilung eingerichtet. Im mittleren Saal verblieb di
ethnographische Sammlung und die in einem zahlreichen und schöne
Mobiliar anno 1874 durch Legat des verstorbenen englischen Naturforscher
Shuttlewort erhaltene Prachtsammlung von Conchylien (über 16,000 Num
mern). (Siehe Museumsbericht 1881, pag. 200.)

Nachdem innerhalb der Räumlichkeiten des alten naturhistorischer
Museums sich schon seit Jahren ein je länger je grösserer Mangel an Platz
zu geeigneter Aufstellung und übersichtlicher Ordnung der sich immer ver-
mehrenden Sammlungen geltend gemacht hatte, wurde hauptsächlich durch
die Bemühungen des Herrn Altgrossrath Fr. Bürki den 4. April 1877 von der
Burgergemeinde der Beschluss zum Bau eines neuen naturhistorischen
Museums gefasst (mit 144 gegen 4 Stimmen). (Siehe im Decennialbericht
des naturhist. Museums die Verhandlungen pag. 191 ff.)

Im Jahre 1880 kam der stolze und kunstsinnige Bau unter Dach und
es konnte schon im Sommer 1881 mit dem Umzug der Sammlungen
begonnen werden. Im Februar 1882 wurden sämmtliche Sammlungen des
neuen naturhistorischen Museums dem Publikum zur Besichtigung eröffnet.

Durch das Freiwerden des alten naturhistorischen Museumsgebäudes
wurde nun ein von bernischen Alterthums- und Geschichtsfreunden schon
lange genegter Wunsch realisirbar, nämlich die Vereinigung der verschiedenen Händen und verschiedenen Besitzern zu eigen gehörenden Sammlungen
antiquarischer und historischer Gegenstände und Kunstsachen zu einer historischen bernischen Sammlung. Die bisherige antiquarische Sektion der Bibliothekkommission wendete sich daher an die massgebenden Behörden mit dem
Gesuche die ihnen gehörenden Sammlungen historischer Alterthümer in
Einem Lokal zu deponiren. Es waren diese Behörden: der Staat für die
Sammlung alter Waffen und Fahnen des Zeughauses und die Einwohner-
Gemeinde Bern für die Sammlung der Burgunderteppiche und alter Kirchen-
gewänder. Mit grosser Bereitwilligkeit wurde von beiden Behörden der
Idee der antiquarischen Sektion der Bibliothekkommission beigestimmt und
sowohl die Staatsbehörde wie der Gemeinderath der Stadt Bern beschlossen
im Jahr 1881 der antiquarischen Sektion die Sammlungen zur Aufbewahrung
zu übergeben unter Eigenthumsvorbehalt.

So wurde nun das alte Gebäude des naturhistorischen Museums im
Jahr 1881 reparirt, im früheren zoologischen Saale die störenden Gallerien

tfernt und im Frühjahr 1882 die Burgundertapeten längs den Wänden
s einfach, aber geschmackvoll restaurirten Saales aufgehängt. Zur gleichen
eit wurden die Waffen und Fahnen aus dem neuen Zeughause auf dem
eundenfelde in's neue historische Museum gebracht und endlich alle
ittelalterlichen Gegenstände aus dem hiesigen Hallersaal (auf der Gal-
rie) ebenfalls dahin gebracht. Dazu kamen die verschiedenen werthvollen
cquisitionen an Waffen und Glasgemälden, welche ein Consortium von
lterthums - Freunden aus den durch freiwillige Beiträge zusammen-
ebrachten Fr. 51,000 an der berüchtigten Bürki-Steigerung in Basel im
ommer 1881 hatte ersteigern können. Es wurde nun aus dem frühern
ntiquarium alles Mittelalterliche (d. h. Nachkarolingische) ausgeschieden
nd der neuen historischen Sammlung einverleibt. Da die Stadtbibliothek
benfalls schon lange mit Platzmangel zu kämpfen hatte, wurde die an-
iquarische Sammlung aus dem sogenannten Hallersaal weggeräumt und in
en leer gewordenen Räumen der früheren mineralogisch - zoologischen
ammlung im Plainpied der Stadtbiblothek systematisch aufgestellt. Dass
liese neue Aufstellung der Sammlungen theilweise neue Möblirung und
iberhaupt bedeutende Kosten verursachte, versteht sich von selbst, und es
wurden in den Jahren 1881—84 vom Burgerrathe ca. Fr. 10.000 veraus-
gabt zur Möblirung, Einrichtung und Sicherstellung der Sammlungen.
Die ethnographische Sammlung war nicht in's neue naturhistorische Museum übergeführt worden, sondern bleibt fortan als sich an das Antiquarium
am naturgemässesten anschliessend unter der antiquarischen Kommission.
So wurde denn im Jahre 1882 die frühere antiquarische Sektion der
Bibliothekkommission von letzterer abgetrennt und provisorisch zu einer
eigenen burgerlichen Kommission konstituirt und von fünf Mitgliedern, die
sie als archäologische Sektion der Bibliothekkommission zählte, auf sieben
erweitert. Ihr Präsidium muss gleichwie bei den andern burgerlichen Dikasterien Mitglied des Burgerrathes sein. Sie verwaltet die ihr zufliessenden
Subsidien selbst und hat ihren eigenen Kassier und Sekretär. Die ethnographische Sammlung wurde nun ohne grosse Aenderung des alten Mo-
biliars in den drei untern Räumen des früheren naturhistorischen Museumsgebäudes aufgestellt und zwar zum ersten Male systematisch in geo-
graphischer Reihenfolge von West nach Ost fortschreitend. So besteht nun
das neue antiquarische Museum der Stadt Bern aus drei Abtheilungen:
1) dem historischen Museum in der frühern Bibliothekgallerie, später Thier-
saal; 2) der ethnographischen Sammlung in den Plainpiedräumen desselben
Gebäudes, und 3) dem eigentlichen Antiquarium, von den ältesten prä-
historischen Funden bis auf Karl den Grossen.

I. Das historische Museum,

umfassend Waffen, Trophäen, Fahnen, Stickereien, Möbel, Keramik, Kunstgewerbe aller Art, Glasmalerei etc. etc., vom frühesten Mittelalter bis an's Ende des vorigen Jahrhunderts, wird vorzüglich vermehrt durch inländische Gegenstände und alles was auf die Geschichte zunächst Berns und in zweiter Linie der Eidgenossenschaft Bezug hat.

II. Die ethnographische Sammlung.

Ich habe sie folgendermassen aufgestellt:

I. Saal. Rechts vom Eingang : Ungarn, Europäisches Russland, Grönland, dann Nordwest-Amerika, Alaska (von der dritten Cook-Expedition), Behringsmeer (Nordwand). An der Westwand weiter: Alaska, Kanada, Indiana Nordamerikas (vorzüglich Tlamath-Indianer, Oregon), weiter Mexico, Centralamerika und Südamerika (Britisch Guiana) (gering). Rechte südliche Kurzwand : Brasilien. Dann hinüber zur linken Nordwand, links am Eingang: der Schrank mit den prächtigen Sachen (Federmantel und Fellen) von Hawaii (Sandwichsinseln) vom Jahr 1786, gesammelt von J. Wäber, Begleiter des Kapitäns Cook auf seiner dritten Weltumseglung. Oestliche (Fensterwand) des I. Saales: Hawaii, dann Tahiti (2 Schränke), alles noch von Wäber. Nördliche Kurzwand des Saales: Tonga-Inseln, Rarotong, Kingswell, Alofa etc. (Südseeinseln).

Im *II. Saal.* Links vom Eingang (kurze nördliche Wand links): Fidji-Inseln (theils von Herrn J. J. Bischoff in Thun, theils von Herrn Professor Th. Studer gesammelt). Fenstertrümeaux westlich gegen den Garten: Neu-Seeland, Neu-Guinea, Salomons-Archipel, Neu-Hannover etc., meist von Professor Dr. Studer in loco gesammelt. Südliche linke Kurzwand : Philippinen und Molukken. Dann rechts hinüber zur langen Westwand : zuerst rechts prächtige Sammlung javanesischer Sachen aus Java, Geschenk von Frau Amelie Moser-Moser in Herzogenbuchsee. Dann ein Wandschrank mit Japanischem. In der Mitte des Saales ein grosser Glasschrank mit prachtvollen japanischen Arbeiten in Holz, Metall, Stahl und Seide, Geschenk der japanischen Gesandtschaft 1868 an den hohen Bundesrath.

Im *III. Saal.* Links vom Eingang: China, ebenfalls östlich gegen den Garten, ebenso in einem Schrank an der Südseite; dann folgt Tartarei und Indien (prachtvoller Schrank mit vollständiger Tracht eines Radjah aus dem vorigen Jahrhundert). Grosse Westwand : Indien und Persien (sehr schön. — In der Mitte des Saales stehen eine Doppelreihe Schränke, enthaltend alles *afrikanische* Geräthschaften. Vorzüglich ist die 1882 ersteigerte Sammlung Gegenstände aus den südlichen Nilgegenden, Chartum, Darfur, Sennaar, Bari, Madi und aus dem Quellengebiet Niam-niam, Monbuttu und Makarak. Dann West-Afrika (Sierra Leone und Senegal). Im ersten Saale steht auf einem Tischgestell die vorzügliche geschnitzte Nachbildung des altindischen Tempels von Madura und ein Gypsmodell der Bastille in Paris, wie sie vor dem Abbruch aussah, herrührend von der Vereinigung des frühern Département du Mont Terrible mit Bern 1815.

III. *Archäologische Sammlung*

im Plainpied der Stadtbibliothek. (Eingang vom alten botanischen Garten her.)

I. Saal links in der Ecke: Ein Schrank mit inländischen und meist ausländischen Artefacten und Knochen der *palæolithischen Zeit* (*Höhlenfunde*, Renuthier- und Mammuthperiode). Von schweizerischen Fundorten ist nur Thäyngen schlecht vertreten. An der Nordwand des Saales gegen die Ankenlaube links: *Pfahlbauten des Steinalters* aus Schweizerseen (neolithische Periode, Zeitalter der polirten Steine), Seen der Westschweiz, Zentralschweiz und Ostschweiz; daran reiht sich ein Tableau Einzelfunde des Steinalters. Es folgt: Steinalter nach ausländischen Fundorten: Scandinavien, Nordamerika, Russland, Kalifornien etc. In der östlichen Ecke der Nordwand: Eine Sammlung altägyptischer Alterthümer. Gegenüber in den Trümeauxschränken, links vom Eingang und Garten her gegenüber den Pfahlbauten des Steinalters: Die Pfahlbautenfundstücke des Bronzealters der westschweizerischen Seen. Zuerst ein ganzer Schrank *nur* Mörigen (Bielersee). Es folgen die Bronzepfahlbauten des Neuenburger Sees, Auvernier, Estavayer, Corcelette etc. etc., weiter ein Schrank mit Einzelnfunden der *ältern Bronzezeit* (See- und Halbstadttypus). Ein Schrank Funde der Bronze- und Eisenzeit aus Reihengräbern, ferner zwei Schränke mit Funden aus Grabhügeln (Hügelgräber) und endlich noch ein Schrank Einzelfunde der *spätern Bronze- und Eisenzeit* (La Tène-Typus). In der süd-östlichen Ecke des Saales: Ein Schrank mit altitalischen und etrurischen Bronzen.

II. Saal: Kleines mittleres Kabinet ist ausschliesslich der antiken Keramik reservirt. Nordwand: Die aus 183 Nummern bestehende Sammlung etrurischer Vasen aus den Ausgrabungen in Nola 1830. Geschenk des Berner Regiments in Neapel. Weitere derselben Vasen und Gefässe aus Italien und den grossgriechischen Kolonien (Geschenk Shuttlewort's) und

anderes mehr. Im Fenstertrümeau steht die prachtvolle restaurirte Grab-
ciste aus dem Hügelgrab von Grächwyl mit archaisch-asiatischen Attributen
und Ornamentik.

III. Saal. Rechts vom Eingang: Einzelschrank mit altgriechischen
Alterthümern (Athen, Schlachtfeld von Plataiai etc.) — Nordwand. Zuerst
rechts: die Funde in der Tiefenau (gallisches Schlachtfeld). Daran reihen
sich in mehreren Schränken die gallo-römischen und römischen Funde
auf der Engehalbinsel (Engewald und Engemeistergut). Weitere Schränke
enthalten sonstige römische Funde in der Schweiz. Dann folgen Schränke
mit römischer Keramik verschiedener Fundorte und römischen Statuetten
in der Schweiz. Endlich die letzten Schränke der Nordwand, enthaltend:
Nachrömische (burgundisch-alemannische oder franco-merowingische) Funde
der Schweiz bis zu Karl dem Grossen. — Trümeaux-Schränke zwischen
den Fenstern: Zuerst Funde der Bronze- und Eisenzeit des Auslandes.
Dann ein Schrank mit Funden der typischen gallischen Station La Tène
bei Marin (Neuenburger-See). Es folgen 3 Schränke Eisen- und Bronzen-
funde der Juragewässerkorrektion, meist gallisch-gallorömisch und nach-
römisch. Ferner ein Schrank Abgüsse gallischer Schwerter vom Schlacht-
felde Caesar's bei Alesia (Alise Ste. Reine). Ein Schrank: Römische
Funde des Auslandes; einer: Gemischte Funde verschiedener Zeitalter
aus allen Uferstationen an Schweizer Seen, und endlich: Oestliche Ecke
des Saales: Nachrömische (merowingische) Funde des Auslandes.

2. Das naturhistorische Museum

beschreibt uns in verdankenswerther Weise der Direktor der zoologischen
Abtheilung, Herr Prof. Dr. *Th. Studer:*

Schon vor der Erbauung der sogenannten Bibliothekgallerie (gegenwärtig
historisches Museum) besass die alte Stadt- und Bürgerbibliothek eine Anzahl
interessanter Naturalien. Als sich diese Sammlung durch reiche Geschenke
(worunter namentlich hervorzuheben sind die von Herrn Wäber, Maler bei
der letzten Weltumseglung von Cook, gesammelten ethnographischen Gegenstände aus der Südsee und die zoologischen und mineralogischen Sammlungen
von Herrn von Werth, Mitglied des Grossen Rathes) bedeutend vermehrte, beschloss die Bibliothekkommission ein eigenes Zimmer zur Unterbringung dieser
Schätze einzuräumen, wobei Hr. Pfarrer Wyttenbach die Aufstellung übernahm.
Im Jahre 1802 wurde die Sammlung durch den aus freiwilligen Beiträgen
ermöglichten Ankauf der Sammlung schweizerischer Vögel von Herrn
Pfarrer Sprüngli vermehrt, die ganze Sammlung in der Bibliothekgallerie

durch die Herren Pfarrer Wyttenbach und Herrn Emanuel Wyss in gefälliger Weise aufgestellt und damit der Grund zu dem Museum der Naturgeschichte gelegt. Damit wuchs auch das allgemeine Interesse. Die Gesellschaft der vaterländischen Naturfreunde machte sich die Pflege und Vermehrung der Sammlung zur Aufgabe und suchte namentlich unsere einheimischen Naturprodukte der allgemeinen Kenntniss näher zu bringen. Im Jahre 1810 wurde von der Bibliothekkommission eine eigene Kommission, bestehend aus einem Präsidenten und zwei Mitgliedern niedergesetzt, welcher speziell die Aufsicht über die Sammlung zukam. Diese Kommission wurde später auf 6 Mitglieder vermehrt und ihre Verwaltung, unabhängig von der Bibliothekkommission, direkt dem Burgerrathe unterstellt.

Das Hauptbestreben war zunächst die Produkte des heimischen Bodens zu sammeln und in wissenschaftlicher Darstellung dem Beschauer zugänglich zu machen. In diesem Sinne wirkten namentlich Herr Pfarrer Wyttenbach, Professor Meissner, Professor S. Studer, Bergrath von Tscharner, Professor Bernhard Studer u. A. Durch Ankäufe und reiche Geschenke von Freunden der Naturwissenschaft wurde die Sammlung stetig vermehrt. Infolge dessen machte sich aber bald ein bedeutender Raummangel fühlbar, die systematische Aufstellung der Gegenstände musste aufgegeben werden, so dass der eigentlich belehrende Zweck immer mehr in Frage kam.

Es wurde daher auf Antrag der Museumskommission im Burgerrathe der Neubau eines naturhistorischen Museums ernstlich in Frage gezogen und endlich im Jahre 1872 derselbe beschlossen.

Am 4. April 1877 genehmigte die Burgergemeinde auf Antrag des Burgerrathes die Summe von 600,000 Fr. zu einem Neubau, der sogleich in Angriff genommen wurde. Als Bauterrain wurde ein Areal der frühern Blindenanstalt an der Waisenhausstrasse erworben. Der Bau begann im Frühjahr 1878 nach dem Plane und unter der Leitung des Herrn Architekt A. Jahn. Zu Ende 1880 war das Gebäude fertig erstellt und wurde im Laufe des Jahres 1881 möblirt und die Sammlungen aufgestellt. Die früher mit dem naturhistorischen Museum vereinigten ethnographischen Sammlungen wurden getrennt und mit den historischen Sammlungen im alten Museumsgebäude vereinigt.

Im Herbste 1882 konnten sämmtliche Sääle des neuen Museums dem Publikum geöffnet werden.

Das neue naturhistorische Museum an der Waisenhausstrasse ist ein dreistöckiges Gebäude in italienischem Palaststyl. Es enthält neben den im Souterrain befindlichen Arbeits- und Wohnräumen für den Präparator, sechs grössere Sääle, auf jedes Stockwerk zwei, ferner in jedem Stockwerk Arbeitsräume für die Conservatoren. Der erste Stock birgt die mineralogischen und geologischen Sammlungen, der zweite die Sammlung der schweizerischen Fauna, die Säugethiere und Vögel, der dritte die niederen Thiere. Die Verwaltung des Museums steht unter einer Kommission mit einem Präsidenten und sechs Mitgliedern, unter zwei Direktoren für die geologisch-mineralogische und für die zoologische Abtheilung (diese sind zugleich Mitglieder der Kommission), einem Conservator für die entomologische Abtheilung und einem Präparator. Die Sammlungen sind dem Publikum drei Mal wöchentlich unentgeltlich geöffnet.

3. Erwähnen wir schliesslich noch das *Museum für die bildenden Künste.* im Jahre 1876—79 von Herrn Architekt Stettler erbaut. Die Bausumme wurde zusammengebracht durch den Bernischen Kunstverein, die Künstler-gesellschaft, die Burger- und die Einwohnergemeinde Bern, den Staat Bern und insbesondere durch das grossartige Vermächtniss (ca. Fr. 300,000) eines hochherzigen Mannes, des Herrn Architekt *Gottlieb Hebler,* von Bern. Die theilweise werthvollen, im Laufe der Zeit vermehrten Sammlungen des Staates, der Künstlergesellschaft, des Kunstvereins und der Stadt Bern. welche beinahe alle Decennien in andern Räumen untergebracht werden mussten, fanden endlich in dem neu erstellten Museum eine würdige Heimstätte. In demselben befindet sich auch die *Kunstschule,* und es werden sowohl eine permanente als auch die periodisch wiederkehrenden schweizerischen Kunstausstellungen hier abgehalten. Die leitende Behörde wird aus Vertretern der oben genannten Gesellschaften, der städtischen und der Staatsbehörden gebildet.

III.

Vereine.

Die wissenschaftlichen und gemeinnützigen Vereine unseres Kantons stehen wie das gesammte Schulwesen und insbesondere die höhern Lehr-anstalten, Gymnasien, Lehrerseminarien, landwirthschaftliche Schule, etc., in mehr oder weniger direkter oder indirekter Beziehung zur Hochschule. So namentlich die bern. *Predigergesellschaft,* der bern. *Juristenverein,* die bern. *Medizinische Gesellschaft,* die *historische,* die *naturforschende,* die *ökonomische,* die *Künstlergesellschaft,* u. a. Hier erwähnen wir nur die gemeinnützigen, die wissenschaftlichen und geselligen Vereine und die Verbindungen, welche unmittelbar der Hochschule angehören und mit ihr in Verbindung stehen. Wir stellen einen erst in letzter Zeit in's Leben gerufenen Verein voran, weil seine Gründung durch das nahende Jubiläum angeregt worden ist und derselbe sich die Pflege und Förderung der materiellen und geistigen Interessen der Hochschule zur Aufgabe gemacht hat.

1. Der bernische Hochschulverein

wurde durch einen Aufruf von 40 Hochschulfreunden aus allen Fakultäten, Parteien und Ständen angeregt und in's Leben gerufen — und ist schon durch sein Entstehen und die Aufnahme, welche er gefunden, ein Beweis, wie verbreitet und intensiv das Interesse an dem Gedeihen der Anstalt ist, wie tiefe Wurzeln diese selbst im Volke geschlagen hat. Der Hochschulverein bezweckt die Pflege höherer Bildung überhaupt und insbesondere die moralische und finanzielle Unterstützung der bern. Hochschule und der mit ihr verbundenen Institute für Wissenschaft und Kunst. Um diesem Zwecke nachzuleben werden einmalige oder jährlich auszurichtende Beiträge der Mitglieder gesammelt. Selbstverständlich können Schenkungen und Legate im Interesse des Vereinszweckes gemacht werden. Der Verein versammelt sich in der Regel jährlich einmal, er wählt zur Besorgung der Geschäfte je auf die Dauer von drei Jahren eine Kommission von eilf Mitgliedern. In dem vom vorberathenden Comite (Präsident Direktor Dr Kummer) erlassenen Aufrufe werden folgende massgebende Gesichtspunkte hervorgehoben:

« Die Hochschule Bern bestreitet ihre sämmtlichen Bedürfnisse aus dem laufenden Büdget des Kantons; mit Ausnahme bestimmter Stipendienfonds besitzt sie im Gegensatz zu allen ältern Universitäten kein Vermögen. Ihre Kredite sind also von der jeweiligen Finanzlage unseres Kantons abhängig. Wenn diese Finanzlage Ersparnisse erheischt, so leidet darunter zuerst die im Grossen Rath nicht vertretene Universität.

Ausserdem fehlen ihr noch manche sehr wünschenswerthe Institute. So wird eine Universitätsbibliothek schmerzlich vermisst, die nicht nur den in Bern anwesenden, sondern auch den im Kanton und über seine Grenzen hinaus zerstreuten ehemaligen Studirenden Gelegenheit bieten würde, sich ohne grosse Kosten mit der neuern Literatur ihrer Fächer bekannt zu machen. Sodann sind unsere medizinischen und naturwissenschaftlichen Institute nicht durchweg so dotirt, wie die wachsenden Ansprüche der Neuzeit es dringend verlangen. Endlich wäre es wünschenswerth, Lehrkräfte ersten Ranges durch Gehaltserhöhungen über die allzu kleinen, vom Gesetz normirten Besoldungsmaxima hinaus bei Berufungen nach andern Universitäten hier fest zu halten, oder von auswärts zur Annahme hiesiger Lehrstühle bewegen zu können.

Im Anschluss an ähnliche Vorgänge der Schwesteruniversitäten Basel und Zürich haben wir geglaubt, die für jene Punkte und für das Gedeihen der Hochschule Bern überhaupt unentbehrlichen Geldmittel durch freiwillige Beiträge aufbringen zu können. Wir alle sind ja der *Alma Mater Bernensis* und dem bernischen Volke, das aus eigenen, nicht übermässig reichen Kräften die Hochschule unterhält, und unser Studium mit grossen Opfern ermöglicht und erleichtert hat, einen Dank schuldig, dem wir am besten in solcher Weise Ausdruck geben können.

Es ist für die Hochschule Bern erspriesslicher, nach dem Vorbilde Basels in einem Hochschulverein jährliche kleinere Beiträge aufzubringen, als nur einen einmaligen grössern Zuschuss ohne bleibende Verbindung des Spenders zu erwirken. Nicht nur fällt es ihren meistens nicht allzureich mit Glücksgütern gesegneten Freunden weniger schwer, ratenweise kleinere Beiträge auszuzahlen, sondern ein bleibender Hochschulverein würde ihr auch indirekt von grossem moralischem und finanziellem Nutzen sein. Wie in Basel, so würden wohl auch bei uns allmälig Legate und Stiftungen die Kasse des Vereins speisen; wie dort würden nicht nur die ehemaligen Studirenden, nein, es würde jeder für fortschreitende wissenschaftliche Bildung begeisterte Mann, es würden die Frauen, es würden die Korporationen und Vereine ihr Scherflein zu den Zwecken des Hochschulvereins beisteuern.

Dadurch würde die Hochschule gewinnen, was ihr jetzt leider fehlt eine breite Basis im Volke. Wenn einmal jeder Pfarrer, jeder Arzt, jeder Jurist durch das fühlbare Band finanzieller Zuschüsse bleibend an die Alma Mater gebunden ist, so wird er sich auch lebhafter für ihre Geschicke und ihr Wohlergehen interessiren. Wie der Verein ehemaliger Polytechniker durch Hülfe und Kritik das eidgenössische Polytechnikum gefördert und selbst wohlmeinenden, aber schlecht informirten Behörden gegenüber vor Schaden bewahrt hat, so würde der Hochschulverein die Universität beim Volke und in den Räthen vertreten, er würde falsche Anschauungen über sie zerstreuen, fehlerhafte Massregeln abwehren, nützliche fördern können. »

2. Die Bernische Studenten-Krankenkasse.

Der Verwalter derselben, Herr Conrector *Hegg*, gibt uns folgenden Bericht:

Die Kasse wurde gegründet im Juli 1867, und bis Ende 1873 verwaltet von der « Kommission der Academia » unter Oberaufsicht der Erziehungs-Direktion. Letztere übertrug in Folge eingerissener Missbräuche und um « eine solide und gleichmässige Rechnungsführung zu erzielen », die Verwaltung der Kasse auf 1. Januar 1874 dem « Conrector » (Verwalter les Oekonomiewesens der Hochschule).

Es hatten Studenten, insbesondere Mediziner, sich in der Staatsapotheke auf Rechnung der Kasse nach Belieben Mittel geholt, in gewissen Nöthen etwa Brausepulver und dergleichen, ja, wie damals verlautete, selbst Haaröl und Aehnliches, während § 5 der Statuten damals wie heute len Gratisbezug von Arzneimitteln nur auf Grund von Rezepten der offiziellen Aerzte gestattet.

Ferner hatten sich manche erkrankte Studenten — statt im Inselspital, auf den einzig sich § 3 der Statuten bezieht — in einem comortablen Privatspital verpflegen und das ganze Pfleggeld von Franken 4. — täglich durch die Kasse entrichten lassen. So kam die Kasse über nichts und war buchstäblich entleert, als sie dem Conrector übergeben wurde.

Auf Betreiben desselben wurde nun, am 13. Mai 1874, eine Statutenrevision vorgenommen, die sich auf zwei Punkte bezog. In § 3 wurde für die Verpflegung im Inselspital, die täglich Franken 2. — kostet, bloss ein Beitrag von Franken 1. — per Tag festgesetzt und nach § 7 haben sich erkrankte Studenten unter Vorweisung der Beitragsquittung an den Conrector zu wenden.

Jeder Studirende hat einen Beitrag von Franken 1. — per Semester zu bezahlen, welcher gleichzeitig mit den Kolliengeldern vom Quästor eingezogen wird. Die Behandlung in vorkommenden Krankheitsfällen sowie die Darreichung sämmtlicher Medikamente wird den Studirenden gewährleistet.

Seither ist die Kasse in guten Zustand gekommen. Sie besitzt — nach zehnjähriger Verwaltung — jetzt ein zinstragendes Vermögen von Franken 3363. —, das sich Jahr um Jahr geäuffnet hat. Man kann nun einer etwa ausbrechenden Epidemie finanziell begegnen und allmälig daran denken, den § 3 nochmals zu revidiren im Sinne einer gänzlichen Ueberahme der Pflegkosten im Inselspital und der Einführung eines « Krankengeldes » bei häuslicher Verpflegung.

3. Der Bernische Studenten-Turnverein.

Derselbe wurde im Jahre 1816 als erster Turnverein in der Schweiz durch *Heinrich Clias* (1782 — 1854), von der Regierung 1814 zum Professor der Gymnastik und Rittmeister an der Akademie ernannt, gegründet. Die Protokolle des Archivs reichen leider nur bis ins Jahr 1826 hinauf, indem erst von diesem Jahre an die innere Organisation des Vereines begann.

Jeder aktive Bürger der Berner Hochschule konnte in denselben aufgenommen werden. Von 1827 an gestattete man auch den Philistern den Eintritt, welch letztere aber 1831 einen eigenen Verein unter dem Namen « Bürgerturnverein » gründeten.

Das erste Turnlokal zu Clias' Zeiten war die alte Reitschule, die sich in der Nähe des Mattenhofs befand. Wöchentlich wurde zwei- bis dreimal geturnt. Schon damals wurden alljährlich verschiedene Turnfahrten nach Burgdorf, Schwarzenburg, Grasburg, Petersinsel, Napf u. s. w. ausgeführt, und zwar in der Weise, dass die Mitglieder Speise und Trank von Hause aus mitnehmen mussten, um die theuren Wirthshäuser zu vermeiden.

Im Jahre *1832* verbindet sich der Studenten-Turnverein mit den Brüdervereinen Zürich, Basel, Luzern und Genf und bildet mit ihnen den *Schweizerischen Turnverein*, dessen Jubiläum vor 2 Jahren in Aarau gefeiert wurde. Von dieser Zeit an wurde alljährlich ein eidgenössisches Turnfest, später alle 2 Jahre, abgehalten.

Gegenwärtig zählt der Verein 24 Aktiv-Mitglieder, eine im Verhältniss zu dem in § 1 der Statuten ausgesprochenen Zweck und den geringen Anforderungen, welche an die Mitglieder gestellt werden, geringe Anzahl. was dem Umstand zugeschrieben werden muss, dass in gegenwärtiger Blüthezeit (?) des Vereinslebens jeder Einzelne zu sehr von den verschiedensten Vereinen aller Art in Anspruch genommen wird.

4. Der akademische Gesangverein.

Einen allgemeinen Studentengesangverein, an welchem sich Studirende aller Verbindungen betheiligten, besass die Berner Hochschule bereits bei ihrer Gründung. Derselbe blühte bis Mitte der Vierziger Jahre unter der vorzüglichen Leitung des Münster-Organisten Dr. *Mendel*.

Später, bei zunehmender Spaltung der Studentenschaft und Gegner‑
iaft der Verbindungen, pflegten diese, namentlich die Zofingia und die
Ilvetia, in ihrer Mitte den Gesang unter Leitung vorzüglicher Gesang‑
irer und trugen wohl auch bei Gesangfesten, Concerten zu wohlthätigen
recken, akademischen Festen und andern Anlässen Kränze davon.

Der seit gegenwärtigem Semester bestehende « akademische Studenten‑
ior », welchem nunmehr Studirende « aller Waffengattungen » in er‑
‑ulicher Anzahl beigetreten sind, ist in Rücksicht auf das bevorstehende
)chschuljubiläum gegründet worden.

Sehr erfreulich wäre es immerhin, wenn derselbe nicht mit dem Schluss
s Jubiläums vom Erdboden verschwinden, sondern weiter bestehen und
:h fortentwickeln würde.

Die Direktion des Chors hat Herr Musiklehrer Kradolfer übernommen,
äsidirt wird derselbe vom Präses der « Academia ».

5. Der akademisch-theologische Verein.

Ueber denselben erhalten wir folgende Mittheilungen:

Der akademisch‑theologische Verein wurde im November 1879 ge‑
ründet, bei welcher Gelegenheit sich besonders unser hochverehrter Lehrer
rof. Dr. *Nippold* grosse Verdienste um denselben erworben hat. Derselbe
at im Wintersemester 1879/80 in den Cartellverband deutscher und
:hweizerischer ev.‑theol. Vereine ein, aus welcher Vereinigung er aber im
ovember 1881 wieder den Austritt genommen hat. Im Sommersemester
884 wird, nachdem schon im Wintersemester 1881 eine dahingehende
.nregung gemacht worden, an einer allgemeinen Vereinigung der theo‑
)gischen Vereine der Schweiz gearbeitet.

Um so mehr Bedeutung glauben wir aber unserem Verein nach innen
uschreiben zu dürfen, indem derselbe Anregung des wissenschaftlichen
heologischen Strebens und eine enge amicale Verbindung unter den
tudirenden der theologischen Fakultät bezweckt. Der Verein ist besonders
iervorgegangen aus dem allmälig immer lebhafter empfundenen Bedürfniss
ines gegenseitigen engen Anschlusses der einzelnen Glieder unserer
'akultät. Das Gefühl brach sich je länger je mehr Bahn, dass wir Theo‑
ogen doch wohl ungleich höhere Interessen an einem engen Zusammen‑
chluss, an einem innigen Zusammenwirken haben müssten, als diess in
indern Fakultäten der Fall ist. Letzterer Gedanke verdankt seinen Ursprung
iauptsächlich dem Blick auf unsere zerrissenen kirchlichen Zustände, woraus

sich schon die Idee der praktischen Nützlichkeit, der voraussichtlichen Erspriesslichkeit einer engern Verbindung unter den Theologiestudirenden. dem heranwachsenden Theologengeschlecht ergab und zwar der Theologiestudirenden als solchen, die ja in wenigen Jahren selbst berufen sein werden, ein Wort mitzureden in unserer theuren Kirche. Aus der Zusammenstellung dieser Gründe schien sich die Nothwendigkeit, die Berechtigung der Gründung unseres Vereins zu ergeben, es schien eine schöne Aufgabe zu sein, unter der studirenden Theologenschaft unserer Fakultät je länger je mehr das Gefühl der Zusammengehörigkeit zu wecken, zu wahren und zu kräftigen.

Unser Verein hat eine im bessern Sinn des Wortes irenische, vermittelnde Tendenz. Natürlich ist dies nicht zu verstehen, als ob die Forderung einer öden und sinnlosen Formel in dogmatischer Hinsicht aufzustellen wäre, als ob ein jeder seine theologische Ueberzeugung, den im ernsten Studium errungenen theologischen Standpunkt aufgeben und dafür einen recht flachen, faden Allerweltsstandpunkt einnehmen sollte, ein jeder möge vielmehr auf's Klarste sich bewusst werden, wo er steht, die Ueberzeugung, die er gewonnen, in aller Entschiedenheit verfechten; darin besteht die vermittelnde Tendenz unseres Vereins, dass nämlich jeder einzelne sich bemühen solle, von dem Standpunkt aus, den er selber einnimmt, nun auch den Standpunkt der andern, auch wenn er am weitesten davon entfernt ist ihn theilen zu können, doch, soviel er irgend vermag, zu besprechen, in seiner Berechtigung anzuerkennen. So ist denn die Devise unseres Vereins keineswegs Einerleiheit, sondern vielmehr Einigkeit in der Mannigfaltigkeit.

Auf diesen Punkt hauptsächlich stellen wir denn die Bedeutung unseres Vereins, und wir glauben, dies sei auch der Grund, wesshalb der Verein in engern, wie in weitern theologischen Kreisen sich immer grösserer Sympathie zu erfreuen hat.

6. Der katholische Studentenverein.

Wir erhalten folgende Mittheilungen:

Der längst gehegte Plan zur Gründung eines katholisch-theologischen Vereins wurde am 25. November 1881 realisirt. Der Verein stellte sich zur Aufgabe:

a. seine Mitglieder über das Wesen der christkatholischen Bewegung. sowie auch über allgemeine theologische Fragen aufzuklären. Diesem Sinne entsprechend sollen wöchentliche Vorträge gehalten werden; *b.* das gesellige Leben zu fördern.

Wenn auch die Zahl der Mitglieder zunächst nur gering war, so durfte der Verein doch zuversichtlich in die Zukunft blicken.

Da trat Ende 1882 eine Aenderung ein. Schon seit einiger Zeit war die Frage aufgeworfen worden, ob es nicht am Platze wäre, den spezifisch theologischen Verein zu einem « katholischen Studenten - Verein » zu erweitern. Die bejahende Beantwortung dieser Frage wurde durch ähnliche Vereinsgründungen in Bonn und in Freiburg noch beschleunigt, und der katholisch-theologische Verein erweitert in den « *Katholischen Studentenverein* » (10. November 1882). Es mögen die wichtigsten Paragraphen der Statuten angeführt werden:

§ 1. Der « Katholische Studenten-Verein» hat zur Aufgabe: innerhalb der akademischen Kreise für das Recht und die Ziele der katholischen Reformbewegung einzutreten.

§ 2. Der « Katholische Studenten-Verein» sucht diese Aufgabe zu lösen durch: *a.* sorgfältige Prüfung und in wissenschaftlichem Geiste gepflogene Erörterung aller wichtigeren Fragen, die auf die katholische Reformbewegung Bezug haben; *b.* Pflege echt studentischer Geselligkeit; *c.* Pflege freundschaftlicher Beziehungen zu gleichartigen Studentenvereinen an andern Hochschulen.

Den wissenschaftlichen und geselligen Zwecken dienen wöchentliche Zusammenkünfte, bei welchen immer ein Vortrag im Sinne von § 2 a zu halten ist.

Die Zahl der Mitglieder schwankte zwischen 7 und 14; im Sommersemester 1884 beträgt die Zahl 11, wovon 8 studiosi theologiae catholicae, studiosus medicinae, 2 studiosi juris sind. Die Zahl der Ehrenmitglieder beträgt 8.

7. Der akademische naturwissenschaftliche Verein.

Die Gründung des « Akademischen naturwissenschaftlichen Vereins » fällt auf den Sommer 1883. Damals hat sich eine Anzahl Studirender der Hochschule zu einem Vereine constituirt, getragen von dem Gedanken, durch gegenseitige Mittheilungen, durch Anregungen, Vorträge, gemeinschaftliche Exkursionen etc. das Studium der Naturwissenschaften zu fördern, sich gegenseitig in demselben zu unterstützen und einen Verband zu bilden, der auch alle Diejenigen mit vereinen sollte, welche neben dem Studium anderer Disziplinen ein Interesse an den so mannigfaltigen Erscheinungen der Natur nehmen.

Der Verein besteht aus Aktiv-, Ehren- und korrespondirenden Mit
gliedern. — In der Regel findet alle acht Tage eine Sitzung statt, an
welcher Vereinsangelegenheiten berathen werden, eine Arbeit vorgetragen
und diskutirt wird, allfällige kleinere Mittheilungen wissenschaftlichen In
halts gemacht werden.

Einen Einblick in die Bestrebungen des Vereines mögen folgende dem
selben in den beiden letzten Semestern vorgelegte grössere Arbeiten ge
währen.
Ueber die Entwicklung und ökonomische Bedeutung der Laub
moose. — Geologische Entwicklungsgeschichte der Glarnerdoppel
falte. — Die Symbiose im Thier- und Pflanzenreiche. — Mathe
matische Betrachtungen über den Bau der Bienenzellen. —
Charakteristik der Alpenpflanzen. — Ueber Meeresströmungen. —
Parasitismus im Pflanzenreiche. — Ueber die Erhaltung der Energie
der Sonne. — Mathematische Untersuchungen über die Farber
dünner Blättchen im polarisirten Lichte. — Geschichte der Ent
deckung Amerika's mit besonderer Berücksichtigung der naturwissen
schaftlichen Interessen. — Ueber insektenfressende Pflanzen. —
Darwinismus und Antidarwinismus.

Die Anzahl der Mitglieder (incl. korrespondirender Mitglieder) beträgt
gegenwärtig 20.

8. Academia.

Schon in den ersten Jahren nach Gründung unserer Hochschule machte
sich das Bedürfniss nach einem Verbande, welcher alle Studirenden der
Universität umfassen würde, bemerkbar.

Allein der daherige Wunsch wurde nicht sobald erfüllt, man behalf
sich, wenn es sich darum handelte Fragen von allgemeinem Interesse zu
berathen und zu entscheiden, mit dem Mittel der Verständigung zwischen
den einzelnen, damals vorhandenen Studentenverbindungen. Dies ging so
gut es eben gehen mochte, jede einheitliche Bestrebung wurde natürlich
durch das Fehlen eines gemeinsamen, unparteiischen Vorstandes und aller
und jeder Organisation sehr erschwert, wenn nicht gerade unmöglich
gemacht.

Im Jahre 1858 endlich wurde die Gründung eines allgemeinen Studentenvereins an die Hand genommen. Die Statuten, die damals aufgestellt
wurden, tragen die Daten vom 27. Juli und 17. Dezember des genannten
Jahres.

« Die bernische Studentenschaft », lesen wir in der Einleitung derselben,
« in Betracht, dass da ihr Wohl und ihre Ehre in mannigfachen Fällen ein
« gemeinsames Handeln erfordern, ihre Organisation qua Studentenschaft
« und die Aufstellung eines ständigen Ausschusses zweckmässig erscheint,
« um so mehr als dadurch auch das studentische Bewusstsein gehoben und
« ein einheitliches Streben in studentischen Angelegenheiten befördert wird,
« beschliesst die Gründung eines allgemeinen Studentenvereins unter dem
« Namen *Academia*. »

§ 1 besagt sodann, dass die Academia aus sämmtlichen an der
bernischen Hochschule habilitirten Studenten bestehe, sie umfasst also alle
Studirenden, gleichviel ob dieselben bereits einer Studentenverbindung
angehören oder nicht.

Zufolge § 3 sollte ein Vorstand, bestehend aus einem Präses, einem
Aktuar und drei Beisitzern bestellt werden, die Wahl desselben wurde der
gesammten Studentenschaft übertragen und es sollten in dieser « akademischen
Kommission » die « medizinische, juristische und theologische Fakultät » jede
wenigstens durch ein Mitglied vertreten sein.

Die Verwaltungskosten waren nach § 11 dieser Statuten durch
freiwillige Beiträge der Studentenschaft zu decken, die Kommission wurde
angewiesen « zu diesem Zwecke je nach Bedürfniss eine Subscriptionsliste
in Cirkulation zu setzen ».

Von 1858—1876 liegen die Protokolle leider nicht mehr vor und es ist
uns daher unmöglich über diesen Zeitraum weitere Notizen zu geben. Wir
wissen nur, dass im Winter 1872 eine Statutenrevision vorgenommen
wurde.

Eine wesentliche Aenderung wurde indess nur bezüglich der Zusammen-
setzung der Kommission durchgeführt, sie wurde nämlich von fünf auf drei
Mitglieder herabgesetzt und ferner wurde die Bestimmung hinsichtlich der
Vertretung der drei vorgenannten Fakultäten fallen gelassen.

In den letzten Semestern ist nun von den verschiedensten Seiten der
Wunsch geäussert worden, es möchten die Statuten der Academia einei
nochmaligen gründlichen Revision unterzogen werden. Auf der einen Seite
beklagten sich einzelne Studentenverbindungen, wenn sie zeitweise keinen
Vertreter in der akademischen Kommission hatten, über Ausschliesslichkeit
der Uebrigen, auf der andern Seite waren die nicht Couleurs tragenden
Studirenden vulgo « Wilden » unzufrieden, weil nach ihrer Auffassung die
Interessen der Couleurs die ihrigen nie zur Geltung kommen liessen, dann

warfen wieder sämmtliche Couleurs- den nicht Couleurs-Studenten mangelhafte Betheiligung an den jeweilen stattfindenden Versammlungen und Aufzügen der Academia vor.

Alle aber waren darin einig, dass eine grosse Anzahl dieser Unzukömmlichkeiten der bestehenden Ordnung, den bestehenden Statuten auf Rechnung geschrieben werden müsse.

Herr August Müller, med., welcher die Academia im letzten Wintersemester präsidirte, glaubte im Interesse der gesammten Studentenschaft zu handeln, wenn er eine Revision der Statuten anstreben würde, um sodann in den neuen Statuten eine grössere Berücksichtigung der verschiedenen Elemente, aus denen sich die Academia zusammensetzt, durchzuführen.

Seine Ansichten fanden allgemeinen Anklang. Unterm 19. Februar 1884 beschloss die Academia die Revision der Statuten auf Grundlage der Müller'schen Auffassung, die akademische Kommission wurde erweitert und mit der Ausarbeitung des daherigen Entwurfs beauftragt.

Unter'm darauffolgenden 12. Mai legte die Kommission der Academia den ausgearbeiteten Entwurf vor und es wurde sodann derselbe mit einigen Modifikationen einhellig angenommen.

Nach der nunmehr geltenden Ordnung besteht der Vorstand der Academia aus drei Chargirten — Präses, Aktuar und Quästor — und je einem Vertreter der zur Academia gehörenden farbentragenden Studentenverbindungen. Die drei Chargirten werden von den nicht Couleur-Studenten allein aus ihrer Mitte gewählt und die gesammte Academia wählt sich sodann aus diesen drei ihren Präses.

Auf diese Weise hoffte man alle Reibereien zwischen den Couleurs innerhalb der Academia auszuschliessen, die nicht Couleurtragenden zu einer regeren Theilnahme an den Angelegenheiten der gesammten Studentenschaft anzuspornen und dadurch ein möglichst angenehmes und friedliches Nebeneinanderleben der verschiedenen Elemente herbeizuführen.

Die Befugnisse der Academia sowie diejenigen ihres Vorstandes sind nunmehr normirt, der Academia ist gegenüber ihren eigenen Mitgliedern eine gewisse Disciplinarbefugniss eingeräumt, die Verhältnisse der Couleurs innerhalb der Academia sind geregelt worden, so dass bei einigem guten Willen auch bezüglich dieser Verhältnisse keine Uneinigkeiten mehr vorkommen können.

So hoffen wir denn, es werde sich die bernische Studentenschaft unter dieser neuen « Verfassung » in gedeiblicher und erfreulicher Weise fortentwickeln.

Die *Studentenverbindungen* erwähnen wir nach den uns zugekommenen Mittheilungen ihrer Anciennität nach.

9. Zofingia (Zofingerverein).

A. *Organisation:* Die Studentenverbindung « Zofingia » in Bern bildet eine Sektion des schweizerischen Zofingervereins, dessen Grundgesetz, die Centralstatuten genannt, auch für sie absolut verbindlich ist.

Zweck des Zofingervereins: Es will derselbe in seinen Mitgliedern eine wahrhaft vaterländische Gesinnung, gegründet auf der Idee eines schweizerischen Volksthums, entwickeln. Frei und unabhängig von jeder politischen Parteistellung sucht er als eine freie Schule freier Ueberzeugung, auf Grundlage der demokratischen Prinzipien, seine Mitglieder zu tüchtigen, den Fortschritt auf allen Gebieten des politischen und sozialen Lebens erstrebenden Bürgern heranzubilden. Darum knüpft denn auch der Zofingerverein Bande der Freundschaft zwischen den Studirenden der verschiedenen Kantone und strebt darnach, ihre geistige Thätigkeit hauptsächlich auf solche Fragen hinzulenken, welche für die Geschichte, das politische und soziale Leben der Schweiz von Bedeutung sind. Am besten wohl möchten die Ideale, welche der Zofingerverein anstrebt, ausgedrückt sein in seinen 3 Devisen: *Vaterland, Freundschaft, Wissenschaft.* — Zu bemerken ist noch, dass seit 1869 Duell und Mensur verboten sind.

Zusammensetzung der Zofingia. Die Zofingia ist eine Lebensverbindung, welche sich zusammensetzt aus den alten Mitgliedern (Altzofingia) und den eweiligen Aktivmitgliedern. Die Verbindung der Letzteren ist nach *Sektionen* gegliedert, deren man gegenwärtig 9 zählt (Zürich seit 1819, Bern 1819, Luzern 1820, Lausanne 1820, Basel 1821, Genf 1823 (Solothurn 1823, in letzter Zeit aufgehoben), Neuenburg 1823, St. Gallen 1824, Chur 1828). Alle diese Sektionen besitzen ihre selbständigen Statuten, welche aber mit denjenigen des Gesammtvereins in den wesentlichen Punkten nicht divergiren dürfen; sie werden auch von Kommissionen geleitet (Bern, 4gliedrige Kommission: Präses, Aktuar, Kassier und Beisitzer), welche sie selbst aus ihrer Mitte wählen; jedoch sind die Sektionen für ihre Handlungen dem Gesammtvereine verantwortlich. Alle 14 Tage mindestens soll, mit Ausnahme der Ferien, eine ordentliche Sitzung abgehalten werden (in Bern alle 8 Tage), in welchen im I. Akte eine politische oder wissenschaftliche Arbeit vorgetragen und über dieselbe diskutirt wird; ebenso werden im I. Akte die inneren Vereinsangelegenheiten verhandelt und geordnet. Der darauf folgende II. Akt ist dann der Pflege der Freundschaft und Geselligkeit gewidmet. Alle Sektionen tragen die Verbindungsfarben *roth-weiss-rothes Band mit Goldrand, weisse Mütze mit Perkussion, wie das Band.*

Festversammlung in Zofingen *). Alljährlich zu Anfang der akadem. Sommerferien tritt der Gesammtverein in Zofingen zu einer allgemeinen Festversammlung zusammen, welche unbestritten den Glanzpunkt bildet im Zofingerleben. In 2 ordentlichen Sitzungen wird zuerst von dem jeweiligen Centralpräsidenten ein Bericht gegeben über die Entwicklung und Thätigkeit des Vereins während des verflossenen Jahres im Allgemeinen und in den Sektionen speziell. Ferner findet jedes Mal eine Diskussion statt über ein politisches Thema von allgemein schweizerischer Bedeutung. Ebendaselbst werden die Fragen, welche den Gesammtverein betreffen, endgültig erledigt und schliesslich auch der Centralausschuss für das folgende Jahr gewählt. Dieser *Centralausschuss*, welcher abwechslungsweise aus denjenigen Sektionen bestellt wird, welche mindestens 20 Mitglieder zählen, besteht aus dem Centralpräsidenten, dem Central-Aktuar und -Kassier. Er ist eingesetzt zur Leitung der Geschäfte des Gesammtvereins und übt die administrative und vollziehende Gewalt desselben aus. Ebenso steht ihm die Redaktion und Oberaufsicht über das offizielle Organ des Gesammtvereins zu, welches mit Ausnahme von September und Oktober monatlich erscheint und den Zweck hat, ein engeres geistiges Band zwischen den einzelnen Sektionen und Mitgliedern zu bilden, ein näheres Verhältniss und lebendigen Gedankenaustausch mit den Altzofingern zu bewirken und endlich die Beziehungen des Centralausschusses zu den einzelnen Sektionen zu vermitteln. — Nachdem schon zu Anfang der fünfziger Jahre ein solches Organ gehalten wurde, welches aber nach 4jährigem Bestande wieder eingehen musste, erscheint nun seit 1861 das *Centralblatt* regelmässig. Altzofinger und Aktivmitglieder wetteifern dabei, sei es Erscheinungen aus dem gegenwärtigen Vereinsleben hervorzuheben, sei es interessante Momente aus den früheren Zofingerzeiten zu beleuchten; dann auch durch Behandlung zeitgemässer politischer, sozialer und wissenschaftlicher Fragen ächt zofingerischen Geist und Sinn in den Lesern zu wecken. Endlich ist das Centralblatt den Einfällen einer launigen Muse nicht abhold, so dass das Organ der Zofinger gewiss eine recht fördernde, interessante und angenehme Lektüre bildet.

---

*) Von grösseren Sektionsfesten in Bern sind zu erwähnen die alljährlich wiederkehrende Feier der Schlacht bei Laupen, wie auch diejenige der Unabhängigkeit des Vaterlandes am 17. November.

Neben dem Centralblatt besteht noch das Institut der *Korrespondenz*; diese wird zwischen den Sektionen unter sich und von diesen mit dem Centralausschuss geführt.

Mitgliedschaft. Die Bedingungen zur Aufnahme in den Verein sind: a. Die Eigenschaft eines Schweizerbürgers; b. das zurückgelegte 17. Altersjahr; c. der Besuch einer höheren wissenschaftlichen Unterrichtsanstalt im Inlande; d. eine Kandidatur von mindestens 3 Sektionssitzungen.

Ausländer können als *hospites perpetui* aufgenommen werden; doch haben dieselben in Sachen des Gesammtvereins nur berathende Stimme.

Da die Zwecke des Zofingervereins über die Studienzeit hinausreichen, so kann das Mitglied, welches in's politische Leben tritt, als *Altzofinger* in dem allgemeinen Verbande bleiben. Als solcher verpflichtet er sich, den Prinzipien der Zofingia stets treu zu sein.

Den Charakter eines *Ehrenmitgliedes* des Zofingervereins können wegen besonderer Verdienste um den Verein, auf Antrag einer Sektion, auch Männer erhalten, welche der Verbindung nicht angehört haben.

B. *Geschichtliches.* Die erste Anregung zur Gründung des Zofingervereins bot die 3. Säkularfeier der Reformation. Zürcher Studirende hatten nämlich zu dieser Feier, welche auf den 1. Januar 1819 festgesetzt war, ihre Kollegen aus Bern eingeladen. Wenige, nur ihrer 9 (darunter G. Studer. C. Bitzius u. A.) konnten dem freundlichen Rufe Folge leisten; doch fanden sie bei ihren Zürcherbrüdern die herzlichste Aufnahme, so dass nach den festlichen Tagen, an welchen man sich erinnerte an die That der Reformatoren in ihrer Bedeutung für das gemeinsame Vaterland, der Wunsch erwachte, sich in den Sommerferien wiederzusehen an einem Orte, welcher ungefähr die Mitte halte zwischen Bern und Zürich. Als solchen wählte man *Zofingen.* Dass die Begeisterung beiderseits gross war, zeigt sich schon aus der bedeutenden Anzahl derer, die hinkamen, 26 erschienen von Zürich, 34 von Bern. In heiliger Begeisterung sprachen nun ein Schulthess von Zürich von der Vaterlandsliebe, von der Einheit des Schweizerlandes, welche man anstreben soll, und C. Bitzius sagte: « so spreche denn keiner, ich bin ein Zürcher, oder ein Berner, oder ein Luzerner, sondern wahre seinen Schweizernamen ». Mit dieser Zusammenkunft in Zofingen war der Verein gegründet, der sich nun fortan nach der gemeinsamen Bundeshauptstadt « Zofingerverein » nannte. Die tiefere Begründung der Stiftung des Zofingervereins freilich liegt im Geiste jener Zeit, welcher nach der Befreiung von der französischen Hegemonie das Gefühl der Zusammengehörig-

keit der verschiedenen Kantone der Schweiz wieder erweckt und die Idee
einer schweizerischen Nationalität gepflanzt hatte. Dem nationalen und
freidenkenden Sinne der Schweizerjugend verdankt die « Zofingia » vor allem
ihre Entstehung. Erst am folgenden Jahresfeste in Zofingen jedoch wurde
das Aeussere des Vereins näher festgestellt in folgenden Bestimmungen:
« Jeder Schweizer, der akademischer Bürger, und das 17. Altersjahr zurück-
gelegt hat, ist wahlfähig zum Eintritt. Ein Ausschuss oder Centralcomite,
von der allgemeinen Versammlung in Zofingen gewählt, bildet das Organ
der Gesellschaft. Jede Sektion wählt einen Vorsteher als Geschäftsträger.
Wie viele Gehülfen ihm beigesellt werden sollen, bleibt dieser überlassen,
u. A. m.» Neben Bernern und Zürchern hatten diesem Feste auch Luzerner,
Lausanner und Basler beigewohnt. Von nun an war das Bestehen des
Zofingervereins gesichert; immer bestimmtere Formen nahm er an. Bis in
den Anfang der 30er Jahre erstarkte die Sektion mehr und mehr, so dass
die Bernerabtheilung im Jahre 1830 83 Mitglieder zählte. Alle 14 Tage
hielten sie eine Sitzung, in welcher sich ein reges wissenschaftliches Leben
entfaltete, daneben aber auch im zweiten Akte Geselligkeit und Freundschaft in schöner Weise gefördert wurden. In ausführlichen Korrespon-
denzen mit andern Sektionen, suchte man die Verbindung mit diesen immer
enger und enger zu gestalten, welche auch durch gegenseitige Besuche
und Sektionszusammenkünfte gefördert wurde. Ausser den regelmässigen
Sitzungen gewährten Gesang und Turnen den einzelnen Mitgliedern einen
weiteren Vereinigungspunkt. So war der Verein in den 20ger Jahren nach
Aussen und Innen mächtig erstarkt. Da kam die Staatsumwälzung vom
Jahre 1830, welche auch für den Zofingerverein von folgenschwerer Bedeutung war. Die liberalen Elemente in demselben « erfüllte der Gedanke,
dass nun endlich der Weg in das gelobte Land der Freiheit offen stehe.
Wofür der Zofingerverein seit mehr als einem Jahrzehnt geschwärmt, das
sei nun auf dem Punkte Wirklichkeit zu werden. Wer es daher redlich
meine mit der Freiheit seines Vaterlandes, der müsse jetzt rückhaltlos um
das Panier des Liberalismus sich schaaren; das sei nun auch die Aufgabe
der Zofingia ». Solcher Ansicht konnten die mehr konservativen Elemente
nicht beipflichten, welche die Zofingia nie und nimmer als einen Partei-
verein angesehen wissen wollten. Der höchste Zweck des Vereins war
ihnen die Wohlfahrt des Landes; und das der Beruf des Vereins, dass er
die schweizerische Jugend einigt um das Gemeinsame, was über den Parteien
steht. — So mussten denn die extremen Elemente entweder sich mässigen,
oder sich loslösen vom Vereinsverbande. Dieses letztere geschah in Bern
im Dezember 1832, wo die « Helvetia » gegründet wurde. Leider führten

die Versöhnungsversuche, welche zu verschiedenen Malen, 1835 zuerst und dann auch 1837/38, von zofingerischer Seite ins Werk gesetzt wurden, zu keinem praktischen Resultate. Die Zofingia selbst entfaltete sich in den 30er Jahren zu höchster Blüthe. Leider aber ist die Zeit solcher Blüthe stets nur von Kürze. « Der politische Umschwung von 1839 hatte die Folge, dass auch im Zofingerverein zu Anfang der 40er Jahre das vaterländische Interesse in den Hintergrund trat. Während ringsherum eine neue Zeit erwachte und Alles sich Für und Wider in Parteien schied, wollte der Verein ruhig die normal vorgeschlagene Bahn fortsetzen »; daher ist es denn gar nicht zufällig, wenn beinahe in den nämlichen Zeiten, in welchen die politischen Gegensätze in unserem Vaterlande so ausgebildet waren und aufeinander platzten, auch im Zofingerverein der grosse Zwist ausbrach, welcher ihn auf mehrere Jahre hinaus in zwei feindliche Lager trennte. Freilich waren es scheinbar zufällige Veranlassungen, welche diesen Bruch herbeiführten. So war es in Bern eine Ballgeschichte und persönliche Zwistigkeiten, welche die Trennung äusserlich veranlassten. Dazu kam, dass die Bildung eines Männer-Zofingervereins, der meist aus konservativen Elementen bestand, der radikalen Minorität als ganz unpassend erschien. Als nun die Majorität der Bernersektion den die Minorität bildenden Mitgliedern, welche öffentlich in den Zeitungen polemisirt hatten, die entschiedene Missbilligung des Vereines aussprach und das Haupt der Minorität aus dem Sektionsvorstande ausschloss, da erklärten die 14 Mitglieder der Minorität ihren Austritt aus dem Verein und konstituirten sich zum « Neuzofingerverein », welcher 1849 mit den Resten der « Helvetia » fusionirte.

In Bezug auf die *formelle Umgestaltung* des Vereinslebens ist die Zeit der Dreissiger-, namentlich aber der Vierzigerjahre hervorragend hinsichtlich der Ausbildung der äusseren studentischen Formen und der jetzigen äusseren Gestalt des Sektionslebens. Die zweiten Akte, welche im Anfang der Dreissigerjahre eingegangen waren, leben auf's Neue und bleibend wieder auf. In Bern werden gegen die engherzige Abschliessung, welche sich hie und da geltend machte, auch im ersten Akte Hospitanten zugelassen. Waren früher alle äusseren Zeichen verworfen worden, konnte Bern sogar noch Anfangs der Dreissigerjahre davor warnen, ja nicht etwa mit Fahnen an das Jahresfest zu ziehen, weil man «den Gehalt, den Geist nicht in äusseren Formen aufgehen lassen wollte», so wurde seit 1845 den neu eintretenden Mitgliedern das Vereinsband überreicht; alle Blüthen des studentischen Lebens, die sich in Deutschland ausgebildet, mit Biergerichten und Salamandern, Biercomment, Zofingerbällen, hafteten sich in den Vierzigerjahren

dem Vereinsleben an. Das Duell kam hingegen erst mit Ende dieser Zeit
auf und auch der «Landesvater» wurde wohl erst nach Bildung der «Neu-
zofingia» gestochen.

Die Trennung von 1847 war ein schwerer Schlag für den Zofingerverein. Als aber allmälig der Sturm sich gelegt und die Zeiten wieder
ruhiger geworden waren, da erwachte neuer Eifer für die Ideale des Vereins
und ein reges Leben brach sich in demselben Bahn. Sieben Jahre hielten
sich zwar die beiden Vereine das Gegengewicht. Dann aber, als auf Vorgehen der Zürcher hin, welche Helvetia und Zofingia zu einer schweizerischen Studentenverbindung vereinigten, der Gedanke einer Fusion fast
überall günstig aufgenommen wurde, da zögerten auch die übrigen Zofinger-
sektionen nicht, sich mit der Proklamation der Fusion einverstanden zu
erklären. Das Jahresfest vom 11.—13. September 1855 brachte hierüber
die Entscheidung. Den Helvetern wurde die Konzession gemacht, dass der
Name der Führerverbindung «Neu-Zofingia» heissen sollte. Die eidgenössischen Farben am Band und an der Mütze wurden mit Goldrand versehen und statt der rothen Helveter- und der weissen Zofingermütze die
gemeinsame blaue erwählt. Als Zweck des Neu-Zofingervereins wurde einmüthig hingestellt: «es wolle derselbe in seinen Mitgliedern eine wahrhaft
national-schweizerische Gesinnung entwickeln. Als freie Schule freier
Ueberzeugungen nimmt er alle Neuerungen in sich auf. Als Verein enthält
er sich jeder unmittelbaren Einwirkung auf die Politik». Auf diesem
Grunde nun steht der Verein auch noch heute. Freilich war es etwas gewagt,
dass schon 1857 statt der blauen Mützen durch Festbeschluss wieder die alten
weissen Zofingermützen eingeführt wurden, denn dieser Vorgang trug nicht
zum Mindesten dazu bei, dass 1858 in Aarau und Bern die «Helvetia»
wieder auflebte und so eigentlich die Zwecke, welche man bei der Fusion
von 1855 im Auge hatte, nicht mehr erreicht wurden.

In den Sechzigerjahren erstarkte die «Neu-Zofingia», welche 1867 den
alten Namen «Zofingia» wieder annahm, mehr und mehr, sowohl in Bezug
auf ihr äusseres Auftreten, als auch hinsichtlich ihrer neuen Gestaltung.
Die Schöpfung des Centralblattes und diejenige des neuen Zofingerlieder-
buches sind bleibende Denkmale jener Zeit.

In der neueren Entwicklung ist bedeutsam die Abschaffung des Duells,
dann traten in den Siebzigerjahren jeweilen auch verschiedene Ansichten auf über die grundlegenden Artikel der Centralstatuten; aber
jedes Mal noch hat der ächt schweizerische Gemeingeist, wie er in den
Zofingern lebt und leben soll, die Idee, dass der Verein als solcher eine

über den verschiedenen politischen Parteiungen erhabene Stellung einnehme, über die einseitigen Bestrebungen Einzelner den Sieg davongetragen. — Möge er auch in Zukunft seine Ideale in dem Herzen der schweizerischen akademischen Jugend pflanzen und fördern dürfen; möge er seinen schönen Devisen zu Folge seine Mitglieder zu wahren, ächten Schweizerbürgern heranbilden.

Die durchschnittliche Mitgliederzahl der Sektion Bern beträgt 35 bis 40 Mann.

10. Helvetia.

Eine Sektion der schweizerischen Studentenverbindung « Helvetia » wurde in Bern gegründet den 10. Dezember 1832, nachdem vorher schon in Zürich und Luzern durch aus der « Zofingia » ausgetretene Sektionen oder Theile von Sektionen diese neue Verbindung « Helvetia » eröffnet worden war. Konform den Centralstatuten dieser vereinigten Abtheilungen der Helvetia wollte die Berner Helvetia neben der wissenschaftlichen Ausbildung, der Pflege der Freundschaft und Geselligkeit vornehmlich in politischer Beziehung wirken, sowohl nach Innen durch gegenseitige Belehrung, als nach Aussen durch thätige Theilnahme am politischen Leben. Hervorgegangen aus dem Wunsche, gegenüber dem bisherigen schwankenden Verhalten der «Zofingia» in politischen Fragen eine entschiedene Stellung, und zwar im Sinne fortschrittlicher Entwicklung unserer Zustände einzunehmen, machte sie es sich zur Aufgabe, für die Prinzipien der Rechtsgleichheit der Bürger und der Volkssouveränetät einzutreten. Ihr Zweck war also Förderung und Verwirklichung der neuen, auf demokratische Entwicklung der damaligen Verfassungs- und Rechtszustände gerichteten Ideen.

Mit wesentlich denselben Zielen beginnt von 1837 an eine reorganisirte Helvetia in Bern zu blühen in naher Verbindung mit andern gleichgesinnten Vereinen und Gesellschaften, z. B. dem schweizerischen Nationalverein. Hauptsächlich aus dieser Epoche der Helvetia ist die für die folgende Revisionszeit der Vierzigerjahre bedeutungsvoll gewordene « junge Schule » hervorgegangen und Männer wie Stämpfli etc. haben zu dieser Zeit als thätige Mitglieder in der Helvetia gewirkt.

Die Sonderbundszeit rief in der Verbindung Zofingia aus den nämlichen Gründen wie 1832 eine neue Trennung hervor. Die ausgetretenen Mitglieder und Sektionen, deren bald 14 an der Zahl waren, gründeten zuerst den « Neu-Zofingerverein » und da ihre politischen Tendenzen mit denen der Helvetia übereinstimmten, so nahmen sie ohne Weiteres Namen und Couleur der letzteren an. Die Mehrheit der Mitglieder dieser trat in diese neue Helvetia über, die Minderheit aber führte die bisherige Verbindung unter dem Namen «Alt-Helvetia» fort, nachdem sie noch 1850 eine andere gleichgesinnte Studentenverbindung, die «Tigurinia» sich inkorporirt hatte. Bei dieser Zersplitterung der freisinnigen Elemente unter den Studirenden der bernischen Hochschule war es natürlich, dass die Alt-Helvetia nicht, wie früher, floriren konnte, bis 1855 die Fusion der Alt-Zofingia mit dem Neu-Zofingerverein resp. der Helvetia stattfand. Nun stand die Helvetia wieder als einzige Verbindung dieser politischen Richtung auf dem Plan und konnte die übrigen gleichgesinnten Studirenden um ihre Fahne schaaren. Im Jahre 1857 schon bereuten die ehemaligen Neu-Zofinger die Fusion, traten aus der Zofingia aus und einige derselben gründeten eine «Olympia», die 1858 sich mit der Helvetia verband, wodurch die letztere sich wieder zu ihrem früheren blühenden Stande emporschwang. Unter der Devise «Vaterland, Freundschaft, Fortschritt» stellten nun die Statuten der neu belebten Verbindung als Zweck derselben auf: «neben der wissenschaftlichen Ausbildung die politische Erziehung ihrer Mitglieder in entschieden freisinniger und volksthümlicher Richtung.» Vor Allem sucht sie den Sinn für die Ehre und Unabhängigkeit unseres Vaterlandes zu pflegen und durch Hebung der sittlichen Kraft ihre Mitglieder zu befähigen, die entsprechenden Grundsätze im späteren Leben zu verwirklichen. Um diese Grundsätze sich anzueignen, beschäftigt sie sich hauptsächlich mit dem Studium der Geschichte, der staatlichen und sozialen Verhältnisse und der herrschenden Tagesfragen. Daneben fördert sie auch die körperliche Ausbildung ihrer Mitglieder durch Turnen und Fechten, letzteres auch zum Zwecke der Vertheidigung der studentischen Ehre in bisher üblicher Weise.

Diesen Prinzipien stetig nachlebend, hat die Verbindung Helvetia bis auf den heutigen Tag fortgedauert.

Mitgliederzahl, tief gegriffen, durchschnittlich 30.

11. Concordia.

Die Studentenverbindung «Concordia» wurde, einem längst gefühlten Bedürfnisse entsprechend, im Jahre 1862 durch mehrere Studirende der Jurisprudenz an der hiesigen Hochschule gegründet. Ihr Hauptzweck war wissenschaftliche Ausbildung der Vereinsmitglieder und Hebung des geselligen Verkehrs und kameradschaftlichen Lebens. Die Devise lautete: Freiheit, Freundschaft, Fortschritt! und die angenommenen Verbindungsfarben waren grün, roth, gold. Die Verbindung zählte jeweilen 15 bis 25 Mitglieder.

Im Jahre 1866 fand eine Reorganisation in der Weise statt, dass sich der Verein als eigentliche Studentenverbindung auflöste, jedoch unter Beibehaltung der gleichen Devise und der gleichen Farben sich als juristisches Kränzchen konstituirte. Zweck und Organisation blieben sich, soweit mit der Natur und dem Wesen des neuen Kränzchens nicht absolut unvereinbar, gleich. Dieses juristische Kränzchen bestand nun bis zum Jahre 1868. In diesem Jahre wurde eine Revision der Statuten vorgenommen und der Verein konstituirte sich wieder als Studentenverbindung « Concordia ». Seither ist dessen Organisation sich ziemlich gleich geblieben. Es fand im Jahre 1872 eine Statutenrevision statt, welche jedoch an den Grundprinzipien der Verbindung Nichts änderte. Die letzte Revision der Statuten wurde vorgenommen im Jahre 1878. Nach derselben bezweckt die Verbindung : « Wissenschaftliche Ausbildung der Vereinsmitglieder, Pflege einer reinen, freien, vaterländischen Gesinnung für Hebung des sozialen und politischen Lebens. »

Sie führt die gleiche Devise Freiheit, Freundschaft, Fortschritt und trägt die Farben grün, roth, gold.

Die Verbindung besteht :

1. Aus Studirenden an der Hochschule von Bern, als Aktivmitglieder.
2. Aus Personen, die sich um den Verein verdient gemacht haben, als Ehrenmitglieder.

Gegenwärtig zählt die Verbindung 35 Aktivmitglieder.

Vor mehreren Jahren hat sich aus den ehemaligen Mitgliedern der Studentenverbindung « Concordia » die « Männer-Concordia » gebildet. In dieselbe treten die nach Beendigung ihrer Studien aus der Studentenverbindung « Concordia » austretenden Mitglieder ein und es beträgt deren Mitgliederzahl gegenwärtig circa 130.

12. Burgundia.

Die Studentenverbindung « Burgundia » existirt unter diesem Namen seit zwei Semestern an hiesiger Universität. Ihre Gründung als « Sektion Bern » des schweizerischen Studentenvereins reicht jedoch zurück in das Sommersemester 1865. 1870—1874 subsistirend, blühte sie von 74 ununterbrochen. An ihrer Spitze stehen die drei Chargirten : Präses, Vice-Präses und Aktuar, welchen die Leitung der Geschäfte obliegt.

14

Die « Burgundia » ist eine römisch-katholische Studentenverbindung, jedoch kein politischer Verein, ihre Devise: « *pro Deo et patria !* » Als solche steht sie im Cartell mit den katholischen Studentenverbindungen der Schweiz, sowie des Auslandes, unter der Leitung eines Centralcomités und hält jährlich ein Centralfest ab. Im Wintersemester 83/84 erhielt sie vom Senat der Universität die Erlaubniss zum «officiellen Farbentragen», von welcher Gunst sie im kommenden Semester Gebrauch zu machen gedenkt.

13. Neu-Helvetia.

Am 2. September 1883 traten 10 aktive Mitglieder der schweizerischen Studenten-Verbindung Helvetia in Bern in Folge Meinungsverschieden-heiten aus derselben aus, um unter der Devise « Freundschaft und Ehre » eine neue Verbindung « Neu-Helvetia » mit dem Prinzip der unbedingten Satisfaktion und ohne jegliche politische Färbung zu gründen. Die « Neu-Helvetia » eröffnete das Wintersemester 1883/1884 mit 10 aktiven Mit-gliedern, nachdem sich der Couleur noch 3 inaktive Herren der Alt-Helvetia angeschlossen hatten. — Als alleinstehende Couleur blieb sie bis zum 19. Dezember 1884, an welchem Tage sie auf ihr Ansuchen in den Aar-burger-Cartellverband der schweizerischen Verbindungen mit unbedingter Satisfaktion zu Aarburg aufgenommen wurde, in welchem Verband sie bis zur Stunde noch ist. Im Paukcartell stand die « Neu-Helvetia » als allein-stehende Verbindung mit der « Zähringia » in Bern, später als A. C. V.-Couleur mit dem Weinheimer S. C. in Stuttgart, mit dem Kösener-Corps in Zürich und Freiburg i./B., sowie dem D. C. in Strassburg. — An allen festlichen Anlässen, so weit sie die Academia betreffen, hat die « Neu-Helvetia » regen Antheil genommen und sich im weitern und engern Kreise. eingedenk der Devise « Freundschaft und Ehre », Achtung und Sympathien erworben. Die Couleur der « Neu-Helvetia » ist schwarz-gold-roth mit gol-dener Percussion.

14. Alpigenia.

Diese Couleur konstituirte sich am 29. Juni 1884 aus sämmtlichen ehemaligen Aktiven der « *Zähringia* » in den Farben roth-weiss-grün (hellgrüne Seidenmütze) mit dem Prinzip der unbedingten Satisfaktion und unter Ausschluss politischer Parteibestrebungen. Die Devise ist: honos et amicitia.

Schlusswort.

Es wäre unbescheiden, die Leser dieser Schrift mit längeren Schluss-erörterungen zu behelligen. Möge Jeder auf Grund der Thatsachen sein Urtheil selbst bilden. Mögen insbesondere die Leistungen der Hochschule Bern und die Leistungen der akademischen Bürger, die ihr seit ihrer Gründung angehört, für sie zeugen und die Frage entscheiden, ob sie den von ihren Stiftern gehegten Erwartungen entsprochen, ein Feuerherd des Lichtes und der Wissenschaft zu sein, die Wissenschaft gefördert, für die gründliche Ausbildung und Befähigung zu jedem wissenschaftlichen Be-rufe nach Kräften gesorgt und ein Genüge geleistet zu haben. Für ihren Fortbestand und ihre fernere gedeihliche Entwicklung fürchten wir nicht. Wir vertrauen dem gesunden Sinne des Volkes und seiner Führer. Den Tadlern rufen wir mit dem Baumeister des Berner Münsters zu : « Mach's nach ! », — den Freunden und Gönnern : « Machen wir's noch besser ! », — Allen : « Noch viel Verdienst ist übrig, — habt es nur ! »

Möge denn in unserer Hochschule ferner und stets mächtiger walten das Streben nach den höchsten, würdigsten Zielen in treuer Hingabe an die wahre Wohlfahrt des Volkes. Und möge der Vater des Lichtes, von welchem jede gute und vollkommene Gabe kommt, mit unserm Vaterland auch unsere Hochschule in seiner Obhut erhalten und über sie und die kommenden Geschlechter ausgiessen den Geist der Wahrheit, der Ge-rechtigkeit und Freiheit, seinen lebendig machenden Gottesgeist!

Statistische Uebersicht

1834–1884

zusammengestellt vom

Schriftführer des akademischen Senates.

———•———

A. Frequenz.

Semester	Ev. Theol.	Kath. Theol.	Jur.	Med.	Phil.	Studirende	Aus. cult.	Hochschule	Thierarzneischule	Summa	Hievon weiblich
Akademie											
S. 1834	41	—	52	35	24	152	—	152	15	167	—
Hochschule											
W. 1834 35											
S. 1835	35	—	50	43	14	172	—	172	15	187	—
W. 1835/36											
S. 1836	35	—	83	48	10	176	—	176	19	195	—
W. 1836/37											
S. 1837	37	—	61	46	16	160	—	160	16	176	—
W. 1837/38											
S. 1838											
W. 1838/39	21	—	94	51	31	197	—	197	25	222	—
S. 1839											
W. 1839/40	23	—	92	59	16	190	—	190	24	214	—
S. 1840	24	—	69	57	13	163	—	163	22	185	—
W. 1840/41	19	—	97	68	20	204	—	204	26	230	—
S. 1841	26	—	88	63	25	202	—	202	32	234	—
W. 1841/42	22	—	81	59	21	183	—	183	32	215	—
S. 1842	25	—	79	56	13	173	—	173	29	202	—
W. 1842 43	27	—	78	64	29	198	—	198	38	236	—
S. 1843	37	—	70	64	30	201	—	201	32	233	—
W. 1843/44	30	—	83	66	31	210	—	210	27	237	—
S. 1844	29	—	84	71	26	210	—	210	30	240	—
W. 1844/45	26	—	76	83	29	214	—	214	28	242	—
S. 1845	37	—	84	75	12	208	—	208	23	231	—
W. 1845/46	32	—	80	60	29	192	—	192	33	225	—
S. 1846	37	—	63	58	22	180	—	180	29	209	—
W. 1846/47	28	—	74	64	27	193	—	193	29	222	—
S. 1847	35	—	70	65	27	197	—	197	23	220	—

Semester	Ev. Theol.	Kath. Theol.	Jur.	Med.	Phil.	Stu- dirende	Aus- cult.	Hoch- schule	Thier- arznei- schule	Summa	Hospi- tanten
W. 1847/48	28	—	31	54	21	134	—	134	22	156	—
S. 1848	34	—	59	76	17	186	--	186	20	206	—
W. 1848/49	33	—	67	80	16	196	—	196	25	221	—
S. 1849	42	—	72	79	21	214	—	214	21	235	—
W. 1849/50	27	—	81	84	35	227	—	227	24	251	—
S. 1850	27	—	65	74	32	198	—	198	21	219	—
W. 1850/51	23	—	73	61	24	181	—	181	20	201	—
S. 1851	23	—	68	55	18	164	—	164	20	184	—
W. 1851/52	25	—	64	48	23	160	—	160	24	184	—
S. 1852	34	—	63	48	25	170	—	170	19	189	—
W. 1852/53	24	—	47	42	12	125	—	125	18	143	—
S. 1853	35	—	51	41	13	140	—	140	17	157	—
W. 1853/54	30	—	66	38	15	149	—	149	21	170	—
S. 1854	30	—	63	53	21	167	—	167	17	184	—
W. 1854/55	30	—	66	53	21	170	—	170	17	187	—
S. 1855	36	—	47	48	25	156	—	156	18	174	—
W. 1855/56	33	—	45	51	18	147	—	147	21	168	—
S. 1856	39	—	56	50	11	156	—	156	14	170	—
W. 1856/57	33	—	45	47	17	142	—	142	21	163	—
S. 1857	32	—	46	50	27	155	—	155	10	165	—
W. 1857/58	29	—	59	60	24	172	—	172	12	184	—
S. 1858	33	—	68	54	17	172	—	172	12	184	—
W. 1858/59	25	—	75	46	25	171	—	171	17	188	—
S. 1859	30	—	77	46	32	185	—	185	18	203	—
W. 1859/60	26	—	70	50	24	170	—	170	19	189	—
S. 1860	37	—	54	44	28	163	—	163	11	174	—
W. 1860/61	27	—	60	51	33	171	—	171	14	185	—
S. 1861	32	—	59	45	27	163	—	163	8	171	—
W. 1861/62	26	—	63	51	17	157	—	157	12	169	—
S. 1862	31	—	41	48	19	139	—	139	11	150	—
W. 1862/63	29	—	46	50	23	148	—	148	10	158	—
S. 1863	28	—	33	54	30	145	—	145	9	154	—
W. 1863 64	17	—	41	64	52	174	—	174	8	182	—
S. 1864	25	—	35	58	44	162	—	162	6	168	—
W. 1864/65	21	—	48	67	28	164	—	164	16	180	—
S. 1865	26	—	45	59	28	158	—	158	19	177	—
W. 1865 66	24	—	76	78	34	212	9	221	14	235	—
S. 1866	31	—	56	78	31	196	6	202	12	214	—

Semester	Ev. Theol.	Kath. Theol.	Jur.	Med.	Phil.	Studirende	Auscult.	Hochschule	Thierarznei-schule	Summa	Hievon weiblich
W. 1866.67	28	—	60	96	28	212	25	237	15	252	—
S. 1867	32	—	50	104	16	202	16	218	22	240	—
W. 1867/68	23	—	60	107	29	219	20	239	23	262	—
S. 1868	31	—	62	108	17	218	20	238	24	262	—
W. 1868.69	22	—	59	112	16	209	39	248	25	273	—
S. 1869	27	—	61	113	12	213	41	254	13	267	—
W. 1869/70	24	—	66	133	19	242	58	300	19	319	—
S. 1870	32	—	61	129	26	248	48	296	23	319	—
W. 1870/71	26	—	59	135	27	247	53	300	24	324	—
S. 1871	30	—	59	127	30	246	51	297	24	321	—
W. 1871/72	24	—	69	135	20	248	54	302	18	320	—
S. 1872	24	—	60	138	27	249	43	292	18	310	—
W. 1872/73	15	—	56	142	34	247	39	286	15	301	—
S. 1873	22	—	53	154	27	256	43	299	16	315	—
W. 1873/74	20	—	69	163	23	275	41	316	20	336	26
S. 1874	21	—	54	171	21	267	55	322	19	341	34
W. 1874/75	21	9	68	165	22	285	60	345	19	364	32
S. 1875	27	10	85	163	26	311	52	363	23	386	27
W. 1875.76	19	11	78	151	23	282	63	345	17	362	30
S. 1876	26	11	72	147	30	286	66	352	19	371	27
W. 1876/77	18	15	93	149	36	311	98	409	19	428	30
S. 1877	26	13	82	124	27	272	90	362	16	378	18
W. 1877/78	19	17	99	133	27	295	98	393	17	410	19
S. 1878	13	11	98	137	24	283	38	321	21	342	16
W. 1878/79	13	13	97	131	50	304	57	361	19	380	21
S. 1879	19	11	99	138	56	323	62	385	28	413	17
W. 1879/80	24	8	103	152	55	342	57	399	30	429	33
S. 1880	24	7	95	163	62	351	42	393	31	424	31
W. 1880.81	21	8	102	159	70	360	83	443	34	477	28
S. 1881	27	8	122	148	57	362	25	387	34	421	22
W. 1881.82	26	9	139	150	61	385	135	520	30	550	21
S. 1882	36	10	122	157	52	377	31	408	33	441	30
W. 1882/83	35	10	108	164	66	383	125	508	36	544	35
S. 1883	35	9	104	147	67	362	28	390	41	431	36
W. 1883.84	33	9	131	155	67	400	124	524	41	565	36
S. 1884	40	10	131	161	67	409	17	426	44	470	42

B. Immatrikulation.

Nota. Jeder Student ist nur *einmal* gezählt, ohne Rücksicht auf die Anzahl der Semester, die er hier studirt hat, und zwar auch dann, wenn seine Matrikel später ein- oder zweimal erneuert wurde. Daher bleibt die unten angegebene Summe hinter der laufenden Nummer des Albums (gegenwärtig 4789) erheblich zurück, in welcher die Renovirungen der Matrikeln (circa 300) inbegriffen sind. Die folgende Tabelle enthält also in jedem Jahre nur den *neuen Zugang*, die Frequenz ist aus Tabelle A zu ersehen.

Jahr	Rektor	Bern	Zürich	Luzern	Uri	Schwyz	Unterw.	Zug	Glarus	Basel	Freiburg	Soloth.	Seh.a.Rh.	Appenz.	St. Gall	Graub.	Aargau	Thurgau	Tessi	Waadt	Wallis	Neuenb.	Genf	Ausland.	Summa
34/35	W. Snell	152	4	10	–	2	–	3	1	3	5	6	–	–	6	1	19	–	–	2	–	–	–	7	221
35/36	F. W. Vogt	35	–	1	–	–	–	–	–	1	2	4	–	–	6	–	1	–	–	2	1	–	–	2	55
36/37	Brunner	37	2	5	–	–	–	–	1	1	1	2	–	1	–	1	5	1	–	3	–	–	–	1	60
37/38	Perty	45	2	6	–	2	–	1	–	4	4	3	1	–	2	–	2	–	–	3	–	–	–	1	70
38/39	Schneckenburger	55	–	6	–	–	–	2	–	–	–	–	1	1	–	–	1	1	–	2	–	2	–	6	79
39/40	Schmid	38	4	6	–	2	–	–	1	3	3	2	–	1	1	–	4	3	–	1	–	2	–	2	67
40/41	Demme	50	2	3	–	–	–	–	–	2	2	1	–	1	3	–	8	–	–	3	–	–	–	1	83
41/42	Hundeshagen	57	1	5	–	–	–	–	1	4	2	5	–	–	3	1	3	2	–	3	1	–	1	6	90
42/43	Theile	70	2	6	–	2	–	–	–	4	–	4	–	1	6	1	5	1	–	3	–	1	–	5	119
43/44	B. Studer	40	3	8	–	1	–	–	–	6	2	–	1	–	1	–	6	–	–	2	–	1	–	3	75
44/45	Stettler	47	5	2	–	–	–	–	1	2	–	2	–	1	4	–	2	2	–	–	1	–	–	1	81
45/46	Rettig	47	2	6	–	2	–	–	1	3	2	3	–	–	2	–	2	2	–	3	–	–	–	6	80
46/47	Rau	40	2	3	–	1	–	–	–	4	–	4	–	–	3	2	2	–	–	–	–	–	–	3	68
47/48	Rheinwald	24	1	5	–	–	–	–	1	5	2	4	1	1	2	2	3	2	–	4	–	–	–	1	47
48/49	Wyss	50	2	2	–	2	–	–	1	3	3	4	1	1	1	2	3	1	–	9	1	–	–	5	96
49/50	Mieseber	31	–	–	–	1	–	–	–	2	2	4	1	1	2	–	–	1	–	1	1	–	–	5	57
50/51	Pfotenhauer	36	–	1	–	–	–	–	1	5	2	4	1	1	1	–	2	1	–	1	–	–	–	3	55
51/52	Gelpke	26	–	1	–	–	–	–	1	3	1	–	1	1	–	–	2	1	–	1	–	–	–	1	54
52/53	Immer	29	–	1	–	1	–	–	–	1	–	2	–	–	1	–	–	1	–	8	–	–	–	7	41

		4489	513	22	82	37	177	14	55	213	67	131	121	46	144	89	77	25	21	16	39	6	163	81	2444
53/54	Ris																								
54/55	G. Studer																								
55/56	Leuenberger																								
56/57	Party																								
57/58	K. Hagen																								
58/59	Hildebrand																								
59/60	Ris																								
60/61	Gelpke																								
61/62	Schmid																								
62/63	Biermer																								
63/64	Lazarus																								
64/65	G. Studer																								
65/66	Munzinger																								
66/67	Aeby																								
67/68	Wild																								
68/69	E. Müller																								
69/70	G. Vogt																								
70/71	Emmert																								
71/72	Schwarzenbach																								
72/73	Holsten																								
73/74	v. Scheel																								
74/75	Dor																								
75/76	Fischer																								
76/77	E. Müller																								
77/78	König																								
78/79	Kocher																								
79/80	Hirzel																								
80/81	Nippold																								
81/82	Hilty																								
82/83	P. Müller																								
83/84	Forster																								

1582

Zusammenstellung.

Es wurden an der Berner Hochschule immatrikulirt:

1. Berner	. . . .	2444
2. Aus andern Kantonen	.	1532
3. Ausländer	. . .	513
		4489

Die Studirenden aus andern Kantonen vertheilen sich auf Aargau 213, Waadt 177, Luzern 163, Solothurn 144, St. Gallen 134, Freiburg 89, Zürich 84, Neuenburg 82, Basel 77, Graubünden 67, Thurgau 55, Schaffhausen 46, Schwyz 39, Wallis 37, Glarus 25, Genf 22, Zug 21, Appenzell 21, Unterwalden 16, Tessin 14, Uri 6, zusammen 1532.

Von den 4489 immatrikulirten Studirenden waren 458 evangelische Theologen, 51 katholische Theologen (seit der Stiftung der Fakultät 1874), 1427 Juristen, 1598 Mediziner, 658 Philosophen und 297 Veterinäre (bis zur Trennung der Thierarzneischule von der Hochschule 1869). Hievon waren weibliche 163 (seit 1873), nämlich 139 Medizinerinnen, 22 Philosophinnen und 2 Juristinnen.

C. Berner Universitätsprogramme

verzeichnet von Prof. Dr. *H. Hagen.*

I.

Zur Einführung von Lektionskatalogen (1835—1865).

1835 (Sommer) *G. F. Rettig*, De numero Platonis. (Erstes Programm der Hochschule Bern.) 23 S.

1836 (Winter) *Sam. Lutz*, Curae exegeticae in quaedam proverbiorum Salom. loca. 19 S.

1838 (Winter) *Frid. Guil. Theile*, De musculis rotatoribus dorsi in homine et mammalibus a se detectis. 31 S.

1839 (Winter 1839/40) *Car. Guil. Müller*, Analecta Bernensia, part. I.: de Boëstallerii bibliotheca graeca. 19 S.

1840 (Sommer) *Car. Guil. Müller*, Analecta Bernensia, particula II.: Vitalis Blesensis Geta comoedia, ex optimis codicibus Bernensibus, Monacensibus, Parisiensibus, Darmstadtiensibus et Vaticano recensita. 42 S.

1840 (Winter 1840/41) *Car. Bern. Hundeshagen*, Epistolae aliquot ineditae Martini Buceri, Joannis Calvini, Theodori Bezae aliorumque ad historiam ecclesiasticam Magnae Britanniae pertinentes. 55 S.

1841 (Sommer) *Car. Guil. Müller*. Analecta Bernensia, particula III. : de codicibus Virgilii, qui in Helvetiae bibliothecis asservantur, specimine varietatis scripturae et scholiorum addito et octo tabulis lithographicis adiunctis. 36 S.

1842 (Sommer) *S. A. Stapfer*, Christologia cum appendice cognationem philosophiae Kantianae cum ecclesiae reformatae doctrina sistente. 22 S.

1842 (Winter 1842/43) *Car. Frid. Rheinwald*, Coniectanea ad historiam et geographiam antiquam episcopatus Basileensis. Addita sunt cum mappa geographica excerpta ex Marcarum libro nunc primum ex codice manu scripto edita. 24 Seiten mit einer Karte des Bisthums Basel.

1843 (Winter 1843/44) *Guil. Rau*, De syndesmitide varicosa nonnulla. 24 S.

1844 (Sommer) *Ferd. Frid. Zyro*, De optima theologos qui dicuntur, practicos formandi via ac ratione. 31 S.

1844 (Winter 1844/45) *Car. Guil. Müller*, De Brunone Florentino, historico saeculi XIII. 24 S.

1846 (Sommer) *Matth. Schneckenburger*, De falsi Neronis fama e rumore Christiano orta. 13 S.

1846 (Winter 1846/47) *Achilles Renaldus* (Renaud), De historia iuris Tugiensium huiusque fontibus manu scriptis. 34 S.

1847 (Sommer) *A. E. Schnell*, Observationes quaedam in L. A. Senecam. 24 S.

1848 (Sommer) *E. Frid. Gelpke*, De Senecae vita et moribus. 23 S.

1857 (Sommer) *Otto Ribbeck*, Vergilii eclogae I et X apparatu critico instructae et recognitae. 22 S.

1859 (fehlt Semesterangabe) *Otto Ribbeck*, Qua Aeschylus arte in Prometheo fabula diverbia composuerit. 14 S.

1859 (Festprogramm zur 25jährigen Stiftungsfeier der Berner Hochschule.) *Bernhard Studer*, Die natürliche Lage von Bern.

1863 (Sommer) *Hermann Usener*, Comm. de scholiis Horatianis. 32 S.

1864 (Sommer) *Georg Ferd. Rettig*, De Conviviorum Xenophontis et Platonis ratione mutua et de Socratis et Pausaniae apud utrumque auctorem orationibus. 19 S.

1865 (Sommer) *Georg Ferd. Rettig*, De Heracliti τοῦ σχοτεινοῦ aliquo dicto. 12 S., deutsch.

1866 (Sommer) *Georg Ferd. Rettig*, αἰτία im Philebus die persönliche Gottheit des Plato oder Plato kein Pantheist. 26 S.

II.

Zur Feier des dies academicus, den 15. November.

1867 *L. Schläfli*, Lösung einer Pendelaufgabe. 27 S.

1868 *G. F. Rettig*, Catulliana I. 12 S.

1869 *G. F. Rettig*, Ueber einige Stellen in Platon's Symposion. 12 S.

1870 *G. F. Rettig*, Catulliana II. 18 S.

1871 *G. F. Rettig*, Catulliana III. 15 S.

1872 *G. F. Rettig*, Vindiciae Platonicae. 11 S.

1873 *H. Hagen*, Der Jurist und Philolog Peter Daniel aus Orleans. 35 S.

1874 *L. Schläfli*, Einige Zweifel an der allgemeinen Darstellbarkeit einer willkürlichen periodischen Funktion einer reellen Variabeln durch eine trigonometrische Reihe. 17 S.

1875 *H. Hagen*, De Oribasii versione Bernensi. XXVI u. 24 S.

1876 *G. F. Rettig*, Kritische Studien und Rechtfertigungen zu Platon's Symposion. 23 S.

1877 *H. Hagen*, De Dosithei Magistri quae feruntur glossis quaestiones criticae. 15 S.

1878 *H. Hagen*, Prodromus novae inscriptionum latinarum Helveticarum sylloges titulos Aventicenses et vicinos continens. 68 S.

1879 *H. Hagen*, De Placidi glossis in Libri Glossarum codice Bernensi obviis. 16 S.

1880 *H. Hagen*, De codicis Bernensis No. CIX Tironianis disputatio duabus tabulis lithographica arte depictis adiuta. 16 S.

1881 *L. Schläfli*, Ueber die Heine'schen Kugelfunktionen. 66 S.

1882 *H. Hagen*, Theodulfi episcopi Aurelianensis de iudicibus versus. 31 S.

III.

Zur Feier von Universitäts-Angehörigen.

1875 (Zur Feier der ünfundzwanzigjährigen Lehrthätigkeit der DD. theol. *Immer* und *G. Studer*.) *K. Holsten*, Exegetische Untersuchung über Hebr. 10, 20. 15 S.

1876 (Für das vierzigjährige Professorenjubiläum von Prof. Dr. *Gustav Valentin*.) *M. Nencki*, Ueber die Zersetzung der Gelatine und des Eiweiss bei der Fäulniss mit Pankreas. 38 S. mit 1 Tafel Abbildgn.

1877 (Zu Ehren des fünfzigjährigen Doktorjubiläums von Prof. Dr. *G. Rettig*.) *H. Hagen*, De aliquot anthologiae latinae carminibus et de tractatu aliquo Bernensi de philautia disputatio. 23 S.

IV.

Zur Feier von Jubiläen fremder Universitäten.

1858 (Zum dreihundertjährigen Jubiläum der Universität *Jena*.) *Ottonis Ribbeckii* emendationes Vergilianae. 19 S.

1860 (Zum vierhundertjährigen Jubiläum der Universität *Basel*.) *G. F. Rettigii* comm. de oratione Aristophanis in Symposio Platonis cum versione latina Frid. Aug. Wolfii. 33 S.

1872 (Zum 400jährigen Jubiläum der Universität *München.*) *G. F. Rettig*, Andr. Schmeller's Gedichte und Briefe an Samuel Hopf. 22 S.

1875 (Zum 300jährigen Jubiläum der Universität *Leyden.*) *G. F. Rettig*, De Pantheismo qui fertur Platonis commentatio altera. 16 S.

1877 (Zum 400jährigen Jubiläum der Universität *Tübingen.*) *K. Hebler*, Lessingiana.' 21 S. (deutsch).

1877 (Zum vierhundertjährigen Jubiläum der Universität *Upsala.*) *Ferd. Vetter*, Ueber die Sage von der Herkunft der Schwyzer und Oberhasler aus Schweden und Friesland. V u. 44 S.

1881 (Zum dreihundertjährigen Jubiläum der Universität *Würzburg.*) *Peter Müller*, Ueber den Kaiserschnitt. IV u. 75 S.

1883 (Zum fünfzigjährigen Jubiläum der Universität *Zürich.*) *H. Morf*, El Poema de José, nach der Handschrift der Madrider Nationalbibliothek (mit arabischen Lettern). XV u. 65 S.

———— •➤• ————

15

D. Ausgaben des Staates für

	1835 *)		1840 *)		1845 *)		1850 *)	
	Fr.	Rp.	Fr.	Rp.	Fr.	Rp.	Fr.	Rp.
1. Besoldungen der Professoren und Dozenten	59,687	—	64,731	—	57.365	—	61.434	90
2. Pensionen								
3. Besoldungen der Assistenten								
4. Besoldungen der Angestellten (Abwarte etc.)								
5. Verwaltungskosten (Gas, Wasser, Beheizung, Mobiliar, Druckkosten etc.)								
6. Miethzinse								
7. Lehrmittel und Subsidiaranstalten . . .	22,533	27	14,223	40	18,846	07	14,959	83
8. Botanischer Garten . .								
9. Stipendien (jurassische etc. direkt aus Staatsgeldern, ohne die Stiftungen)								
Total	82,220	27	78,954	40	76,211	07	76,394	73

*) Von 1835—1850 in alten Franken.

Anmerkung. In den ältern Staatsrechnungen wurden die verschiedenen Ausgabeposten nicht auseinander gehalten: Verwaltung, Assistenten, Angestellte etc. wurden den Subsidiaranstalten beigezählt.

Hochschule und Thierarzneischule.

1855		1860		1865		1870		1875		1880		1883	
Fr.	Rp.	Fr.	Rp.	Fr.	Rp.	Fr.	Rp.	Fr.	Rp.	Fr.	Rp.	Fr.	Rp.
71,505	95	92,787	—	120,858	80	140,152	40	204,684	10	221,948	20	227,430	80
1,320	—	1,320	—	4,900	—	3,700	—	6,200	—	16,000	—	22,100	—
								9,982	90	11,470	—	12,100	—
								8,149	54	10,678	45	11,690	—
								2,514	61	13,615	10	19,893	40	19,498	30
								9,145	—	26,650	—	31,280	—
20,016	55	30,563	52	44,934	02	41,308	54	34,743	13	47,947	60	51,327	57
						4,194	84	11,580	93	13,019	89	12,876	54
								12,371	10	5,967	50	5,000	—
92,842	50	124,670	52	170,692	82	191,870	39	310,471	80	373,575	14	393,303	21